Ralf H. Dorweiler, geboren 1973, lebt mit seiner Opern singenden Frau, seinem Sohn, den Bassets Dr. Watson und Peppi und vielen weiteren Tieren seit acht Jahren in einem der südlichsten und wohl auch schönsten Zipfel Deutschlands, dem Wiesental. Er arbeitet als Redakteur für eine Tageszeitung. Im Emons Verlag erschienen »Mord auf Alemannisch«, »Ein Teufel zu viel«, »Schwarzwälder Schinken«, »Badische Blutsbrüder«, »Sauschwobe!« und »Zum Kuckuck«.

Dieses Buch ist ein Roman. Handlungen und Personen sind frei erfunden. Ähnlichkeiten mit lebenden oder toten Personen sind rein zufällig.

RALF H. DORWEILER

Mord auf
Alemannisch

DER BADISCHE KRIMI

emons:

Bibliografische Information der Deutschen Nationalbibliothek
Die Deutsche Nationalbibliothek verzeichnet diese Publikation
in der Deutschen Nationalbibliografie; detaillierte bibliografische
Daten sind im Internet über http://dnb.d-nb.de abrufbar.

© Hermann-Josef Emons Verlag
Alle Rechte vorbehalten
Umschlagzeichnung: Heribert Stragholz
Umschlaggestaltung: Tobias Doetsch
Druck und Bindung: Clausen & Bosse GmbH, Leck
Printed in Germany 2012
Erstausgabe 2006
ISBN 978-3-89705-470-7
Der Badische Krimi
Originalausgabe

Unser Newsletter informiert Sie
regelmäßig über Neues von emons:
Kostenlos bestellen unter
www.emons-verlag.de

Für meine Frau Daniela Bianca

O felix anima, multum amas.
Hildegard von Bingen

EINS

Rainer Maria Schlaicher war sich im Klaren darüber, dass heute alles glattgehen musste. Wie am Schnürchen sozusagen. Denn für das Wochenende hatte er sich schon etwas vorgenommen. Er hatte nicht die geringste Lust, morgen, am Samstag, wieder im Kaufhaus auf Diebestour zu sein. Ihn einen Dieb zu nennen war allerdings falsch. Er selbst bevorzugte die Bezeichnung »Selbstständiger Stehler«. Nicht mehr und nicht weniger. Mit den Jahren war eine beträchtliche Summe heimlicher Umsatz, wie er es nannte, durch seine Hände gegangen. Mindestens der Wert einer Eigentumswohnung, womöglich sogar der eines kleinen Einfamilienhauses.

Schlaicher trug aus grauem Denimstoff gefertigte Arbeitskleidung, die um die Hüften schon einmal weniger straff gesessen hatte. Er ließ sich von der Rolltreppe ins dritte Stockwerk fahren, seine schwarze Arbeitstasche auf den ruckelnden Gummihandlauf gesetzt, und sagte im Kopf das kleine Einmaleins auf. Ein Muskel unter seinem rechten Auge zuckte. Lampenfieber. Wie im Theater. Das Stück, das er heute gab, hieß: »Nimm, was dir nicht gehört. Und lass dich nicht erwischen!« Er grinste.

Kaum hatte er den dritten Stock erreicht, wich das Zittern der Routine. Er schaute sich aufmerksam um und hakte im Kopf seine Checkliste ab.

Erstens: Rundumblick. Ein Freitag am frühen Mittag, Abteilung Spiele, Sport, Elektro. Die Gänge waren bereits gut gefüllt. Hauptsächlich mit Jugendlichen, die nach der Schule ihre Zeit vertrödelten, ohne viel zu kaufen. Ansonsten mit Rentnern, die ihren Besorgungen sehr viel zielgerichteter nachgingen. Während die Kaufhausdetektive oft die Schüler unter Generalverdacht stellten, potenzielle Diebe zu sein, waren es nach Schlaichers Erfahrung viel öfter deren Omas und Opas, die ab und zu etwas mitgehen ließen. So viel zum Thema Vorurteile.

Zweitens: Kameras. Nicht den Kopf heben, nur den Blick nach oben richten. An der Decke über seinem Zielgebiet war eine Kamera angebracht. Ein rotes, blinkendes Licht sollte den ehrlichen Kunden zeigen, dass sie nicht im Stillen ausspioniert wurden. Und die nichtzahlenden Kunden sollten wissen, dass überlegene Technik sie überführen würde. Schlaicher kannte das Modell. Es arbeitete mit einem eingebauten Spiegel und nahm nicht das auf, was vor der Linse geschah, sondern schräg rechts davon. Irgendein Verhaltensforscher hatte das Prinzip erfunden, um Naturvölker filmen zu können, ohne dass die Gefilmten es bemerkten. Der Detektiv beobachtete also in seinem Büro, der »Überwachungskammer«, nicht gerade die ältere Dame, sondern die drei jungen Mädchen, die weiter rechts CDs anschauten und für das Wetter noch etwas zu sommerlich angezogen waren. Die zweite Kamera war schon im Sport-Bereich und konnte Schlaicher nicht gefährlich werden.

Drittens: Personal. Links war die Kasse für den Bereich Technik und Spielzeuge. Eine runde Insel inmitten bunter Waren. Die junge Frau, die hier arbeitete, hatte eine kleine Schlange von vier Kunden abzukassieren. Dabei befand sich die Technik-Abteilung in ihrem Rücken, während sie den Spielzeug-Bereich gut überblicken konnte.

Bei den bunt flackernden Monitoren an der Wand rechts von Schlaicher erklärte ein Verkäufer einem älteren Herrn mit Hut gerade eine Spielekonsole. Der Kaufhausangestellte war etwa fünfundzwanzig Jahre alt, ein bisschen zu klein, um attraktiv zu sein, aber sportlich muskulös. Der Rentner hörte ihm angestrengt zu, lupfte seinen Hut und kratzte sich am kahlen Schädel. Der Verkäufer dagegen wirkte sehr souverän, und Schlaicher stufte ihn gleich als für sein Vorhaben potenziell gefährlich ein. Er ging vorbei am Handyzubehör und dem dazugehörenden Infopavillon, der in herbstlichen Brauntönen dekoriert, aber von keiner Servicekraft besetzt war. Aufpassen, Person könnte im Lager sein. Einen Detektiv konnte er nicht ausmachen, aber das hatte nicht unbedingt etwas zu sagen. Schlaicher hakte nun auch den Punkt Personal ab.

Er machte sich bereit für die heiße Phase. In Sichtweite der Kasse und nur durch zwei Regalreihen von dem beratenden Verkäufer entfernt, aber durch einen Ständer mit Computerspielen gedeckt, standen in einem etwa brusthohen Regal Fernseher unterschiedlicher Größe. Oben die Ausstellungsmodelle, unten deren verpackte Serienbrüder, die in ihren bunt bedruckten Kartons viel größer wirkten. Schlaichers Ziel war das teuerste Modell, ein Flachbildschirm von Panasonic mit einundachtzig Zentimetern Bildschirmdiagonale für stolze 1.199 Euro.

Es gab zwei Möglichkeiten, einen Ladendiebstahl erfolgreich durchzuführen. Wichtig war, diese beiden Möglichkeiten nicht ineinander verlaufen zu lassen wie Aquarellfarben, sondern klar zu trennen, wie die Farbflächen eines kubistischen Gemäldes. Ein guter Dieb war entweder so unauffällig, dass er nicht wahrgenommen wurde, oder aber so auffällig, dass er sich jedermanns Beachtung sicher sein konnte. Um einen Fernseher auf die unauffällige Weise zu stehlen, brauchte man eine zweite Person. Da Schlaicher momentan allein arbeitete, hatte er sich für die auffällige Variante entschieden.

Wer ihn anschaute, sah einen Mann mit langen, zu einem Zopf gebundenen schwarzen Haaren und einem ebenso dunklen Schnurrbart. Sogar die Augenbrauen hatte er getönt. Auf der Arbeitskleidung prangte vorne ein aufgesticktes Logo. Niemand sah, dass das runde Emblem unten ein wenig lose saß und nicht wirklich aufgenäht, sondern nur mit Klebstoff befestigt war. Das gleiche Symbol, ein rot gezackter Blitz auf hellblauem Grund, und die in nüchterner Schrift gehaltene Fantasieabkürzung EMR befanden sich auch als Aufkleber auf seiner schwarzen Tasche.

Schlaicher zog einen der Kartons aus dem Regal und stellte seine Tasche darauf ab. Aus den Augenwinkeln checkte er die Kamera. Sie schwenkte langsam in seine Richtung. Schlaicher nahm einen Abroller für Paketkleber aus seiner Arbeitstasche, die bis zum Rand mit Werkzeug gefüllt war. Darunter versteckt lag sein eigenes Diebeswerkzeug, wie zum Beispiel eine kleine Zange, mit der sich Sicherungsetiketten entfernen ließen. Die Kamera schwenkte an ihm vorbei, und Schlaicher atmete auf. Er setzte den Abroller an der Vorderseite des Kartons an und zog ihn einmal quer darüber. »Achtung. Rückholware. Defekt. Achtung. Rückholware. Defekt« stand in schwarz umrandeten gelben Lettern auf dem roten Band. Auffällig war das. Bei Gott.

Schlaicher drehte den Karton, um auch die andere Seite zu kennzeichnen, als sich drei kleine metallene Teile des Abrollers lösten und leise klirrend auf den Boden fielen. Die Klinge, die das Band abschnitt, und ein Abdeckplättchen, das Klinge und Halteschraube

10

trennte, blieben vor ihm liegen. Das Schräubchen aber rollte unter das Regal. Das gehörte nicht zum Plan. Es gab keine andere Möglichkeit, die Klinge zu befestigen, als mit der winzigen Schraube, die nun in dem schmalen Ritz zwischen Regal und Fußboden liegen musste. Kleine Schweißperlen bildeten sich auf seiner Stirn und Oberlippe. Dann musste es halt so gehen, ohne weiteres Band. Schlaicher wollte gerade den Abroller in die Tasche stecken, als er eine kühle Männerstimme hinter sich hörte: »Was machen Sie denn da?«

Erschrocken drehte er sich zu dem Mann um. Der etwas zu klein geratene Verkäufer stand vor ihm; die Falten zwischen seinen tiefblauen Augen verrieten Skepsis.

»Mir ist der blöde Abroller kaputtgegangen«, sagte Schlaicher. Das war nicht mal gelogen. Zum Beweis hielt er den Abroller und die lose Klinge hoch. »Die Schraube ist unter das Regal gerollt.«

»Thomas Merkel« stand unter dem Karstadt-Logo auf dem am Hemdkragen befestigten Namensschild. Der Verkäufer sah den Aufkleber auf dem Fernseher, und die Falten zwischen den Augen vertieften sich. Schlaicher spürte, wie der Schweiß in seinem Gesicht den Schnurrbart zu lösen drohte. Die rechte Seite fühlte sich wirklich nicht mehr gut an.

»Nehmen Sie die anderen auch mit?«, fragte der Verkäufer schließlich.

Schlaicher nickte und begann zu husten. Mit der Hand, die er vor den Mund hielt, presste er den Schnurrbart unauffällig wieder fester. Aber als er sprach, fühlte sich der Bart immer noch lose an.

»Ja, der Röhrenaustauscher ist seriell defekt.« Er konnte nur beten, dass der Junge ihm diesen Blödsinn abkaufte. Und dass der verdammte Bart hielt.

»Soll ich Ihnen helfen mit der Schraube?«

Schlaicher bückte sich und fuhr mit einem Schraubenzieher in den schmalen Schlitz zwischen Regal und Fußboden.

»Ach, ich glaube, da kommen wir jetzt nicht ran. Ich muss weiter, und Sie haben ja sicherlich auch zu tun«, sagte Schlaicher jovial. Er stand wieder auf und steckte den Schraubenzieher zurück in seine Tasche.

Aber Thomas Merkel blieb hartnäckig. »Dann können Sie Ihr Klebeband ja gar nicht mehr abschneiden. Ich schaue mal, was ich finde. Wir bekommen die Schraube schon noch raus. Laufen Sie nicht weg!«

Der junge Verkäufer ging in Richtung der Kasseninsel, wo seine Kollegin gerade eine letzte Kundin abkassierte. Weglaufen konnte Schlaicher jetzt wirklich nicht. Er schaute sich noch einmal unauffällig nach der Kamera um und drückte mit einer Hand die rechte Seite seines Schnurrbarts fest. Die Kamera drehte sich immer noch, langsam und so gleichmäßig, dass Schlaicher sich sicher war, dass sie gerade auf Automatik geschaltet war und nicht manuell durch einen Kaufhausdetektiv gesteuert wurde. Ziemlich genau unter der Kamera fiel Schlaicher eine blonde, etwa dreißig Jahre alte Frau ins Auge. Sie war schlank, aber an den richtigen Stellen gerundet, und trug eine figurbetonte Hose und ein passendes Oberteil, darüber ein kurzes Jäckchen. Gerade hob sie ihren rechten Arm und strich sich mit der Hand durchs Haar. Aber er nahm noch etwas wahr. In der linken Hand der Frau sah er für einen Moment eine Verpackung, im nächsten Augenblick waren Hand und Verpackung in der Jackentasche verschwunden. Es sah so aus, als seien heute zwei Profis im gleichen Kaufhaus unterwegs.

»So, damit bekommen wir Ihre Schraube sicherlich raus«, sagte der Verkäufer. Schlaicher beobachtete noch einen Moment, wie die Frau ihre leere Hand aus der Tasche nahm. Dann drehte er sich zu Merkel um. Der Verkäufer klappte einen Zollstock aus, wobei er das vorderste Glied leicht seitlich gebogen ließ, um die Schraube packen zu können. Er lächelte überlegen, bückte sich und fuhr mit seiner Konstruktion unter dem Regal hin und her, beförderte allerdings nur Staub und eine vertrocknete Spinne hervor. Schlaicher fluchte still vor sich hin, während der Verkäufer einen zweiten Versuch startete.

»Entschuldigung. Können Sie mir bitte gleich einmal helfen?« Die Stimme einer Frau. Schlaicher wusste intuitiv, dass es die Diebin sein musste. Ihre Stimme klang weich und schmeichelnd, sich samten ausbreitend. Wie hypnotisiert drehten sich beide Männer um und merkten kaum, dass der letzte Versuch mit dem Zollstock die Schraube zum Vorschein gebracht hatte.

Merkel stand auf. »Sie kommen jetzt wohl allein zurecht«, sagte er zu Schlaicher und ließ es so klingen, als habe er ihn herbestellt.

Schlaicher konnte dieses Imponiergehabe nur recht sein. Eine Wolke eines süßen, fast aufdringlichen Parfums lag in der Luft, zu süß für Schlaichers Geschmack. Mit der lächelnden Frau und dem seichte Nettigkeiten von sich gebenden Verkäufer verschwand langsam auch der schwere Geruch. Schlaicher steckte die vermaledeite Schraube in seine Tasche, ohne den Abroller zu reparieren, dann verstaute er diesen und ebenso die lose Klinge. Jetzt schnell hier raus. Ohne noch mehr Zeit zu verlieren. Die Tasche hängte er sich um, den Fernsehkarton wuchtete er hoch und fluchte darüber, dass diese Dinger trotz allen Fortschritts immer noch nicht viel leichter geworden waren. Ein letzter Blick zu seinem Verkäufer, der sich genau dort mit der Frau unterhielt, wo sie eben gestohlen hatte, dann fuhr er mit dem Fernseher im Arm die Rolltreppe hinab.

Es gab zwei Ausgänge. Der Hauptein- und -ausgang führte direkt auf die Lörracher Fußgängerzone. Hier stand ein Sicherheitsmann, der die Kunden neutral taxierte.

Schlaicher wandte sich in Richtung des zweiten Ausgangs. Neben dem Reisebüro, das wieder einmal ohne Kunden war, und dem Tabak-, Lotto- und Zeitungsstand, wo Rentner und Schüler Schlange standen. Hier gab es keinen Sicherheitsmann, aber Schlaicher wusste, dass der Ausgang trotzdem beobachtet wurde. Eine Kamera hatte ihn im Auge.

Einer der Rentner, die am Tabakstand Zeitschriften anschauten, löste sich aus der Menge und kam, noch mit der Zeitschrift in der Hand, auf Schlaicher zu. Er war über sechzig, trug einen Schnurrbart und eine Halbglatze, die er mit seinen langen, gefetteten Resthaaren verdecken wollte, Schlaicher kannte ihn leider zu gut. Er war Mitglied der Sicherheitsabteilung, mit anderen Worten Kaufhausdetektiv.

Ein unangenehmer Mensch, dicklich, hässlich, die ungleichen Augen zu weit voneinander entfernt, der Mund ein kleines Loch unter einer fleischigen, verkrusteten Nase. Darauf eine randlose Brille, die zu tief saß, sodass er den Kopf ein wenig nach hinten in den Nacken legen und die Augen nach unten rollen musste, um Schlaicher anzuschauen.

»Verdammt noch mal. Sie wissen doch, dass ich Sie niemals rauslassen würde. Was ist das, ein Fernseher? Sie haben sie wohl nicht mehr alle!«

»Aber Sie zählen nicht, Baumgartner. Das wissen Sie. Der Fernseher gilt bereits als gestohlen«, sagte Schlaicher und griente ihm ins Gesicht.

»Dann gehen Sie wenigstens hinten raus«, sagte Baumgartner und zeigte vorbei an den Modeschmuckständern in den hinteren Bereich des Kaufhauses, wo sich am Rand der Koffer- und Taschenabteilung hinter einer Personaltür die Büros der Sicherheitsabteilung befanden. Sein Atem roch nach Knoblauch, Kaffee und billigen Zigarillos. Diese unangenehme Mischung von Gerüchen wurde jedoch von einem anderen Duft überlagert. Wieder war da der Schleier der Süße. Und tatsächlich ging die Diebin gerade an ihnen vorbei auf die Tür zu. Für einen Moment wollte Schlaicher Baumgartner auf sie aufmerksam machen, aber das würde dem Scheusal nur eine erhöhte Provision einbringen. Also sagte er stattdessen, als er in Richtung der Personaltür ging:»Das war's sowieso für die Woche. Ich hab alles geklaut, was ich brauchte. Montag fangen wir dann mit den Seminaren an.«

Für Schlaicher gab es drei Sorten von Dieben. Der eine, der Aristokrat, ein britischer Gentleman, mit einem Glas Scotch in einem viktorianischen Clubsessel sitzend, Mitglied der oberen Zehntausend, Freund der einflussreichsten Mitglieder des House of Lords. Ein gut aussehender Mann, dessen geniales Hirn plant, wie er bei der Weltausstellung den weltberühmten Diamanten aus dem Schatz des Maharadschas an sich bringen kann, ohne in eine der vielen vorbereiteten Fallen zu gehen, die zum Schutz des funkelnden Steines aufgestellt wurden. Ein Dieb, der nicht stiehlt, um seinen Lebensunterhalt zu verdienen, sondern um Aufregung in ein ansonsten sorgenfreies Leben zu bringen.

Weniger romantisch verklärt war der Typ des Arbeiters, der nur eines richtig konnte und das auch bis zur Inhaftierung machte: andere um ihr Eigentum zu erleichtern. Der dritte Typus, der Amateur, der Gelegenheitsdieb, trachtete danach, etwas zu bekommen, was er sich sonst nicht leisten könnte. Ihm ging es darum, das Geld für die Rasierklingen oder eine CD zu sparen. Eines aber war allen drei Arten von Dieben gemein: eine Sucht nach dem Gefühl, das Verbotene tatsächlich zu machen.

Auch Schlaicher liebte dieses Gefühl. Dabei gehörte er weder zu den Aristokraten noch zu den Arbeitern. Und ganz gewiss war er kein Amateur. Er gehörte zu einer vierten Sorte von Dieben: Für ihn war das Stehlen eine Möglichkeit, auf ehrliche Art und Weise sein Geld zu verdienen. Rainer Maria Schlaicher war Testdieb.

Schlaicher saß in seinem Opel Frontera, dem »Dienstwagen« seiner Firma, der eigentlich der Leasinggesellschaft gehörte, und schaltete den Scheibenwischer auf die höchste Stufe. Er hatte nur selten ein Wochenende freigehabt, seit er sich vor vier Jahren mit der Professional Security Services GmbH selbstständig gemacht hatte. Reich war er trotzdem nicht geworden, aber immerhin warf die Firma genug ab, um ihn zu ernähren und dem Staat viel zu hohe Steuern abzugeben. Es hatte zwischendurch Phasen gegeben, in denen er keine oder kaum Aufträge hatte, aber das waren die Zeiten, in denen er am härtesten gearbeitet hatte. Neue Kunden akquirieren. Und die hatte er ausgerechnet hier im südlichsten Zipfel Deutschlands gefunden, im Wiesental, in Lörrach, einer Stadt, deren Namen er vorher nie gehört hatte. Also hatte er seine Zelte in Frankfurt abgebrochen und war in den Süden gezogen, in die Toskana Deutschlands, wie man hier gern sagte. Aber auch da musste es nach einem Sommer Herbst werden, dachte er sich angesichts des dunklen Himmels und der dicken Regentropfen. Die B317 von Lörrach in Richtung Schopfheim war so voll wie jeden Freitagnachmittag. Dass es schüttete wie aus Kübeln und der Wind die ersten der bunten Blätter von den noch vollen Bäumen riss und auf die Fahrbahn trieb, verlangsamte Schlaichers Fahrt nach Hause noch mehr. Endlich hatte er die Ampel bei Brombach hinter sich gebracht, wo viele seiner Leidensgenossen zur A98 abbogen. Jetzt lief der Verkehr eine Weile ein bisschen flüssiger, kam dann aber erneut ins Stocken und schließlich wieder zum Stillstand. Schlaicher war bestimmt noch einen Kilometer von der zweiten Ampel entfernt, die er und Hunderte anderer Autofahrer zu passieren hatten. Das Wetter verschlechterte sich jede Minute weiter. Die Tropfen hämmerten auf das Wagendach, und selbst die schnellste Stufe des Scheibenwischers verschaffte keine klare Sicht mehr. Im Radio hatten sie eben noch ein schönes Wochenende vorhergesagt. Wenn das so aussah, dann konnte Schlaicher dankend darauf verzichten.

Normalerweise gehörte er nicht zu der Sorte Mensch, die klagten, wenn es regnete. Er brauchte keinen wolkenfreien Sommerhimmel, um sich glücklich fühlen zu können. Regen mochte er sogar gerne – wenn er drinnen saß. Aber leider brachte Regen auch ein paar Unannehmlichkeiten mit sich. Rainer Maria Schlaicher war Besitzer eines Hundes. Und der musste raus, egal bei welchem Wetter. Dabei verhielten sich die Begriffe Regen und Hund zueinander bedauerlicherweise wie Hitze und Kunstlederstiefel. Beides für sich war schön und gut, aber zusammen stank es zum Himmel.

Zudem ging es dieses Wochenende nicht nur darum, mit Dr. Watson Gassi zu gehen. Vielmehr war er von seinem Basset-Verein zu einem Treffen eingeladen worden. Zwanzig nasse, schmutzige Hunde waren nicht unbedingt das, was sich Schlaicher unter einem gelungenen Wochenende vorstellte. Gutes Wetter und wenig Matsch, das war es, was er sich wünschte.

Nachdem er endlich an der Ampelkreuzung bei Steinen vorbei war, ließ der Regen nach, und man konnte sogar ein paar blaue Flecke am Himmel finden, noch weit weg, aber vielversprechend. Das Wetter im Schwarzwald war viel wechselhafter als in Frankfurt.

Schlaicher blinkte und fuhr rechts nach Maulburg ab. Das Wiesental war hier etwa einen Kilometer breit, in der Mitte durchschnitten von einer Bahnlinie. Maulburg erstreckte sich fast über die gesamte Breite, wobei die nördliche Trennlinie, das Flüsschen Wiese, nach dem das Tal benannt worden war, von der Besiedlung nicht überschritten wurde. Die Außenbezirke von Maulburg waren von großen Industriehallen geprägt, die so gar nicht dem Bild eines Schwarzwalddorfes entsprechen wollten. Zu Hause angekommen, schien bereits wieder die Sonne.

Schlaicher parkte den Wagen vor dem Haus. Gegenüber, neben der großen Scheune, deren Dach man von Schlaichers Wohnung aus sah, wohnte Erwin Trefzer.

»Fieroobe?« Trefzer hielt mehrere in Folie verpackte Kleidungsstücke über dem Arm, die er aus dem Kofferraum seines uralten Passats in seine Scheune brachte.

»Äh, bitte?«, fragte Schlaicher, dessen Alemannischkenntnisse noch sehr rudimentär waren.

»Ob du Feierabend hast«, fragte sein Nachbar jetzt betont deutlich.

»Ja, endlich«, rief Schlaicher über ein vorbeifahrendes Auto hinweg. Als die Straße frei war, ging er rüber zu ihm.

»Solli, Rainer. Ich glaub', ich haa öbbis für dich.« Trefzers verschmitztes Grinsen und der gehobene Zeigefinger signalisierten Schlaicher, dass Vorsicht geboten war.

»Nein danke, Erwin. Ich brauche heute nichts. Ich wollte nur die Werkzeuge zurückgeben.« Aber Trefzer ging, ohne ihn weiter zu beachten, in die Scheune. Schlaicher folgte notgedrungen. »Scheune« war vielleicht ein zu landwirtschaftlich besetzter Begriff für das Gebäude, in dem er sich nun befand. Erwin Trefzer hatte den ganzen Bau innen mit Nut- und Federbrettern verschalt. Der Boden war betoniert und mit ein paar abgelaufenen Brücken verziert, an den Wänden standen Schränke oder hingen Bilder unterschiedlichster Epochen, die nicht zum weiß gestrichenen Furnier passten. In der Mitte des hohen Raumes standen eine Werkbank wie ein Altar und drei Schreibtische, die aussahen, als hätten sie vor zehn Jahren noch in einer Amtsstube gestanden.

Trefzer legte die Kleidungsstücke auf einen Stapel gleichartiger Ware auf einen der Schreibtische. Es waren Jacken und Mäntel. Auf dem zweiten Tisch lag allerlei Nippes, der amerikanisches Truckerflair verbreitete. Autoschilder, Aufkleber mit »Route 66«, überall Stars and Stripes und dreißig Zentimeter hohe Plastikfiguren, amerikanische Polizisten, die, das hatte Trefzer ihm schon am Morgen beim Abholen des Werkzeuges stolz präsentiert, »I am the pride of the United States« mit starkem Südstaatenakzent sagen konnten. Lauter Plunder. Und verdächtigerweise schon weniger als noch heute früh.

»Wie sagt man so schön: Es gibt chai schlechd Wedder, numme die falsche Klamotte.« Trefzer riss eine der dunklen Folien auf und drehte sich mit der Jacke zu Schlaicher. »Fass mal an! Das ist Goretex.« So, wie Trefzer das sagte, klang es wie Goredegsch, und es dauerte einen Moment, bis Schlaicher verstand, was er meinte.

Schlaicher stellte Tüte und Tasche auf den Boden und griff nach der Jacke. Fühlte sich tatsächlich nicht schlecht an.

»Siebzig Euro. Für dich. Was mainsch?«

»Wo hast du denn die schon wieder her, Erwin?«

»S'Original isch fünfmol so teuer. Das kannst du mir glaube! Du willsch doch profitiere?«

»Im Moment brauch ich keine neue Jacke.« Schlaicher legte die Jacke auf den Tisch zurück.

»Kennst du Weber? Denen ihre Jacken und Hosen sin vom Feinsten. Die sin do z'Schopfheim.«

Schopfheim war die Nachbarstadt von Maulburg, und Weber-Jacken waren Schlaicher tatsächlich ein Begriff, immerhin war Weber einer der größten Arbeitgeber der Region.

»Weber, des isch richtig teuer. Das do isch nachgemacht. Aber 1-a-Qualität. Romero hat die aus der Schwiz mitgebracht. Sind wohl in Italien hergestellt.«

»Nein danke«, sagte Schlaicher bestimmt, »ich brauche keine.«

Als Schlaicher seine Mietwohnung im zweiten Stock betrat, wurde er von einem eineinhalb Meter langen, niedrig gewachsenen Hund mit viel zu viel Haut begrüßt. Die Schlappohren hingen wie kleine Gästehandtücher von beiden Seiten des großen Kopfes. Ein tiefes, grunzendes Geräusch zeigte Dr. Watsons Unmut, von seinem Herrchen allein gelassen worden zu sein, aber der wedelnde Schwanz war Zeichen seiner großen Freude, ihn endlich wiederzusehen.

Dr. Watson war ein Basset Hound. Tiere dieser Rasse waren in den siebziger Jahren nach einer Schuhwerbung Hush-Puppies genannt worden, woran sich viele Leute noch heute erinnerten. Mittlerweile sah man sie nur noch selten und hatte sie klein und niedlich in Erinnerung, aber in der Realität wirkten sie viel wuchtiger. Bassets waren Hunde, bei denen mancher Hundekenner pikiert schaute und einen kaputten Rücken und kranke Ohren erwartete. Das mochte früher gestimmt haben, aber heute waren die Hunde meist gesund und munter bis ins Alter. Dank vernünftiger Züchtung. Dr. Watson jedenfalls war ausdauernd, agil, schnell – aber auch faul, verfressen und stur.

Schlaicher hängte die beiden Jacken, die er nach langer Diskussion und ausgiebigen, aber erfolglosen Feilschversuchen doch bei seinem Nachbarn gekauft hatte, an die Garderobe. Er legte seine Taschen ab und kraulte den Hund, der seinen Kopf in den Nacken bog, um anzuzeigen, dass Streicheln am Hals auch genehm sein könnte.

»Hallo, Lars«, rief Schlaicher. Keine Antwort, obwohl er aus dem Zimmer seines Sohnes laute Musik hören konnte. Dem Jungen fiel die Eingewöhnung in die neue Umgebung viel schwerer als ihm, aber schließlich war für Lars nicht nur die Wohnung neu, sondern auch die Schule und vor allem der Vater.

Schlaicher ging in die Küche und machte sich einen Kaffee. Er fegte die Brotkrümel vom Boden auf, die Dr. Watson hinterlassen hatte. Lars hatte das Brot nach dem Frühstück nicht weggepackt, und Dr. Watson, der Gauner, nahm sich alles, was für ihn erreichbar war und Kalorien besaß. Vielleicht mochte Schlaicher ihn deshalb so sehr. Da waren sie sich recht ähnlich.

Schlaicher hörte die Tür von Lars' Zimmer. Die Stimme, die »Ade« sagte, klang sehr weiblich. Ein kurzes Schmatzen folgte, dann sagte Lars »Ciao«, und die Wohnungstür fiel zu.

Sein Sohn wollte schon wieder in sein Zimmer gehen, aber Schlaicher hielt ihn auf.

»Komm doch mal bitte in die Küche, Lars.« Lars kam. Sechzehn Jahre war er, groß wie Schlaicher selbst, sich vorsichtig abzeichnende Muskeln ließen den schlaksigen Jungenkörper langsam männlich werden. Den ersten Flaum rasierte er seit einiger Zeit nicht mehr, sondern trug einen ziemlich zerfledderten Bart, der sein Gesicht einrahmte. Über der Lippe war davon bisher kaum etwas zu sehen. Die Haare hatte Lars von seiner Mutter geerbt. Dickes, glattes blondes Haar, das er schulterlang trug. Die Augen waren himmelblau und somit ein Erbe Schlaichers.

»Wer war das denn?«

»Eine Freundin. Okay?«

»Ja, klar, aber wieso stellst du mir das Mädchen nicht vor?«

»Das ist ja wohl meine Sache, Rainer. Ich bin dir keine Rechenschaft schuldig.« Schon drehte sich Lars in Richtung seines Zimmers um.

Schlaicher konnte nichts anderes sagen als: »Denk dran. Wir fahren in einer Stunde los.«

»Ja«, kam es eintönig aus dem Flur, dann fiel Lars' Tür etwas zu laut ins Schloss. Immerhin scheint er jetzt Anschluss gefunden zu haben in der neuen Schule, dachte Schlaicher. Er wollte geduldig sein mit dem Jungen.

Eineinhalb Stunden später fuhren die beiden, Dr. Watson auf dem Rücksitz, Gepäck für zwei Tage im Kofferraum, in Richtung Belchen, des dritthöchsten Berges im Schwarzwald. Dr. Watson war jetzt vier Jahre alt, und seit dreieinhalb Jahren war Schlaicher Mitglied im Basset-Hound-Club. Seit er hier lebte, war dies das erste Treffen, an dem er teilnahm. Allerdings kein offizielles Treffen des ganzen Clubs, sondern das einer regionalen Abspaltung: Basset-Besitzer aus dem südlichen Schwarzwald, für die Stuttgart, wo die offiziellen Treffen stattfanden, zu weit weg war, waren eingeladen.

Schlaicher war noch nicht oft das Wiesental hochgefahren. Von Schopfheim bekam man auf der Bundesstraße nicht besonders viel mit. Je weiter sie fuhren, desto näher rückten die das Tal flankierenden, in allen Farben des Herbstes leuchtenden Berge zusammen. Überall da, wo die Wasser der Wiese in den Jahrtausenden genug Ebene freigewaschen hatten, hatten sich die Leute angesiedelt. Die Stadt Zell gehörte noch zu den größeren Siedlungen, aber dann führte die Strecke immer tiefer in den Wald. Von allen Seiten lief Wasser die steilen Hänge hinab, teils in kleinen Rinnsalen, teils als richtige Wasserfälle, die sich mit der Wiese vereinigten. Bald musste Schlaicher langsamer fahren, denn die Kurven wurden immer enger. Dafür öffnete sich das Tal bei Fröhnd wieder, einem Konglomerat vieler winziger Dörfchen und Höfe. Erst nach ein paar Kilometern zogen sich die Hügel dann weiter zurück. Schönau begrüßte sie mit einem schnöden Gewerbeviertel, bevor das kleine Zentrum des Städtchens seinen Reiz zeigte.

»Nach Schönau links in Richtung Belchen«, sagte Lars nach einem Blick in die Wegbeschreibung. Sein Sohn hatte die ganze Fahrt über kaum ein Auge für die schöne Landschaft gehabt. Konzentriert arbeitete er die Badische Zeitung durch. Ab und zu murrte er, wie provinziell hier alles sei, so anders als in Frankfurt. Er vermisste die Stadt, aber vor allem seine Freunde, obwohl er recht häufig mit ihnen telefonierte, häufig und lange. Teilweise sehr lange, wie die Telefonrechnungen der letzten Monate belegen konnten.

Dr. Watson lag ausgestreckt über den ganzen Rücksitz und fühlte sich sichtlich wohl. Ein Grunzen ab und zu zeigte, wie glücklich es ihn machte, dass das ganze Rudel zusammen unterwegs war. So mochte er es am liebsten.

Obwohl dunkle Wolken über den Himmel zogen, schafften es

doch immer wieder einzelne Strahlen, die Landschaft vor ihnen zu vergolden, und es ging eindeutig bergauf. Die Wiesen sahen saftig aus. Je näher sie allerdings ihrem Ziel kamen, je höher sie stiegen, umso rarer wurde das frische Grün und umso weniger Blätter hingen noch an den Laubbäumen.

»Lars, dir wird noch schlecht, wenn du dauernd nur liest. Jetzt kommen viele Kurven«, sagte Schlaicher.

Lars murrte wieder nur, faltete die Zeitung allerdings zusammen und legte sie auf seine Knie.

»Ich muss etwas mit dir besprechen«, startete Schlaicher einen neuen Versuch, die Kommunikation zu beleben.

»Ja?«, antwortete Lars.

»Das Mädchen, das heute bei dir war. Ich weiß nicht, inwieweit Manu und Robert mit dir über, na ja, über Verhütung ...«

»Moment«, fiel Lars ihm ungläubig ins Wort, »du willst mich jetzt nicht aufklären, oder? Mann, Rainer, ich bin erwachsen.«

Schlaicher fuhr schweigend weiter, Lars nahm die Zeitung wieder hoch.

»Hör mal. Hier steht was über Bassets:

»Bad Säckingen. Am frühen Mittwochmorgen wurde die Polizei Rheinfelden von einer Frau alarmiert, die angab, ihr Hund sei getötet worden. Die Polizei fand das tote Tier neben dem Gartenteich vor. Die Besitzerin hatte den Basset bereits geborgen. Laut Polizeibericht ist der Hund in der Nacht in den Teich gefallen und im kalten Wasser ertrunken.«

Dr. Watson seufzte im hinteren Teil des Wagens und schüttelte seinen schweren Kopf.

ZWEI

Obwohl sich Rainer Maria Schlaicher vor zwei Jahren, beim Leasen des Frontera, ein Navigationssystem nicht hatte leisten können, fanden sie den Belchen und die Straße, die zu ihrem Ziel führte, mithilfe der Wegbeschreibung problemlos.

Ein schmaler Weg zweigte von der einzigen Straße in ein kleines Seitental ab. Hier, zunächst noch verdeckt durch uralte haushohe Tannen, lag das holzverschalte Gebäude. Zwei Stockwerke mit vielen kleinen Balkonen und ein dunkles, tief zum Boden gezogenes Dach. Ein großer Garten führte hinter dem Haus weiter den Hang hinab; dort sah der Rasen wilder aus und ging schließlich in Büsche und dann in einen Wald über. Ein kleiner Bach floss quer durch das Grundstück, nicht mehr als ein Rinnsal, dessen steinernes Bett allerdings zur Schneeschmelze sicher sehr viel mehr Wasser fassen konnte. Eine bronzene Männerstatue, lebensgroß, stand in einem kleinen parkähnlichen Bereich.

Als sie auf den kleinen Schotterplatz am Haus fuhren, sagte Lars: »Obergeil.« Obwohl Schlaicher seinen Sohn erst seit ein paar Monaten wieder bei sich hatte und seine Ausdrücke nicht immer verstand, war ihm sofort klar, was er damit meinte, denn er selbst war von dem Anwesen ebenso beeindruckt.

Vor dem Haus parkten bereits ein dunkler Opel Vectra und ein großer silberner Toyota-Kombi mit mehreren Basset-Aufklebern. Beide Wagen hatten Lörracher Kennzeichen.

Dr. Watson bellte einmal mit seiner selbst für einen Basset beeindruckend tiefen Stimme. Schlaicher stellte sich immer gerne den Einbrecher vor, der hinter der Tür dieses Bellen hörte und dann Reißaus nahm, weil er einen riesigen Hund erwartete und nicht eine kniehohe, haarige, freundliche Wurst. Sofort antwortete ähnliches Gebelle Dr. Watsons Ruf, und als Lars ihm die Tür öffnete, stemmte sich der Hund mit seinen kurzen, aber kräftigen Beinchen erstaunlich behände aus dem Wagen und rannte auf die drei Bassets zu, die sich ihm vom Garten her näherten. Zusammen mit den Hunden kam ein älterer Mann, klein und dicklich, in brauner, einfacher

22

Kleidung und einer irischen Kappe auf dem Kopf. In seiner Begleitung war eine Frau in schwarzem Kostüm.

»Hallo. Ihr müsst die Schlaichers sein«, sagte der Mann freundlich und reichte seine kompakte Hand zuerst Lars, dann Schlaicher. Dr. Watson war indessen mit den drei anderen Bassets beschäftigt. Jeder versuchte, zwischen den Hinterbeinen des anderen die wichtigsten Geruchsinformationen aufzunehmen, aber da die Hunde so lang waren und alle gleichzeitig riechen wollten, liefen sie vorwiegend umeinander herum. Dann galoppierten sie über die Wiese und jagten sich, um sich gegenseitig in die langen Ohren zu kneifen und dann wieder Fersengeld zu geben.

»Manfred Schwald ist mein Name. Das ist Frau Palovecz.«

Die Dame in Schwarz trug eine dunkle Sonnenbrille, die ihre Augen nur erahnen ließ. Ihre Stimme klang belegt, als sie sagte: »Herzlich willkommen. Ihr Dr. Watson ist aber ein besonders Schöner.«

»Danke. Welcher davon ist Ihrer?«, antwortete Schlaicher.

»Alle ...« Sie stockte und fuhr dann mit Grabesstimme fort: »Alle drei. Drei.« Dann wandte sie sich schluchzend ab und lief in den Garten davon.

»Was hat sie denn?«, fragte Lars, der zu Schlaichers Erstaunen die Reisetaschen aus dem Wagen geholt hatte, ohne ermahnt werden zu müssen.

»Ihr müsst die arme Angelika entschuldigen. Vorgestern ist einer ihrer Hunde in ihrem Teich ertrunken. Sie ist mit den Nerven völlig am Ende.«

»Ach, die ist das?«, sagte Lars, der die Taschen nun schulterte. »Wir haben eben noch davon gelesen.«

Sie folgten Schwald ins Haus und gelangten durch einen düsteren Flur in ein großes Zimmer mit mehreren Tischen, die mit rot-weiß karierten Stoffdecken bedeckt waren. Hier sieht es aus wie in einer Schwarzwaldkneipe, dachte Schlaicher begeistert und entdeckte sogar einen Stammtischwimpel auf einem der Tische. Nur Schwarzwaldmädel mit rotbömmeligen Hüten gab es keine. Er setzte sich mit Lars zu einem Mann in einem blauen, zweireihigen Anzug mit goldenen Knöpfen, der ihm von Schwald als Manfred Palovecz vorgestellt wurde.

»Ich hoffe, wir haben Ihre Frau nicht zu sehr aufgeregt«, sagte Schlaicher.

Palovecz zuckte mit den Schultern. »Es ist schlimm. Es nimmt die arme Angelika so mit.«

Eine dicke Frau mit freundlichem großmütterlichen Gesicht betrat den Raum durch eine Seitentür. Sie stellte sich als Hilde Schwald vor und zwickte Lars in die Backen, was dieser ohne Kommentar über sich ergehen ließ. »Schön, dass ihr da seid. Die anderen müssen auch bald kommen. Wenn ihr irgendetwas braucht, dann kommt zu mir. Jetzt wollt ihr bestimmt einen Kaffee und eine heiße Milch.«

Sie wollte schon gehen, als Lars, der bei dem Wort Milch sein Gesicht verzogen hatte, sagte: »Mir bitte auch Kaffee. Schwarz.«

Kurze Zeit später trafen die nächsten Gäste ein, eine Familie mit einem etwa fünfjährigen Sohn und einem Basset. Ob nun das Kind Philipp hieß und der Hund Max oder umgekehrt, konnte Schlaicher schon kurz nach der Vorstellung nicht mehr sagen. Besonders da die besorgte Mutter ständig »Max, komm, mein Max!« rief und keiner kam, worauf sie »Philipp, komm zu mir, Philipp«, rief, worauf ebenfalls niemand kam. Einmal sagte sie »Philipp, komm zu Frauchen«, und Schlaicher ging nun doch davon aus, dass Max der Name des Kindes war.

Als Nächstes fuhr ein älteres Modell eines E-Klasse-Mercedes vor, gelenkt von einer sehr alten Dame, Marie Johanna von Enkstein, begleitet von ihren Bassets Bismarck und Elisabeth. Frau Schwald begrüßte Frau von Enkstein und ihre Hunde mit besonderer Zuneigung, die erahnen ließ, dass die beiden sich gut kannten. Ein älterer Mann mit wirrem Bart erschien fast gleichzeitig. Mit ihm, Ewald Thüsenbach, kam Zessi, eine alte Basset-Dame, die von Dr. Watson intensiv berochen wurde. Ein Pärchen namens Hoppendahl mit einem Freiburger Wagen brachte eine sehr alte Hundedame mit, und wieder waren es zwei Bassets mehr. Überall wimmelte es jetzt von Bassets, aber Dr. Watson, der hauptsächlich schwarz gefärbt war, stach unter den größtenteils weiß-beigen Tieren heraus. Außerdem schienen die anderen alle etwas kleiner zu sein als er.

Dr. Watson verstand sich mit allen Hunden blendend. Nur von Zessi holte er sich immer wieder eine Abfuhr ab, obwohl er sich doch gerade zu ihr sehr hingezogen fühlte.

»Ah, die Frau Weiss«, hörte Schlaicher Herrn Schwald sagen, als

24

ein dunkler BMW auf das Grundstück fuhr. »Dann fehlen ja nur noch die Hausherren.«

»Elf Bassets sind es jetzt mit Watson«, sagte Lars zu seinem Vater und klang diesmal gar nicht cool, sondern fast kindlich begeistert.

»Ja, und es kommen noch mehr, mein Lieber«, antwortete Schlaicher und bereute den Anhang gleich, als er Lars' Gesicht sah. Sechzehnjährige wollen von ihrem Vater nicht »mein Lieber« genannt werden.

»Du bist so peinlich«, quittierte Lars seinen Fauxpas dann auch sogleich. Wieso war Pubertät nur so verdammt schwierig, fragte sich Schlaicher.

Die Tische waren bis auf einen alle besetzt. Man wartete auf die Dame des Hauses, Hanni, wie die Freunde sie nannten. Es war fast vier, als endlich ein weiterer Wagen vorfuhr und Manfred Schwald zur Tür hinauseilte. Frau von Enkstein stand ebenfalls auf und folgte ihm.

»Da kommt wohl die Queen persönlich«, raunte Lars seinem Vater ins Ohr, und Schlaicher schaute ihn mahnend an.

»Sei jetzt bloß nicht frech«, antwortete er ebenso leise, aber streng. Lars schnitt ihm eine Grimasse, stand auf und ging zu dem Haufen Hunde, der vor der Terrassentür miteinander balgte. Dr. Watson war mittendrin und machte es richtig. Er schaute kurz zu Lars, freute sich und ignorierte ihn dann. Schlaicher wollte sich daran ein Beispiel nehmen.

»Die Jugend«, nickte Ewald Thüsenbach, der neben Schlaicher saß, vor sich hin. Thüsenbach war etwa sechzig Jahre alt, frühpensionierter Waldarbeiter, ein Hüne von einem Mann, mit Pranken statt Händen. Die rote Nase und das vierte Weizenbier zeigten allerdings, wo sein Problem liegen mochte. Trotzdem, Schlaicher mochte den Kerl. Er war ein Mann, der von sich aus auf andere Leute zuging. Eine Eigenschaft, die bei den Alemannen eher Misstrauen hervorrief. Schlaicher hatte als »Fremder« schon einige schräge Erfahrungen in Südbaden gemacht.

Endlich öffnete sich die Tür, und zwei sehr alte Bassets trotteten herein. Der Rüde bellte mit der Gewissheit, sein eigenes Revier zu betreten, und alle anderen Hunde hörten auf zu spielen.

Hinter den Hunden betrat eine schlanke alte Dame den Raum. Sie ging gestützt auf einen Stock, aber ihre Augen, mit denen sie die Runde überschaute, glänzten wach. Eine Aura unprätentiöser Eleganz umgab sie.

»Guten Tag, liebe Freunde«, sagte sie mit erstaunlich tragender Stimme, und ein großes Hallo setzte ein. Schlaicher betrachtete die beiden anderen Personen, die hinter ihr eintraten. Ein Mann, etwa vierzig Jahre alt, in feiner, aber zweckmäßiger waidmännischer Kleidung. Ein weißer Verband bedeckte seine linke Hand, in der rechten trug er einen schwarzen Hut. An seiner Seite schritt eine hochgewachsene Frau, vielleicht einen halben Kopf größer als er. Sie hatte lange, glatte blonde Haare und war bestimmt zehn Jahre jünger als ihr Mann. Schlaicher fühlte sich augenblicklich von ihr angezogen. Es war etwas an ihr, was ihn gleichzeitig faszinierte und irritierte, aber er konnte es nicht benennen.

Die alte Dame war Hannelore Weber, die Besitzerin des Anwesens. »Nennen Sie mich Hanni«, sagte sie und drückte Schlaichers Hand fester, als er erwartet hatte.

»Gern. Mein Name ist Rainer Maria Schlaicher. Sie haben aber einen ziemlich festen Handschlag, Frau Weber«, sagte er anerkennend.

Hanni Weber lächelte majestätisch und erwiderte: »Der Handschlag einer Geschäftsfrau.« Fast jovial klopfte sie Schlaichers Schulter und wandte sich dann Lars zu, der hinten bei den Hunden wartete.

»Hat ganz schön Biss, meine Tante, oder?« Der Mann mit der verbundenen Hand stellte sich als Hermann Weber vor. Der Händedruck seiner heilen Rechten konnte mit dem seiner Tante nicht mithalten. »Meine Frau Laura«, stellte er die Frau neben sich vor, und ein Lächeln huschte über ihr Gesicht, um für einen Moment wie ein Strohfeuer zu leuchten. Doch so schnell es gekommen war, so rasch war es wieder verschwunden. Laura Weber erweckte bei Schlaicher den Eindruck, als würde sie das Wochenende lieber anderswo verbringen.

Eine halbe Stunde später waren sie unterwegs auf ihrem ersten Basset-Spaziergang. Schnell hatten sich Gruppen gebildet, die aufgrund von Geschwindigkeit oder Sympathie zusammengingen.

Lars hatte sich mit dem liebestollen Dr. Watson nach vorne abgesetzt, wo auch Thüsenbach und seine Zessi marschierten. Schlaicher schlenderte mit der Gruppe, in der die Bassets oder Besitzer zu den Langsameren zählten: Frau von Enkstein blieb immer in der Nähe von Hanni Weber, die von ihrem Stock auf der linken und Laura Weber auf der rechten Seite gestützt wurde. Der Weg führte recht steil den Hang hinauf, vorbei an alten Weißtannen und in der frühabendlichen Sonne glitzernden saftigen Wiesen. Der Regen hatte ein paar matschige Stellen und Pfützen hinterlassen, aber Schuhwerk und Kleidung der Damen waren passend. Die Bassets jedoch schienen mit ihren tief gelegenen Bäuchen den Matsch nur so anzuziehen. Später, bevor sie wieder ins Haus dürften, würden sie jeden einzelnen Hund sorgfältig mit warmem Wasser und ein bis zwei Handtüchern an der Unterseite abputzen müssen.

Trotz der altersbedingten Langsamkeit ihres Frauchens schafften es die beiden Bassets, der Rüde hieß Elmar und das Weibchen Athene, noch weit hinter allen anderen herzutrotten. Die beiden waren Geschwister, wie Hanni Weber Schlaicher erklärte. Die alte Dame rang bei dem Aufstieg nach Atem, und etwa alle dreihundert Meter legten sie eine kleine Pause ein.

»Was machen Sie beruflich?«, fragte Hanni Weber, nachdem sie wieder zu Atem gekommen war.

Schlaicher hatte für solche Gelegenheiten eine Standardantwort parat. »Testdieb« hinterließ bei den meisten Leuten ein ungutes Gefühl und traf es auch nicht ganz. »Ich helfe dem Einzelhandel, Geld einzusparen, indem ich die Mitarbeiter und Detektive trainiere, Ladendiebe zu erwischen. Außerdem mache ich Servicetests und berate die Managementebene, wie kundenorientierter gearbeitet werden kann.«

Schlaicher unterbrach seinen Vortrag, als er merkte, dass die alte Dame das nicht in dieser Ausführlichkeit hören wollte. Sie schaute ihn gelangweilt an und sagte nur: »Ein Unternehmensberater, habe ich recht?«

»Ja, das kann man vielleicht so kurz sagen.«

»Sie tragen eine schöne Jacke, mein lieber Rainer Maria. Eine ›Weber Outdoor Goretex‹, unser Top-Modell. Es freut mich, dass Sie unser Kunde sind.«

Schlaichers Gesichtszüge froren ein. Richtig, Trefzer hatte gesagt, dass die Jacken nachgemachte Weber-Jacken seien. Gott, wie peinlich.

»Ach, Sie sind Hannelore Weber von Weber Textilien?«, fragte er lahm.

»Das ist sie, ihr seliger Herr Vater hat die ersten Jacken maschinell gefertigt«, antwortete Frau von Enkstein mit ihrer leicht überschlagenden Stimme.

Schlaicher betrachtete den Stamm einer Weißtanne, als habe er einen solch schönen Baum noch nie gesehen. Innerlich allerdings brodelte es in ihm. Was sollte er jetzt sagen? Am besten zustimmen, dachte er.

»Ja, eine tolle Jacke«, sagte er dann auch, aber im gleichen Moment schämte er sich, die alte Dame anzulügen, und gestand: »Frau Weber, es tut mir leid. Also, es ist mir sehr peinlich.«

»Ja?« Hannelore Webers Gesicht legte sich für einen Moment in noch mehr Falten, als ohnehin zu sehen waren.

»Die Jacke ist nicht von Ihnen. Es ist nur ein billiges Imitat. Ein Original kann ich mir leider nicht leisten.«

»Unsinn«, spuckte Hanni Weber ihm entgegen. »Ich erkenne unsere Sachen. Das ist eine Jacke von uns. Zeigen Sie mal.« Damit griff sie an die Jacke und zog den rechten Ärmel nach vorne. Laura Weber schaute ihre Tante erschrocken an.

»Hier ist kein Etikett. Da muss doch eines sein«, sagte Hanni Weber mit leisem Zweifel.

»Ich habe es Ihnen ja gesagt …« Schlaicher wäre am liebsten hinter dem Stamm der Weißtanne verschwunden.

»Unsinn und noch mal Unsinn! Hier spürt man die Nahtlöcher im Stoff. Fühlen Sie! Das Etikett ist abgelöst worden.«

Schlaicher befühlte unter Beobachtung der drei Frauen seine Jacke. Er konnte nichts spüren. Das alte Basset-Geschwisterpaar war mittlerweile an ihnen vorbeigetrottet, und die Teilnehmer des Spaziergangs vor ihnen hatten Halt gemacht, um auf die Nachzügler zu warten.

»Hören Sie, Frau Weber, meine Firma wirft definitiv nicht genug ab, damit ich mir eine Jacke von Ihnen kaufen könnte, so leid es mir tut. Lars und meine Jacke haben zusammen keine hundertfünfzig Euro gekostet, ich habe sie heute erst gekauft.«

»Dann haben Sie ein gutes Geschäft gemacht«, beharrte die alte

Dame. »Mein lieber Rainer Maria, bitte entschuldigen Sie mich und Frau von Enkstein. Wir sollten jetzt umkehren. Ich glaube, ich schaffe den Berg nicht mehr.«

»Soll ich Sie zurück zum Haus bringen?«, fragte Schlaicher. Statt der alten Dame antwortete Laura Weber für sie: »Wenn meine Tante mit Johanna allein gehen will, dann wird sie allein gehen. Tante Hanni, denk an deine Tabletten, wenn ihr unten seid«, rief sie ihrer Tante nach.

»Oh Gott, ist das peinlich«, stieß Schlaicher aus. Laura Weber schaute ihn zuerst mitfühlend an, kicherte dann aber.

»Warum lachen Sie?«

»Weil Sie sich in das größte Fettnäpfchen gesetzt haben, das es überhaupt gibt. Warum haben Sie es nicht einfach dabei belassen?«

Als Schlaicher noch nach einer Antwort suchte, fuhr sie fort: »Für meine Tante ist die Firma heilig. Kommt, ihr Hunde!« Die beiden alten Bassets waren stehen geblieben und schauten in Richtung der den Berg wieder hinabsteigenden Damen. Sie sahen aus, als überlegten sie, ob es nicht vielleicht besser wäre, ebenfalls umzukehren, gehorchten aber schließlich.

»Sie ist fünfundachtzig Jahre alt und regiert uns alle wie eine Königin. Seit ihrer Kindheit arbeitet sie in der Firma. Im Zweiten Weltkrieg hat Weber Uniformen für die Wehrmacht hergestellt. Einige der Arbeiter waren Juden, die meine Tante noch als Mädchen gegen den Willen der Nazis bei sich beschäftigt hat. Sie ist ein guter Mensch. Und ihre Jacken sind ihr Ein und Alles. Ich glaube, sie will einfach nicht wahrhaben, dass es so etwas wie Fälschungen überhaupt gibt. Bestehen Sie einfach nicht darauf. Tun Sie mir den Gefallen.«

Sie legte ihre Hand auf Schlaichers Rücken, um ihn zum Weitergehen zu animieren.

Schon bald hatten sie die nächsten Spaziergänger eingeholt. Sie waren mittlerweile an einer großen Wiese angekommen, auf der rechts ein mehrstöckiges modernes Betongebäude stand, von dem aus kleine runde, gelbe Gondeln an Drahtseilen hinauf- und hinunterschwebten. Die Belchenbahn war in Betrieb, obwohl nicht allzu viele Autos hier parkten. Schlaicher ließ sich von Hermann Weber erklären, dass die Autos früher bis fast zum Gipfel des Berges fahren durften, wo man in Baden-Württembergs höchstgelegenem Gasthaus einkehren konnte. Jetzt allerdings war an der Talstation Schluss für motorisierte Fahrzeuge. Um noch tiefer in das Naturschutzgebiet Belchen zu gelangen, gab es nur die Möglichkeit zu gehen oder mit der Gondel zu fahren. Sie selbst würden am nächsten Tag auf den Gipfel fahren, meinte Weber. Heute sollte es ja nur ein kleiner Spaziergang sein und bald würde es dunkel. Dabei müsse man sich unbedingt die Aussicht auf dem kahlen Gipfel des Belchens anschauen. Natürlich müsse man die Bahn nicht benutzen, meinte Weber herausfordernd. Man könne auch laufen. Je nachdem, wie fit sich Bassets und Besitzer fühlten.

Sie spazierten noch weiter bis zu einem Plateau mit einem großen steinernen Denkmal in Form eines Kreuzes. Schlaicher ging ein paar Schritte auf eine frisch gemähte Wiese, um den herrlichen Blick auf die umliegenden Berge zu genießen.

»Schön hier, nicht wahr?« Laura Weber hatte sich Schlaicher von hinten genähert.

»Ja, wunderschön«, antwortete Schlaicher, als sie neben ihm stand. Im frühen Dämmerlicht fiel ihm der große Diamant auf, den sie an ihrem Ehering trug. Im Gegensatz zu Schlaicher schien Hermann Weber es finanziell geschafft zu haben. Und Schlaicher konnte sich nicht einmal herausreden, benachteiligt gewesen zu sein. Denn wie Weber war auch er in eine Unternehmerfamilie geboren worden. Die Schlaicher Werkzeugfabrik in Offenbach bei Frankfurt, noch immer in Familienbesitz, noch immer geführt von seinem Vater Wilhelm und seiner Schwester Anna Maria. Die Schlaicher Werkzeugfabrik, die mit allen ihren Reglementierungen und Verpflichtungen dafür verantwortlich war, dass Rainer Maria in der Jugend rebellisch, dann kriminell und schließlich selbstständig, aber wenig erfolgreich geworden war. Schlaicher hatte kein Händchen für Geld. Früher hatte er sich dem Kapitalismus mit Haschisch entgegengestellt. Nachdem er festgestellt hatte, dass Drogen die Welt keinen Deut besser machten, ein Mann allerdings seine Familie ernähren musste, war er zu stolz gewesen, um bei Vater und Schwester nach einem Job zu fragen. Nicht dass er ihn nicht bekommen hätte. Aber er wollte es selbst schaffen. Auch und vor allem deswegen, weil er den Satz: »Das habe ich dir doch prophezeit«, vermeiden wollte, einen der Lieblingssätze seiner Schwester, die immer alles besser wusste.

»Woran denken Sie?«, fragte Laura Weber, und in ihrem Lächeln schien echtes Interesse mitzustrahlen.

»Ehrlich gesagt habe ich über Erfolg nachgedacht.«

»Erfolg im Beruf oder Erfolg bei Frauen?«, lachte sie.

Hermann Weber kam zu ihnen, legte seine Arme um die Taille seiner Frau und sagte:»So, wir sollten jetzt wohl besser runtergehen.«

Im Haus angekommen, herrschte bei den Hunden schnell schläfrige Ruhe. Ihre Besitzer allerdings wurden nach ein, zwei Gläsern Wein oder mehreren Gläsern Bier, wie im Falle Thüsenbachs, allmählich lauter. Man saß im Gemeinschaftsraum und wartete auf das Abendessen, das bereits herrlich aus der Küche duftete. Schlaicher war mit Lars an den Tisch von Kurt und Birgit Hoppendahl gesetzt worden. Hoppendahl war etwa in Schlaichers Alter und arbeitete im Vertrieb einer Drucker- und Fotokopiererfirma. Schlaicher zeigte Interesse an einem Mietkopierer, bereute dies allerdings schnell wieder, weil Hoppendahl nun nicht mehr aufhören wollte, ihn von den Vorzügen seiner Kopierer zu überzeugen.

Erst Manfred Schwald rettete ihn aus seiner misslichen Lage. Er flüsterte zunächst Lars etwas zu, der daraufhin aufstand, dann kam er zu Schlaicher und sagte zu den anderen am Tisch:

»Entschuldigt bitte, aber ich müsste mal kurz mit Herrn Schlaicher verschwinden.«

»Null Problemo«, sagte Hoppendahl, kniff in Schlaichers Richtung ein Auge zu und hob grinsend seinen Daumen.

»Wenn das ein Rettungsversuch war, dann vielen Dank«, raunte Schlaicher im Hinausgehen.»Es hätte nicht viel gefehlt, und ich hätte einen Mietvertrag für einen Fotokopierer unterschrieben.«

»Der Kurt kann gut verkaufen«, nickte Schwald.»Alle Kopierer bei Weber sind von ihm. Frau Weber möchte Sie gerne in der Stube sehen. Kommen Sie mit.«

»Haben Sie da auch meinen Sohn hingeschickt?«

»Er soll erst noch etwas holen, ja. Wir werden ihn gleich treffen. Dr. Watson kann hierbleiben.«

Dr. Watson lag auf der Seite, die kurzen Beinchen von sich ge-

31

streckt, und schnarchte. Seinen Kopf hatte er ganz in der Nähe von Zessi gebettet. Sie schlief auch, und Dr. Watson schien sehr, sehr glücklich zu sein. So viele Bassets. Das Paradies.

Eine Tür links von der Treppe führte zu einem Raum, den Schlaicher bisher noch nicht gesehen hatte. Eine helle Lampe beleuchtete einen großen niedrigen Marmortisch in der Mitte, auf dem zwei Weingläser und eine Karaffe Weißwein standen. Daneben lag eine kleine Nagelschere. An der Stirnseite befand sich ein großer Fernseher neben einem offenen Kamin, davor stand eine braune Cordcouch. Die Stühle um den Tisch waren mit dem gleichen Stoff bezogen. An der gegenüberliegenden Seite stand eine einfache alte Kommode mit einem großen goldenen Kerzenleuchter und einem Schallplattenspieler älterer Bauart darauf. Eine Schallplatte drehte sich auf dem Teller, und Schlaicher erkannte Zarah Leander, obwohl die Musik sehr leise gestellt war.

Auf der Couch saßen Frau Weber und Frau von Enkstein, beide hatten sich umgezogen und trugen edle Abendgarderobe und glamourösen Schmuck. Sie blieben sitzen, als Schlaicher eintrat. Schwald schloss die Tür hinter sich.

»Bitte entschuldigen Sie die Umstände«, sagte Frau Weber. »Ich möchte nur gerne etwas klären, was mir keine Ruhe lässt und mir den Appetit auf das sicherlich fantastische Abendessen verdirbt. Ich hoffe, Sie haben Verständnis.«

»Selbstverständlich, Frau Weber. Also wenn es wegen der Jacken ist ...«

»So ist es«, unterbrach sie ihn. »Ich möchte mir die Jacken noch einmal genau anschauen. Manfred hat deshalb Ihren Sohn gebeten, sie herunterzuholen.«

Wie choreographiert klopfte es an der Tür und Schwald brachte Lars herein, der die beiden Jacken über dem Arm trug.

»Danke, Lars. Gehst du mit Manfred zu den anderen zurück und sagst ihnen, dass wir bald kommen werden?«

Die beiden verließen das Zimmer.

»Wissen Sie, lieber Rainer Maria, wir Wiesentäler sind ein eigenes Völkchen. Wir sind geprägt von zwei Grenzen, die sich in den Jahrhunderten immer wieder mal in die eine, mal in die andere Richtung verschoben haben, die zur Schweiz und die nach Frankreich.

Wir haben uns damit abgefunden, von Fremden besetzt zu sein, regiert oder umkämpft zu werden. Wir sind geradlinige Menschen, die eigentlich nur ihre Ruhe haben wollen und sich bei Fremden erst einmal ein bisschen bedeckt halten. Und wir Alemannen sind stolz, denn unser Stolz hat uns das alles durchstehen lassen. Wir haben uns etwas aufgebaut, mit Fleiß, Mühe und Kraft. Wir haben unser schönes Südbaden und das Wiesental, und es geht uns gut. Besser als den meisten anderer in Deutschland, will ich meinen. Aber auch hier ändert sich vieles.«

Hanni Weber nahm eines der Kristallgläser vom Tisch und trank einen Schluck Weißwein. Schlaicher wartete wortlos. Was wollte sie nur von ihm?

»Mein Vater hat die Firma Weber 1917 gegründet. Sie können sich sicherlich vorstellen, dass das zu der Zeit kein leichtes Unterfangen war. Zwei Jahre später wurde ich geboren und verbrachte meine ganze Kindheit in der Näherei. Ich war immer in der Fabrik, und obwohl es später immer wieder gute Angebote gegeben hat, habe ich nie verkauft, sondern alle Zeiten, ob gut oder schlecht, durchgestanden.«

Schlaicher nickte ernst.

»Und jetzt sehe ich Sie in den Jacken«, sie zeigte auf die beiden Kleidungsstücke, die nun auf dem Tisch lagen, »und Sie sagen mir, Sie haben keine fünfundsiebzig Euro für eine Jacke bezahlt, und ich weiß genau, dass allein die Herstellung bereits mehr kostet, und mir blutet mein Herz.«

Die alte Dame hatte sich in Rage geredet, und Frau von Enkstein legte ihr beruhigend eine Hand auf den Arm. Es klopfte erneut.

Schwald kam wieder herein, diesmal gefolgt von Hermann Weber, der eine Flasche Bier in der unverletzten rechten Hand hielt.

»Na, Tantchen, was kann ich für dich tun?«, fragte er.

»Schau dir die Jacken an, Hermann.« Hanni Webers Ton war hart geworden.

Weber stellte sein Bier ab und fühlte mit beiden Händen über den Stoff und die Nähte. »Gute Arbeit«, sagte er anerkennend.

»Was kostet die Jacke?«, fragte die alte Dame noch immer in schneidendem Tonfall.

»Was ist denn los, Tante Hanni? Die ist nicht von uns. Sehr ähnlich, aber es sind keine Etiketten drauf.«

33

»Unsinn! Herr Schlaicher, Sie bekommen eine neue Jacke von mir. Schneid die Naht der rechten Innentasche auf«, befahl Hanni Weber und reichte ihrem Neffen die kleine Schere.

Der stöhnte kurz auf, wusste aber offenbar, dass es keinen Sinn hatte, seiner Tante zu widersprechen. »Entschuldigen Sie bitte, Herr Schlaicher. Aber sie besteht darauf. Es ist mir sehr unangenehm. Sie bekommen selbstverständlich eine neue Jacke von uns.«

»Nun mach schon!«, sagte Hanni Weber ungeduldig und beugte sich nach vorn, um besser sehen zu können.

Weber schnitt die Naht vorsichtig auf.

»Schau, ob du zwischen den Lagen etwas findest.«

Weber fuhr mit der rechten Hand zwischen die Stofflagen. Zuerst eher gelangweilt, dann schaute er auf, und seine Hand verharrte. Nur seine Finger bewegten sich noch in der Jacke. »Eine kleine Tasche«, sagte er leise. »Das kann doch nicht sein.«

Die alte Dame schloss die Augen und nickte bedächtig.

»Es ist tatsächlich ein Weber-Pfennig drin. Das hatte ich ganz vergessen.« Er holte die Scheibe heraus und legte sie auf den Tisch. Ein kleines dünnes Stück Leichtmetall, auf das eine Weißtanne, das Symbol von Weber Textilien, gestanzt war.

»Hermann, es ist traurig, dass du so vergesslich bist, was unsere Tradition angeht«, sagte Hanni Weber zu ihrem Neffen und wandte sich dann erklärend zu Schlaicher: »Schon Hermanns Großvater, mein seliger Herr Papa, hat in jede Jacke seinen Weber-Pfennig einnähen lassen. Die Stanzschablonen sind fast neunzig Jahre alt. Was das bedeutet, dürfte dir aber klar sein, Hermann?«

Während Weber verlegen schwieg, wusste Schlaicher mit einem Mal, was Hanni Weber meinte: »Kein Fälscher würde sich die Mühe machen, eine versteckte Blechscheibe zu kopieren«, sagte er. »Es bedeutet, dass jemand Ihre Jacken stiehlt, die Embleme abnimmt und als Billigjacken verkauft. Es soll wohl nicht wie Diebesgut aussehen. Und es bedeutet, dass ich wirklich ein gutes Geschäft gemacht habe. Sie wollen mir die Jacken jetzt doch nicht wegnehmen, oder?«

»Ich will Ihnen gar nichts wegnehmen, mein lieber Rainer Maria. Im Gegenteil. Hermann, Herr Schlaicher ist Unternehmensberater und bildet dabei auch Detektive aus. Wir werden ihm den Auftrag geben, herauszufinden, ob der Diebstahl bei uns stattfindet.«

»Moment, Frau Weber, das ist sehr freundlich, aber ich bin selbst kein Detektiv«, sagte Schlaicher schnell und erntete ein zustimmendes Nicken von Hermann Weber.

»Haben Sie nicht gesagt, Sie bilden Detektive aus?«

»Das schon, aber ...«

Die alte Dame fiel ihm ins Wort: »Dann müssen Sie selbst auch gut genug sein, um das für uns herauszufinden. Niemand bei uns kennt Sie und wir können Sie als Unternehmensberater wunderbar in die Firma einführen. Sie werden ermitteln, ob die Jacken bei uns gestohlen wurden. Ist das nicht der Fall, können Sie bestimmt herausfinden, ob bei uns gestohlen werden *könnte*. Ihr Schaden soll es nicht sein.«

Schlaicher dachte einen Moment an sein Bankkonto, das private wie das seiner Firma, und nickte schnell, als er nur rote Zahlen vor seinem inneren Auge sah. Hermann Weber allerdings schüttelte den Kopf, und zu allem Überfluss blieb die Schallplatte hängen. Frau von Enkstein kümmerte sich darum.

»Dann ist das ja erledigt. Mein Gott, liebe Johanna, hast du auch so einen Hunger wie ich?«

»Habe ich, Hanni, meine Liebste. Die Herren werden uns sicherlich zu Tisch geleiten.«

Das Abendessen, Rindergulasch mit Kartoffeln und Möhren, war einfach, aber hervorragend. Allerdings konzentrierte sich Schlaicher kaum darauf, sondern wunderte sich, wie er zu einem derartig verqueren Auftrag gekommen war. Er war kein Detektiv. Er war ein Dieb, der seine Tricks gegen Geld verkaufte. Aber immerhin konnte ein Dieb tatsächlich am besten durch einen anderen Dieb überführt werden.

Wieso stahl jemand Jacken, machte sich die Mühe, die Etiketten zu entfernen, und verkaufte sie dann viel zu billig? Dazu noch über das Ausland? Trefzer hatte doch irgendetwas von Italien gesagt.

»Verkauft Weber auch nach Italien?«, fragte Schlaicher den neben ihm sitzenden Kopierervertreter.

»Ja, natürlich, die verkaufen in die ganze Welt. Und haben auch unsere Fotokopierer in der Zentrale stehen ...«

Natürlich war es möglich, dass die Jacken im Ausland gestohlen wurden, aber war es wahrscheinlich, dass sie von den Dieben hierher zurückverkauft worden waren? Auf der anderen Seite wäre es wirklich zu blöde, die Jacken hier zu stehlen, um sie dann ins Ausland zu bringen, um sie hier wieder zu verkaufen. Schlaicher wusste nicht weiter, aber er hatte zugestimmt, sich um die Sache zu kümmern. Wenn er nichts finden würde, konnte er noch immer seinen normalen Job machen. Ein paar Jacken klauen und den Webers Schwachstellen aufzeigen. Das war nun einmal sein Geschäft.

Das Zimmer, in das die Schlaichers und Dr. Watson einquartiert waren, lag, wie die Zimmer aller jüngeren Leute, im zweiten Stock unter dem Dach. Eine steile, knarrende Holztreppe führte zu einem kleinen Flur, von dem vier Türen abgingen; drei zu Schlafzimmern und eine zu dem Badezimmer, das sich alle Bewohner dieser Etage teilten. Das Zimmer, in dem Schlaicher und Lars übernachteten, besaß an der Giebelseite zwei Schrägen, die den Raum etwas drückten. Eine Glastür führte zu einem kleinen Balkon, der allerdings so voller Spinnweben war, dass sie die Tür lieber geschlossen ließen. Dominiert wurde das Zimmer von einem alten Doppelbett mit viel zu weichen Matratzen. Das Bettzeug bestand aus alten Federbetten, die bauschig und schwer waren.

Natürlich hatte Lars zuerst gemault, dass er zusammen mit seinem Vater in einem Bett schlafen sollte. Als er jedoch eingesehen hatte, dass die einzige Alternative darin bestand, eben nicht im Bett, sondern auf dem Fußboden zu übernachten, gab er seinen Widerstand auf. Den dunklen Teppich auf dem Boden wollten beide lieber mit nichts anderem als mit Schuhsohlen berühren. Das Haus stand den größten Teil des Jahres leer, und die Schwalds hatten sich wohl hauptsächlich auf die Zimmer der Herrschaften und die Gemeinschaftsräume konzentriert. Dieses Zimmer zumindest schien nur sehr flüchtig gereinigt worden zu sein. Immerhin roch die Bettwäsche wie frisch bezogen.

Im Zimmer rechts vom Gang waren die Hoppendahls untergebracht, Basset Santana inklusive. Im Zimmer links vom Gang schliefen die Kramers mit ihrem Sohn Max und ihrem Basset Philipp. Mittlerweile konnte Schlaicher Hund und Kind auseinanderhalten.

Dr. Watson war noch einmal mit Lars zu einem kleinen Nachtspaziergang unterwegs gewesen und lag jetzt zufrieden schnarchend auf seinem mitgebrachten Lammfell. Schlaicher war sich sicher, dass er in der Nacht versuchen würde, in das viel gemütlichere Bett zu gelangen, und befürchtete, dass sein Sohn nichts dagegen haben würde.

»Wer hat dich denn vorhin angerufen? Mama?«, fragte Schlaicher. Sein Sohn war mitten im Essen durch einen Handyanruf vom Esstisch in den Flur getrieben worden.

Lars wurde leicht rot, dann sagte er: »Nein, eine Freundin.«

»Die von heute Mittag?«

»Ja. Ist es jetzt gut?«

»Wollte ja nur fragen.«

»Was wollte die alte Weber denn von dir?«

»Sie hat mir den Auftrag gegeben, ihren Laden abzusichern.«

»Heißt das, du kannst die ganzen Mahnungen jetzt bezahlen, die sich bei dir stapeln? Glückwunsch.«

»Sei nicht so frech.«

»Stimmt doch. Was sollst du machen? Jacken klauen?«

»So ähnlich. Unsere Jacken sind nämlich echt. Hätten eigentlich ein paar hundert Euro kosten müssen.«

»Ja, hab ich schon mitbekommen. Trefzer ist also ein Hehler, hätte ich nicht gedacht.«

»Ich glaube nicht, dass Erwin etwas damit zu tun hat. Aber er ist meine erste Spur.«

DREI

Die gestohlenen Jacken ließen Schlaicher in der Nacht nicht zur Ruhe kommen. Lebhafte Träume plagten ihn. Er wurde verdächtigt, der Dieb zu sein. Der alte Kaufhausdetektiv Baumgartner schrie ihn an und leuchtete ihm mit einer Lampe ins Gesicht, um ihm ein Geständnis abzuringen, während sich Hanni Weber die alten faltigen Hände rieb. Es wurde immer lauter in seinem Traum, und ein Teil seines Bewusstseins schaltete sich ein und meldete, dass es für diese Behandlung gar keinen Grund gab und dass er schwitzte. Als er ein Auge öffnete, blieb es zwar laut, aber Baumgartner und Hanni Weber waren weg. Es war dunkel, obwohl draußen ein heller Schein das Gelände erhellte. Schlaicher schwitzte unter dem zu dicken Federbett und deckte sich auf. Durch das geschlossene Fenster konnte er einen Mann rufen hören. Und eine Frauenstimme. Obwohl er nicht verstand, was sie riefen, erkannte Schlaicher, dass hier etwas nicht stimmte. Er stand auf und ging zum Fenster. Ein großer Scheinwerfer leuchtete über den Rasen zum Wald. Der im Schatten liegende Bach wirkte bedrohlich und zerschnitt das Grundstück in zwei Teile. Schlaicher sah Schwald am Scheinwerfer, Hermann Weber lief aufgeregt umher, und auch Thüsenbach war unterwegs, hinten am Waldrand, Schlaicher erkannte ihn an seiner Statur.

»Was ist passiert?«, rief er nach unten, nachdem er das Fenster geöffnet hatte. Lars wurde jetzt auch wach und murrte schlaftrunken.

»Wäre gut, wenn Sie mal runterkommen würden!«, rief Schwald Schlaicher zu. »Wir brauchen jeden hier! Ein Basset ist verschwunden, Bismarck!«

Schlaicher schloss das Fenster wieder und zog sich an.

»Wie, ein Hund verschwunden«, sagte Lars und rieb sich die Augen.

»Ich weiß auch noch nicht mehr.«

»Hoffentlich nicht auch im Teich ertrunken.« Lars stand auf und zog seine Hose an. Schlaicher antwortete nicht darauf.

Kurz danach standen er und Lars unten bei Schwald. Mit ihnen war Kurt Hoppendahl heruntergekommen, der eine Jogginghose und Pantoffeln trug und Santana an der Leine führte. Dr. Watson hatten sie trotz seiner Versuche, sich mit durch die Tür zu quetschen, oben im Zimmer gelassen.

»Was ist los, Herr Schwald?«, fragte Schlaicher noch einmal.

Schwald hatte den Fluter jetzt an einer Teleskopstange mit Stativ befestigt und leuchtete den Waldrand ab, während Thüsenbach dort mit seinem mächtigen Organ »Bismarck!« brüllte. Hermann Weber war auf Höhe des Baches und leuchtete mit einer Taschenlampe das Ufer ab.

»Bismarck ist weg«, wiederholte Schwald. »Wir machen uns fürchterliche Sorgen. Vor allem nachdem der Hund von Paloveczs ertrunken ist. Frau von Enkstein und Frau Weber sind völlig aufgelöst.«

Schwald konnte das Licht kaum ruhig halten. Schlaicher sah sofort, dass er ihm die Aufgabe der Koordination abnehmen musste.

»Lars und Kurt, helft ihr doch bitte Herrn Thüsenbach bei der Suche. Bleibt zusammen und nehmt die Taschenlampe mit.« Schlaicher übergab Hoppendahl die Lampe, die vor Schwald auf dem Boden lag.

»Ich gehe mal nachschauen, ob bei den Damen alles in Ordnung ist«, sagte er dann und ging zurück ins Haus, ohne abzuwarten, ob seiner Anweisung Folge geleistet würde.

Im Haus ging Schlaicher gleich in Richtung Stube, wo er Hannelore Weber und Frau von Enkstein weinend und die Nichte Laura Weber tröstend, aber ebenfalls aufgelöst vorfand.

»Was genau ist passiert?«, fragte er, und sofort verstärkte sich das Schluchzen der beiden alten Damen.

»Bismarck ist weg«, antwortete Laura Weber, die versuchte, beide Damen, die sich gegenseitig an den Händen hielten, gleichzeitig zu tätscheln und ihnen Taschentücher zu reichen.

»Ist er weggelaufen?« Musste man hier wirklich jedem alles einzeln aus der Nase ziehen?

»Ich weiß es nicht«, schluchzte Frau von Enkstein. Sie hielt kurz inne, ihr Blick schweifte über die braune Blumentapete, dann fuhr sie mit ihrer überschlagenden Stimme fort: »Nein. Bestimmt nicht. Das hat er schon lange nicht mehr gemacht.«

»Wo war er denn? Hätte er weglaufen können?«

»Er war mit Zessi und Elmar und Athenchen im Gemeinschaftsraum. Als ich nach ihnen geschaut habe, schliefen alle außer Bismarck. Und die Tür war offen.«

»Dann ist Bismarck also nur ausgebüchst. Wir finden ihn schon wieder. Und ich habe bei dem ganzen Radau schon gedacht, hier wäre jemand umgebracht worden«, versuchte Schlaicher sie aufzuheitern.

Schlaichers halbherziger Scherz führte zu erneuter Aufregung bei den beiden Damen, und Laura Weber schaute ihn scharf und anklagend an. Während Frau von Enkstein noch stärker als zuvor weinte, wurde ihre Freundin ganz still. Dann sagte sie leise, fast flüsternd, als solle es niemand hören: »Zuerst Tom und jetzt Bismarck.« Von einer Sekunde auf die nächste wurde sie bleich, fasste sich an ihr Herz und zuckte krampfartig zusammen. Wie ein Stein fiel sie vom Stuhl und schlug hart auf dem Boden auf.

Schlaicher und Laura Weber sprangen zu ihr, Frau von Enkstein schrie auf. Hanni Weber krümmte sich auf dem Boden, beide Hände am Herzen, als wolle sie es daran hindern, herauszuspringen. Sie stöhnte leise.

Die beiden anderen Frauen riefen um Hilfe. Schlaicher hatte keine Ahnung, was jetzt zu tun sein könnte. Aber hysterische Schreierei war sicherlich das Letzte, was sie in dieser Situation brauchten.

»Es wird alles gut«, sagte er zu Hanni Weber. »Ich hole einen Arzt.« Er schaute sich im Flur um, sah aber kein Telefon. Er lief in den Gemeinschaftsraum, aber auch hier stand kein Telefon. Verdammt, wo waren die Dinger, wenn man sie brauchte? Also raus zu Schwald.

»Schnell. Wo ist das Telefon?«, schrie er.

Schwald schaute ihn nur verstört an. Schlaicher packte ihn und schrie noch einmal: »Das Telefon!«

»In der Küche«, sagte Schwald nur und schaute ihm nach.

In der Küche fand Schlaicher ein altes Telefon mit Wählscheibe. So ein Modell hatte er seit mindestens zwanzig Jahren nicht mehr gesehen. Was musste er jetzt wählen? 110? 112? Er wählte 112. Die Feuerwehr.

»Rettungsleitstelle Lörrach.«

»Bitte schnell einen Krankenwagen! Eine alte Frau, ich glaube, ein Herzinfarkt!«, stieß Schlaicher hervor.

»Ganz ruhig erst mal«, sagte die Stimme am anderen Ende. »Wo sind Sie denn?«

Schlaicher hatte keine Ahnung, wie er das jetzt erklären sollte ohne Straße und Hausnummer. Nicht einmal einen Ort konnte er nennen.

In dem Moment kam Schwald mit fragendem Blick in die Küche. Schlaicher reichte ihm den Telefonhörer und erklärte schnell, was zu tun war. Dann lief er zurück in die Stube.

Hanni Weber lag seitlich auf dem Boden, die Hände noch immer an der Brust, aber sie wirkte ruhiger. Laura kniete neben ihr, Marie Johanna von Enkstein saß in einem Sessel und hielt die Hände gefaltet vor den Mund. Sie atmete schwer.

»Der Notarzt ist alarmiert. Er wird bald da sein.«

»Es geht ihr schon etwas besser«, sagte Laura Weber, aber es klang eher wie ein Wunsch als wie eine Tatsache.

Sie brauchten jetzt alle ein bisschen Hoffnung.

Die Nachricht von Hanni Webers Zusammenbruch hatte sich im Haus herumgesprochen. Hermann Weber leistete seiner Tante Beistand, die anderen warteten schweigend im Gemeinschaftsraum. Auch Schlaicher hatte sich dazugesellt. Nur Thüsenbach war noch im Wald und suchte weiterhin nach Bismarck.

Angelika Palovecz saß zusammengekauert auf einem Stuhl. Schlaicher hörte sie immer wieder murmeln: »Wer tut so etwas nur den Bassets an?«

Zumindest die Hoppendahls und die Kramers, die in ihrer Nähe saßen, sahen ebenfalls einen Zusammenhang zwischen dem Tod des Bassets der Paloveczs und dem Verschwinden Bismarcks. Schlaicher war da eher skeptisch.

Hoppendahl sagte zu seiner Frau: »Das bringt die arme Hanni Weber um.« Birgit Hoppendahl nickte betroffen.

Die Hunde, die ganz genau verstanden, dass etwas nicht stimmte, verhielten sich ruhig und warfen immer wieder einen besorgten Blick auf ihre jeweiligen Herrchen und Frauchen. Dr. Watson, den Lars mittlerweile aus dem Schlafzimmer heruntergeholt hatte, lag bei dem Jungen an den Füßen. Der war froh, ihn streicheln zu können. Schlaicher hatte ihm eine Hand auf die Schulter gelegt, und Lars ließ es sogar zu.

Als der Rettungswagen nach zwanzig Minuten endlich kam und drei orange-weiß gekleidete Männer ins Haus stürmten, ging Schlaicher noch einmal in die Stube. Einer der Sanitäter kümmerte sich um Frau von Enkstein, während die beiden anderen um Hanni knieten.

»Wer ...«, stöhnte sie, während die Sanitäter sie auf die Bahre legten, »... macht ... nur ... Tiere ...«

»Seien Sie ganz ruhig«, sagte der Sanitäter, »wir bringen Sie jetzt ins Krankenhaus.«

Frau von Enkstein und Laura stiegen als Begleitung mit in den Rettungswagen. Hermann Weber wollte im Auto nachfahren und gab Schwald die Anweisung, sich um die Gäste zu kümmern. Als der letzte Schimmer des Blaulichts und das Rücklicht Webers BMWs hinter dem Hügel verschwunden war, erklang eine Stimme aus dem Wald.

»Ich han en!«, schrie Ewald Thüsenbach.

Schlaicher lief zusammen mit Lars und Hoppendahl auf den Wald zu. Sie sprangen mit einem Satz über den Bachlauf, und als das faltige Gesicht von Bismarck vor ihnen auftauchte, an der Leine geführt von einem sehr schmutzigen Ewald Thüsenbach, atmeten sie erleichtert auf. Zumindest diese Sorge war unbegründet gewesen.

Eine halbe Stunde später saßen alle im Gemeinschaftsraum und warteten auf einen Anruf aus dem Krankenhaus. Thüsenbach erzählte bei seiner zweiten Flasche Bier seit seiner Rückkehr, wo er Bismarck gefunden hatte. Er hatte ein Bellen gehört und war in den Wald gegangen. Der Hang, an dem er sich entlangbewegte, war immer steiler geworden. Und tatsächlich hatte er den Hund wieder gehört. Dann war er ausgerutscht und ein Stück den Hang hinuntergeschlittert. Dabei hatte er die Taschenlampe verloren, und durch das Laub war etwas auf ihn zugekommen. Ein Wildschwein, hatte er zuerst gedacht und wollte hastig aufspringen, als Bismarck durchs Unterholz brach. Thüsenbach hatte den Hund an Zessis Leine genommen und sich auf den beschwerlichen Rückweg gemacht.

Bismarck war wohlauf, höchstens ein bisschen müde. Er schnarchte mitten in dem Haufen Bassets am lautesten und hatte keine Ahnung, welchen Stein er mit seinen kurzen Beinchen ins Rollen gebracht hatte.

Als das erste Licht des Morgens es endlich ermöglichte, draußen mehr als Schemen zu erkennen, klingelte das Telefon in der Küche. Frau Schwald lief hinaus und kam nach fünf Minuten wieder zurück.

»Zuerst einmal die gute Nachricht. Hanni Weber ist wohlauf, den Umständen entsprechend. Hermann hat gesagt, dass sie sehr froh ist, dass Bismarck wieder da ist. Es tut ihm sehr leid, dass es so gekommen ist, und er bittet um unser Verständnis, dass wir das Basset-Treffen abbrechen müssen.«

»Haben wir uns ja schon gedacht«, sagte Hoppendahl.

Schlaicher schaute sich das kaputte Innenfutter seiner neuen Jacke an, die sich als echte Weber-Jacke entpuppt hatte, und fragte sich, ob er jetzt tatsächlich noch eine neue bekommen würde. Seltsam, was einem manchmal wichtig erscheint, dachte er noch.

Schlaicher hatte gerade einmal drei Stunden geschlafen. Es war zwölf Uhr, er lag in seinem eigenen Bett in Maulburg. Sie hatten das Basset-Treffen, wie die anderen auch, vorzeitig verlassen.

Das Beste, um nach zu wenig Schlaf schnell wach zu werden, war ein Spaziergang mit Dr. Watson. Dafür musste er zuerst durch Maulburg gehen, am Marktplatz mit Metzgerei und kleinem Supermarkt vorbei und schließlich den Bauernhof hinter sich lassen. Dann ging es aber auch schon den Dinkelberg hinauf in Richtung Friedhof. Hier oben stand er gern und warf einen ausführlichen Blick über das Wiesental, das sich schmal vor ihm ausbreitete. Maulburgs Dächer lagen zu seinen Füßen. Die begrenzenden Anhöhen sahen im jeweiligen Licht des Tages immer anders aus. Heute, zum frühen Mittag, zeichneten sich die Bäume klar ab. Da, wo die Tannen vorherrschten, war der Wald dunkelgrün; wo viele Buchen wuchsen, leuchteten neben letzten grünen Farbtupfern alle möglichen Schattierungen von Gelb über Rot bis Braun. Die Klarheit der Sicht ließ die Ereignisse des letzten Tages noch verschwommener erscheinen.

Schwald hatte allen zugesichert, sich telefonisch zu melden und über den Gesundheitszustand von Hanni Weber zu berichten. Die alte Dame war so stark und so zerbrechlich zugleich. Schlaicher wünschte ihr das Beste. Und auf jeden Fall würde er herausfinden, ob die Jacken in ihrer Fabrik verschwanden. Und wer hinter der Sache steckte.

Als er wieder zurückkam, war die Tür zu Erwin Trefzers Scheune offen. Schlaicher wechselte die Straßenseite und schaute durch die Öffnung.

Trefzer stand an einem der Tische und rauchte eine Zigarette, vor sich eine ganze Auswahl von Plastikaschenbechern, die teils noch verpackt, aber alle unbenutzt waren. Bis auf den einen, den Trefzer sich für seine Asche ausgesucht hatte.

»Ah, Rainer. Brauchst du en Äschebächer?«, fragte er, als er Schlaicher in der Tür stehen sah.

Schlaicher trat mit Dr. Watson ein. »Nein, danke, Erwin. Ich rauche doch nicht.«

»Sind aber schöni Äschebächer. Nur zwei fuffzig für dich.«

»Nein. Brauche ich nicht. Ich komme noch einmal wegen der Jacken, die ich bei dir gekauft habe«, sagte Schlaicher.

»Ja. Aber hast du denn überhaupt einen Äschebächer? Wenn emool jemand bei dir isch, wo rauche will?«

»Ja, habe ich. Jetzt lass mal die Aschenbecher. Es gibt ein Problem mit den Jacken.«

Trefzer schaute ihn groß an und drückte dann seine Zigarette aus. Schlaicher öffnete seine Jacke und zeigte das kaputte Innenfutter.

»Immer langsam«, sagte Trefzer schnell. »Das isch aber noch nid gsi, als du die gekauft hesch.«

»Richtig. Aber das hier hat bewiesen, dass es echte Weber-Jacken sind. Ich war gestern nämlich mit *den* Webers unterwegs. Die Etiketten sind entfernt worden, aber hier drin war eine kleine Plakette, die die Echtheit beweist. Erwin, die Jacken kosten pro Stück fast vierhundert Euro, nicht siebzig. Die müssen gestohlen sein.«

»Willsch du mich beschuldige? Ich hab die Jacken von Romero gekauft. Ich han nüdd Falschs g'macht. Und die kaputte Jacke nimmi nid zrugg.«

»Brauchst du auch gar nicht. Aber die alte Frau Weber hat mich beauftragt, herauszufinden, ob die Jacken bei ihr in der Fabrik gestohlen werden. Du bist meine erste und einzige Spur. Und sei froh, dass nicht gleich die Polizei eingeschaltet worden ist. Oder meinst du, wir sollten sie doch dazurufen?«

Trefzer hielt Schlaicher seine Packung Zigaretten entgegen, der natürlich abwinkte. Dann nahm er sich selbst eine, zündete sie an und atmete den Rauch tief ein. »Des hätt doch gar chai Sinn, d'Bolizei damit zu beläschtige. Macht uns doch allen nur Ärger. Ich dachte, wir sind Freunde, Rainer.«

»Deswegen kannst du mir ja auch mehr darüber sagen, wie du an die Jacken gekommen bist.«

»Ich hab es dir doch schon gesagt. Romero, ein Freund von mir aus Basel, hat sie mir verkauft.«

»Wo finde ich diesen Romero?«

»Er hat in der Dornacher Strooß z'Gundeldingen en kleine Lade. Ankauf, Verkauf. Antiquitäten und neui Sachen. Romero del Rio.«

»Danke, Erwin.«

»Sag nicht danke. Und an deiner Stelle würde ich mich nid mit Romero anlegen. Das hat selten jemandem gut getan.«

»Wieso? Wie ist Romero so?«

»Romero ist groß. Sehr groß. Und stark. Und er wird dir nichts sagen. Schweige wi e Grab kann der.«

»Und er ist ein Freund von dir?«

»Freund, Freund, was heißt schon Freund. Wir haben ähnliche Interessen.«

»Ihr mögt beide das Geräusch von Scheinen in euren Portemonnaies, richtig?«

»Des kannsch du laut sage. Aber damit des so bleibt mit unserer Freundschaft, solltesch du 'm Romero nit sage, woher du die Adresse hesch. Verstanden?«

»Verstanden, Erwin. Aber er wird sich doch sicherlich denken können, wer mich schickt. Oder haben noch mehr Leute Jacken aufgekauft?«

»Romero hatte dreißig Jacken. Ich habe ihm zehn abgenommen. Weiß nicht, ob ihm vorher schon jemand was abgekauft hat. Sag es einfach nicht, dass du seinen Namen von mir hast. So, das macht zwei Euro fuffzig für de Äschebächer.« Trefzer hielt ihm ein hässliches rundes rotes Plastikding hin. Schlaicher wusste, dass er billig an diese Information gekommen war. Zum Glück hatte Trefzer gerade nichts Teures da.

»Ich habe nur fünf Euro«, sagte er und hielt sie Trefzer hin.

Der nahm den Schein und sagte: »Kein Problem. Nimmsch halt zwei.«

VIER

Der Montag begann so normal, als hätte es die Ereignisse des Wochenendes nicht gegeben. Lars' Wecker klingelte um sechs Uhr, obwohl er erst die Bahn um sieben Uhr zwölf nach Schopfheim zu seinem Gymnasium erwischen musste. Aber von sechs bis halb sieben blockierte er sich das Badezimmer, um zu duschen und seine Haare mit Spray und Gel so zu stylen, dass sie möglichst ungestylt aussahen. Schlaicher hatte seinen Wecker, seit sein Sohn zu ihm gezogen war, deshalb standardmäßig auf sechs Uhr dreißig gestellt. Früh genug, um Lars am Morgen noch zu sehen, dann mit Dr. Watson rauszugehen und schließlich selbst noch einen Kaffee trinken zu können. Dabei pflegte er die Badische Zeitung zu lesen, die er nach seinem Einzug abonniert hatte, nachdem der für Maulburg zuständige Verteiler sie ihm jeden Morgen kostenlos in den Briefkasten geworfen und nach einer Woche morgens mit dem Abovertrag geklingelt hatte.

Der Morgen war, wie gestern im Wetterbericht vorhergesagt, diesig. Nachdem Schlaicher einen heute besonders einsilbigen und reizbaren Lars verabschiedet hatte, führte er nun Dr. Watson die um diese Zeit recht stark befahrene Hermann-Burte-Straße entlang. Für Schlaicher war der Weg Routine geworden. Dr. Watson aber fand jeden Spaziergang aufs Neue spannend. Er hielt seine Nase am Boden, was die viele nur locker an ihm sitzende Haut nach vorne rutschen ließ und seine Augen fast vollständig bedeckte, aber er orientierte sich ohnehin hauptsächlich über den Geruchssinn. Ab und zu schaute er auf, legte einen kurzen Galopp ein, bei dem seine Ohren flogen, fiel aber schnell in seinen Trab zurück, bevor die Reichweite seiner Leine oder die Schlaichers ausgestreckter Arme endete. Endlich, auf dem Weg den Berg hinauf, hob Dr. Watson zum ersten Mal sein Bein, was morgens immer eine besonders schwere Aufgabe zu sein schien. Denn da schaffte er es nur kurz, auf drei Beinen zu stehen wie ein normaler Rüde. Nach einem kurzen Versuch gab er es auf und pinkelte mit allen vier Beinen am Boden weiter wie eine Hündin. Dr. Watson schien das nicht unpassend zu finden.

Dass er ein ganzer Kerl, ein echter Rüde war, hatte er in seiner Pubertät deutlich zur Schau gestellt. Immer wieder hatte der halbstarke Watson versucht, Rudelführer zu werden. Das hatte sich anfangs durch Nagen mit seinen winzig kleinen, aber messerscharfen Vorderzähnchen gezeigt, später dann dadurch, dass er Schlaicher besteigen wollte, wenn dieser mit ihm spielte, und mit seinen großen Seitenzähnen zubeißen wollte. Schlaicher war konsequent geblieben. Er hatte mit dem Hund gekämpft, bis der sich ihm mit einem Winseln unterworfen hatte.

So direkt funktionierte das im Zusammenleben mit seinem Sohn nicht. Tatsächlich hatte Schlaicher keine Ahnung, was er machen sollte, um harmonisch und freundschaftlich mit Lars umgehen zu können.

Nach der Scheidung von Manuela vor zehn Jahren war Lars bei ihr in Frankfurt geblieben. Sie hatte recht schnell wieder einen neuen Freund gefunden, Robert, der mittlerweile mit ihr verheiratet war und den Lars bald Papa genannt hatte. Schlaicher wurde von da an nur noch bei seinem Vornamen genannt, was ihm wehtat, aber er sah ein, dass es seinem Sohn schwer fallen musste, den Mann, den er nur noch zweimal im Monat für ein paar Stunden sah, weiterhin Papa zu nennen.

Aber auch Manuelas Glück mit Robert war nicht für die Ewigkeit gemacht. Die beiden hatten sich gerade getrennt, und Lars hatte beschlossen, die Zeit des Rosenkrieges bei seinem Vater zu verbringen. Und das tat er nun seit gerade einmal dreieinhalb Monaten. Es war noch nicht genug Zeit, um sich aneinander zu gewöhnen, zumal der Wegzug von Frankfurt beider Leben noch einmal umgeworfen hatte. Aber sie hatten es ein wenig als den Neuanfang gesehen, den sie brauchten.

Wieder zu Hause angekommen, setzte Schlaicher sich einen Kaffee auf und bereitete sich auf den Tag vor.

Die Wohnung, die Schlaicher nach zwei Wochen Suche gefunden hatte, befand sich auf zwei Ebenen. Unten waren sein und Lars' Schlafzimmer, die große, offene Küche und ein kleines Bad ohne Fenster, aber mit entnervend lauter Lüftung. Eine Treppe führte vom Esszimmerbereich auf die Empore, wo Wohnzimmer und

Schlaichers »Arbeitszimmer« waren. Hier standen sein Schreibtisch mit PC, Drucker und Scanner und viel zu viel Papier, zwei Regale mit Ordnern und Ablagefächern und ein Schrank, in dem sich wichtige Firmenunterlagen befanden. Eine noch nicht ausgepackte Umzugskiste enthielt ältere Unterlagen, die Schlaicher noch einsortieren musste, wozu ihm aber bisher immer die Lust gefehlt hatte.

Heute um elf Uhr dreißig würde das erste Diebstahlvermeidungs-Seminar beginnen, das er in Lörrach hielt. Die Vorbereitungen hatten über einen Monat gedauert; ein Monat, in dem er viel gestohlen hatte. Neben äußerlicher Ruhe, die Schlaicher nicht einfach so besaß, sondern sich antrainiert hatte, gehörten Fingerfertigkeit, große Aufmerksamkeit und die Fähigkeit, die richtige Entscheidung im richtigen Moment zu treffen, zu den nötigen Eigenschaften eines Diebes. Ob Anfänger, Amateure, Fortgeschrittene oder Profis, Schlaicher kannte wahrscheinlich alle ihre Tricks. Zumindest hatte er eine Menge davon erfolgreich durchgezogen. Reine Fingerfertigkeit und nur wenig Mut benötigte die Jackentasche, in der teure Parfums verschwinden konnten. Auch eher plump, aber doch oft sehr erfolgreich, war es, den teuren Kaschmirpullover in der Garderobe mit einer speziellen Zange und einem gekonnten Kniff von dem Sicherungsetikett zu befreien, ihn einfach anzuziehen und mit den anderen Sachen, die man in die Kabine mitgenommen hatte, wieder rauszugehen. Zu den komplizierteren Methoden gehörten präparierte Taschen mit offenem Boden, die man über etwas stellen konnte, um dann durch einen Druckmechanismus den Taschenboden zu schließen. Aus dem Bereich Verwirrbetrug beherrschte Schlaicher ein paar Geldwechseltricks und einen von ihm entworfenen Gesprächsleitfaden, mit dem man die Verkäuferin einer Schmuckabteilung so verwirren konnte, dass man nach dem Verkaufsgespräch das Kaufhaus mit einer Goldkette um den Hals verließ, aber nichts dafür bezahlt hatte.

Schlaicher hatte einen Monat lang Seiten- und Notausgänge benutzt, sich als Polizist ausgegeben und Barcode-Manipulationen vorgenommen. Natürlich hatte er manchmal auch etwas bezahlt. Nur hatte er an der Kasse eben nicht alles so abgegeben, wie es original verpackt war. Stattdessen fanden sich manchmal andere, meist sehr viel teurere Waren in den Verpackungen.

In seinen Unterlagen sah er, dass acht Verkäufer und Verkäuferinnen zur Teilnahme eingetragen waren. Seine Aufgabe war es, ihnen zu zeigen, wie leicht vor ihren Augen gestohlen werden konnte, und vor allem, wie die Damen und Herren mit der richtigen Aufmerksamkeit einen großen Teil dieser Diebstähle vereiteln konnten. Einen Tag später waren die Sicherheitskräfte dran, ebenfalls um elf Uhr dreißig. Die Sicherheitskräfte bekamen eine besondere Schulung, da nur ungefähr ein Drittel der bei Inventuren als fehlend gemeldeten Bestände auf das Konto von Kaufhausdieben ging. Das zweite Drittel wurde Buchungsfehlern zugeschrieben, das dritte Drittel allerdings ging auf das Konto von Mitarbeitern. Mitarbeiterkriminalität und Möglichkeiten, verdächtige Mitarbeiter zu überführen, waren die Themen für die Detektive. Am Mittwoch hatte er frei, und Donnerstag stand dann ein Strategie-Meeting mit der Führungsetage an.

Ein grauenhaft zähflüssiges Seminar später und mit gehörigem Ärger mit der Geschäftsleitung wegen fehlender Kopien der Seminarunterlagen, machte sich Schlaicher entsprechend schlecht gelaunt auf den Weg nach Basel. Die Straßen dieser Stadt waren eine Katastrophe für jeden Autofahrer, der sich entweder gar nicht oder nur wenig auskannte. Ampeln gab es fast keine, selbst große Kreuzungen, die mehrspurig befahren wurden, regelten sich nach dem Rechtsvor-links-Prinzip. Trotzdem tat man gut daran, der Tram den Vortritt zu lassen, die Busfahrer nicht zu reizen, keine Fußgänger oder Velos zu behindern. Schlaicher hatte bei seinem ersten Besuch endgültig die Lust am Stadtverkehr verloren, nachdem er den Weg zurück nach Deutschland nicht mehr gefunden und ein Mann an einer Tankstelle ihm den Weg auch nicht hatte erklären können, weil es, wie er auf Schwyzerdütsch sagte, zu kompliziert sei.

Und auch dieses Mal verfluchte er wieder, dass er sich kein Navigationsgerät hatte leisten können, denn die Dornacher Straße lag, wie er auf seinem Stadtplan von Basel sehen konnte, ziemlich in der Mitte der Stadt, nicht weit vom Bahnhof SBB entfernt.

Schlaicher fuhr also in Lörrach erst einmal auf der Basler Straße in Richtung Grenze. Nach dem Schengener Abkommen, das die Grenzen in Europa hatte fallen lassen, schien es ihm anachronistisch, sich hier, im Herzen Europas, in einer Schlange anstellen zu müssen, um in eine Stadt zu fahren, die nur ein paar Kilometer von seinem Wohnort entfernt lag. Aber die Schweiz hatte Schengen erst Ende 2004 unterzeichnet. Erst 2008 sollten hier die Grenzen durchlässiger werden. Und in Frankfurt stand man oft noch viel länger im Stadtstau. So anders war es dann also auch nicht.

Ein schnurrbärtiger Grenzbeamter auf der Schweizer Seite warf gelangweilt einen Blick auf Kennzeichen, Fabrikat und Insassen der Wagen und winkte einen nach dem anderen durch.

Weshalb ausgerechnet er angehalten wurde, war Schlaicher nicht klar. Wirkte er etwa wie jemand, der Drogen in die Schweiz schmuggeln wollte? Sah er mit Anzug in dem Geländewagen vielleicht zu kriminell aus?

»Ihre Ausweispapiere bitte«, sagte der Beamte neutral.

Schlaicher kramte die Papiere aus seinem Portemonnaie und übergab sie dem Schnauzbart. Der schaute sie prüfend an und fragte dann: »Was ist der Zweck Ihres Besuches in der Schweiz?«

Na wunderbar, dachte Schlaicher. Eine alte Dame hatte einen Herzinfarkt, und ich will rausfinden, wer einen Haufen Jacken gestohlen und sie dann nach Deutschland geschmuggelt hat, wo ich sie meinem hehlenden Nachbarn abgekauft habe.

»Ich habe einen geschäftlichen Termin«, antwortete Schlaicher.

Nachdem er die Grenzstation Riehen passiert hatte, fuhr er zunächst durch die gleichnamige Ortschaft, die dann in Basel überging. Hier gab es tatsächlich auch noch Ampeln. Direkt am Badischen Bahnhof, neben dem Schweizerischen Bahnhof SBB der zweite Bahnhof in Basel, der allerdings zu deutschem Staatsgebiet gehörte, stand Schlaicher ziemlich lange an einem »Rotlicht«, wie es die Schweizer nannten.

Am Wettsteiner Platz kollidierte Schlaicher beinahe mit einem Bus, den er bei all der Unübersichtlichkeit nicht richtig wahrgenommen hatte. Der Bus fuhr absichtlich bis auf einen Meter an ihn heran und hupte, was Schlaicher dennoch nicht dazu verleitete, die über den Zebrastreifen gehenden Fußgänger zu überfahren, um Platz zu machen. Er bedeutete dem Busfahrer, dass er gerne fahren wolle, aber nicht könne, aber der zeigte ihm wütend einen Vogel.

Schlaicher fuhr weiter und fand schließlich die Hinweisschilder, die ihn ins Quartier Gundeldingen führten, wo sich dann in der Dornacher Straße die Frage nach einem Parkplatz stellte. Auf der

Suche hatte Schlaicher ausreichend Zeit, um festzustellen, dass die Dornacher Straße eine recht lange Straße war und er die Hausnummer nicht kannte. Nachdem eine Mutter ihre zwei Kinder und den Kinderwagen in ihrem Auto verpackt hatte und abgefahren war, konnte er seinen Wagen endlich in einer sehr knapp bemessenen Parklücke abstellen. Der Parkplatz war mit einer blauen Linie umrandet. Schlaicher hatte auch schon gelb und weiß markierte Parkplätze gesehen. Ein älterer Mann, der sich Schlaichers Einparkversuche genau anschaute, erklärte ihm, dass er bei dem blauen Parkplatz mit Parkscheibe stehen dürfe. Besonders freute Schlaicher sich, als der alte Schweizer auf Nachfrage sogar einen Laden kannte, der mit »Schiißdreck« handelte, wie er sagte.

Nur ein tiefes Grunzen, als Schlaicher den von außen unscheinbaren, etwas zurückgesetzten Laden betrat, zeugte davon, dass ihn der bärtige Riese hinter der Theke bemerkt hatte. Ohne Trefzers Beschreibung und den Hinweis des Alten hätte Schlaicher die sich bereits lösenden Klebelettern »An- Verkauf« an dem schmutzigen Schaufenster, und damit Romeros Laden, wohl übersehen.

Innen standen überall Regale und Tische, allesamt voll mit unterschiedlichsten Waren. Viel Plastikzeug, Handyschalen und Elektroartikel. Schlaicher fragte sich, wer so einen Schrott wohl kaufte. Wahrscheinlich Typen wie sein Nachbar ... In einem bis zur Decke reichenden Regal stapelten sich gebrauchte und neue Autoradios. Schlaicher war sicher, dass sie ohne das Einverständnis ihres ursprünglichen Besitzers in Romeros Laden ihren zweiten Frühling verbrachten.

Der momentane Besitzer der Autoradios stand hinter einem Tresen mit Glasauflage. Ein großer, schwerer Mann, der jedoch nicht so aussah, als ob sein Gewicht seine Bewegungsfähigkeit einschränkte. Romero, denn das musste er nach Trefzers Beschreibung sein, hatte einen Vollbart, der sein Gesicht zum größten Teil bedeckte und fast bis auf den sich vorwölbenden Bauch reichte. Dafür war sein Kopf fast blank, und die Piratenohrringe an beiden Ohren nahmen etwas von dem Stereotyp des Schweizer Bergbauern.

»Guten Tag«, sagte Schlaicher und erntete nur einen abschätzigen Blick.

Schlaicher sah unter der Glasscheibe im Tresen Armbanduhren

und Schmuck auf dunkelgrünem Samt. Auch hier war er sich sicher, dass nicht alle Teile beim Hersteller eingekauft worden waren.

Immer noch ohne ein Wort lehnte sich der Riese nach vorne, die tätowierten Arme auf den Tresen stützend.

»Ich würde Sie gerne etwas fragen, wenn Sie Romero sind«, brachte Schlaicher so gelassen wie möglich hervor.

»Und wer sind Sie?«, fragte Romero durch seinen Bart zurück, ohne sich einen Deut zu bewegen. Auch Schlaicher wich nicht weiter nach hinten, sodass er dem Dicken direkt und geradeaus in die Augen schaute.

»Schlaicher. Ich bin Privatdetektiv.« Etwas Besseres fiel ihm nicht ein, aber die gewaltige Statur des Mannes war einschüchternd genug, um seinen Beruf nicht genau definieren zu wollen.

Romero stellte sich wieder zu voller Größe auf.

»Privatdetektiv? Was will ein dütscher Schnüffler von mir?« Seine Stimme klang nicht mehr so bedrohlich, eher neugierig. Das lockerte Schlaicher ein wenig auf.

»Es geht um die Weber-Jacken«, sagte er und fuhr fort, als Romero nicht reagierte: »Ich wurde beauftragt herauszufinden, wer bei Weber die Jacken stiehlt.«

Romero stand ein paar Sekunden still da. Dann knurrte er, und die Falte zwischen seinen Augen wurde so tief wie eine Alpenschlucht.

Schlaicher dachte urplötzlich an seine Oma, die die letzten Jahre ihres Lebens nur noch in Sprichwörtern mit ihm geredet hatte. »Bellende Hunde beißen nicht«, hätte sie gesagt. Aber Romero bellte nicht. Er knurrte.

»Ich habe für alles Papiere. Hier gibt es keine gestohlenen Sachen. Und Weber-Jacken hab ich noch nie verkauft«, presste er hervor.

»Kommen Sie, wir wissen doch beide genau, wie das läuft. Es geht mir nicht darum, Sie in irgendwas reinzureißen. Ich will nur rausfinden, auf welchem Weg die Jacken zu Ihnen gekommen sind. Und warum jemand die echten Jacken als Fälschungen verkauft hat.«

»Die waren echt?«, fragte Romero leise, fast zu sich selbst, und sein Mund zuckte ärgerlich.

»Ja. Sollten aber so aussehen, als seien sie gefälscht. Warum, weiß ich noch nicht. Woher hatten Sie die Jacken?«

Romero kam um den Tresen herum, und Schlaicher hörte, wie seine schweren Armeestiefel den Boden zum Knarren brachten. Romero kam auf ihn zu und nahm ihn am Arm. Seine Hand drückte fest zu, und Schlaicher bemerkte schnell, dass es keinen Sinn machte, sich dem Mann zu widersetzen. Romero führte ihn zur Tür. »Schlafende Hunde soll man nicht wecken«, sagte er noch, bevor er die Tür hinter Schlaicher abschloss und das »Open«-Schild umdrehte, sodass nun »Closed« an der Tür stand. Trefzer hatte bei sich in der Scheune das gleiche Schild, bei dem grundsätzlich die »Closed«-Seite nach vorn zeigte. Schlaicher war keinen Deut weitergekommen.

Die Rückfahrt war schwieriger als die Hinfahrt. Schlaicher musste zweimal nach dem Weg fragen und wurde beide Male anders geschickt. Schließlich erreichte er das von Industrieanlagen geprägte Kleinhüningen und gelangte von dort aus nach Weil am Rhein. Wieder in Deutschland, kaufte er sich zwei Teilchen in einer Bäckerei. Eines für jeden Fehler, den er gemacht hatte. Erster Fehler: Er hatte seinen echten Namen genannt. Zweiter Fehler: Er hätte sich nicht als Privatdetektiv ausgeben sollen. Obwohl, eigentlich war es genau das, was er gerade machte: Er ermittelte privat. Aber durfte man das so einfach in diesem von Regeln und Vorschriften eingeschränkten Land? Sicher gab es genaue Vorgaben, wer sich Privatdetektiv nennen durfte und wer welche Möglichkeiten der Ermittlung hatte. Schlaicher beschloss, sich darüber schlauzumachen. Vielleicht konnte ihm auch Baumgartner helfen, der Chefdetektiv bei Karstadt.

Als er in Maulburg ankam, war es gerade halb fünf. Schlaicher stellte den Wagen vor dem Haus ab und wunderte sich, dass Trefzer nicht zu sehen war. Er ging hoch.

Lars war nicht da. Dafür zeigte ein sehr quicklebendiger Dr. Watson durch Hochspringen und freudiges Bellen, dass er sein Herrchen vermisst hatte. In der Küche entlarvte Schlaicher Dr. Watsons große Freude als Ablenkungsmanöver, denn der Hund hatte den Mülleimer ausgeleert, um sich satt zu fressen. Der ganze zum Glück gefliesste Boden der Küche war voller matschiger Gemüsereste, leerer Konservendosen, die nun sauber ausgeleckt waren, und bis in die hinterste Ecke verstreuter Papierschnipsel, die, als sie noch an einem Stück waren, Wurst verpackt hatten. Außerdem fand Schlaicher in der Küche einen Zettel von Lars:»War mit Hund. Bin weg. Komme um acht.« Na ja, wenigstens die wichtigsten Informationen hatte der Junge weitergegeben. Wenn es um Effizienz in der Kommunikation ging, konnte seinem Sohn keiner etwas vormachen. Dass Lars mit Dr. Watson Gassi gegangen war, bedeutete, dass Schlaicher noch bei Weber Textilien vorbeifahren konnte. Er wollte herausfinden, wie es Hanni Weber ging. Außerdem war es unbedingt nötig, sich zu vergewissern, ob er den Job wirklich hatte. Vielleicht war seine heutige Aktion bei Romero ja schon umsonst gewesen. Im Briefkasten hatte nämlich Post vom Finanzamt gelegen, eine Mahnung wegen der noch nicht bezahlten Umsatzsteuer.»Vollstreckungsankündigung« nannten die das gleich, um auch ja nicht freundlich zu klingen. Die neu dazugekommenen Säumniszuschläge führten auch nicht gerade dazu, dass sich die Steuern leichter zahlen ließen. Es musste also Geld in die Kasse. Und hatte nicht Hermann Weber gesagt, er bekäme eine neue Jacke, weil er doch seine aufgeschnitten hatte?

Schlaicher kannte das Firmengelände von Weber Textilien, er war schon häufiger daran vorbeigefahren. Ein Tor mit Torhaus führte auf das große Grundstück, auf dem mehrere Gebäude standen, die durch überdachte Wege miteinander verbunden waren. Am auffallendsten – weil am größten – war die Produktionshalle mit dem angeschlossenen Lager. An dessen Ladebühnen standen Lkws und lieferten Material an oder luden fertige Jacken auf, um sie zu ihrem Bestimmungsort zu bringen. Ein anderes Gebäude war die Bürozentrale, ein zweistöckiger, lang gezogener Bau, der so aussah, als sei hier früher produziert worden.

Schlaicher musste allerdings zunächst an einer Schranke anhalten, die am Torhaus den Weg versperrte. Der Pförtner, etwa fünfzig Jahre alt, schaute durch die Scheibe aus seinem Häuschen, während die Wagen in die andere Richtung frei durchfuhren. Hier war wohl für die ersten Mitarbeiter schon Feierabend.

»Guten Tag. Schlaicher von der PSS GmbH. Ich habe keinen Termin, müsste aber mit Herrn Weber sprechen.«

Der Mann stand auf und lehnte sich aus seinem Fenster.»Pallok, Pforte« stand auf einem Schild an seinem Revers.

»Welle Weber wölle Sie denn?«, fragte er. Sein rechtes Auge zuckte ständig auf und ab.

»Hermann Weber«, antwortete Schlaicher freundlich.

»Was wölle Sie denn vom Herrn Weber?«

»Hannelore Weber hat mich beauftragt, für Weber Textilien zu arbeiten. Zu Herrn Weber möchte ich jetzt, weil ich weiß, dass seine Tante im Krankenhaus ist.«

»Dann wissen Sie ja schon einiges. Aber Sie wissen nicht, dass das Personalbüro für neue Mitarbeiter zuständig ist. Die Frau Jurtenberger. Die isch aber erst morge wieder zu spreche. Termine außer Haus.« Pallok grinste, und Schlaicher wurde es langsam zu bunt.

»Hören Sie. Ich möchte jetzt zu Herrn Weber. Vielleicht können Sie einfach bei der Geschäftsführung durchklingeln?«

»Ach, jetzt wollen Sie auf einmal zum Herrn Dr. Frank?«

»Dr. Frank? Wieso?«

»Die Geschäftsführung, haben Sie doch gesagt? Oder habe ich Sie falsch verstanden?« Palloks Grinsen wurde unverschämt breit.

»Ich will zu Herrn Hermann Weber. Und wenn Sie mich nicht durchlassen, dann steige ich aus, lasse den Wagen hier stehen und gehe so rein.«

Pallok schaute weiterhin aus seinem Fenster, direkt in Schlaichers Wagen. Schlaicher wollte gerade den Motor abschalten und aussteigen, seine Drohung wahrmachen, als die Schranke sich hob und der Pförtner sich wieder setzte.

»Ich tue auch nur miini Pflicht. Herr Webers Büro ist die 104.«

Schlaicher gab Gas, bevor es sich dieser Blockwart noch einmal anders überlegen konnte. Er stellte den Wagen auf einem Besucherparkplatz direkt vor dem Bürokomplex ab.

Mittlerweile war es fünf Uhr, und eine Menge Leute in Bürokleidung verließen das Gebäude. Die Frau an der Zentrale packte gerade ihre Tasche und murrte leise vor sich hin, als Schlaicher sich anmeldete. Sie winkte ihn durch, nachdem sie ihm noch die gleiche Information wie der Pförtner gegeben hatte: »Zimmer 104.«

Die Eingangshalle des Gebäudes war nicht sonderlich repräsentativ. Es sah hier eher aus, als habe eine wirklich richtungsweisende optische Gestaltung zum letzten Mal vor dreißig Jahren stattgefunden. Vorherrschende Farbe war das Rot der Backsteine, die teilweise mit dunkelbraunem Furnier verkleidet waren. Das Empfangspult war aus dem gleichen braunen Holz, ein orangener Streifen an der Oberseite sollte es wohl aufwerten. Durchbrochen wurde die Farbgebung der späten Siebziger durch zwei gläserne beleuchtete Vitrinen. Hier wurden an Plastik-Torsos moderne Jacken von Weber Textilien ausgestellt; die Bilder an der Wand, teils in Schwarz-Weiß, teils in Farbe, zeigten ältere Jacken an lebenden Modellen. Eine Glastür führte zu einem langen Flur und eine offene Marmortreppe in die erste Etage. Schlaicher machte sich auf nach oben und fand dort die gleiche Glastür, die zu einem gleich aussehenden langen Gang führte, von dem in regelmäßigen Abständen zu beiden Seiten Türen abgingen.

Die ihren Arbeitsplatz verlassenden Mitarbeiter nahmen keine Notiz von ihm, als er an der Tür mit dem Schild »104 Sekretariat Hermann Weber, Vertriebsleitung« klopfte. Er konnte keine Antwort auf sein Klopfen hören und öffnete die Tür vorsichtig.

Ein massiver Schreibtisch dominierte das Büro. Auf dem Schreibtisch standen ein Flachbildschirm und zwei riesige Stapel Ablagekästen, die alle voll zu sein schienen. Es wirkte nicht unordentlich, aber auch nicht aufgeräumt. Die beiden Schränke waren geschlossen. Es gab noch eine Vielzahl von Kakteen auf dem Fensterbrett und eine Tür, die angelehnt war. Schlaicher hörte eine leise Stimme aus dem Nebenraum und ging zu der Tür. Als er sie öffnete, bekam er einen Bruchteil von dem mit, was Weber gerade sagte: »… uns über die Zahlungskonditionen unterhalten.« Weber schaute auf. Als er Schlaicher sah, winkte er ihn hinein, ein bestätigendes »Ja« ins Telefon sagend und Schlaicher mit der freien, verbundenen Hand Zeichen gebend, sich doch zu setzen, was dieser tat.

»Ja, ich verstehe«, bestätigte Weber, als Schlaicher in einem mit schwarzem Leder bezogenen Besucherstuhl Platz nahm.

Webers Büro sah anders aus als die Räumlichkeiten, die Schlaicher bisher gesehen hatte. Ein sehr moderner Schreibtisch mit einer eleganten Mahagoniplatte, ein Laptop mit Dockingstation darauf und zwei Blatt unbeschriebenes Papier. An der Wand hinter Weber hing ein abstraktes Gemälde, vornehmlich in Grau- und Rottönen gehalten.

»Entschuldigen Sie bitte. Ich habe gerade noch Besuch bekommen. Lassen Sie uns das doch morgen weiterbesprechen, dann haben wir vielleicht auch schon die ersten Ergebnisse, in Ordnung?«

Weber verabschiedete sich kurz darauf und legte den Hörer auf den erstaunlich kleinen Apparat. Er trug einen dunkelgrauen Anzug mit Weste, darunter ein hellblaues Hemd und eine breit geknotete Krawatte mit farblich passenden Streifen. Sein Outfit sah aus, als müsste ein normaler Mensch einen Monat dafür arbeiten gehen.

»Herr Streicher, was verschafft mir die Ehre?« Weber stand auf, und Schlaicher tat es ihm nach. Sie reichten sich die Hand.

»Schlaicher.«

»Oh, entschuldigen Sie vielmals. Das ist mir unangenehm. Jetzt fällt es mir wieder ein: Rainer Maria Schlaicher, richtig?«

»Richtig.«

»Genau. Setzen Sie sich doch.«

»Danke.« Sie setzten sich wieder.

Hermann Weber schaute Schlaicher an und sah aus, als erwarte er, dass sein Gast zu sprechen anfange. Also tat Schlaicher das auch: »Wie geht es Ihrer Tante?«

»Oh, danke, Hanni geht es schon besser. Es war Gott sei Dank noch kein Herzinfarkt, aber sie stand wohl kurz davor. Die Ärzte sind jedenfalls guter Hoffnung, dass sie bald wieder wohlauf ist. Auf jeden Fall macht sie das Personal verrückt und will morgen schon wieder nach Hause kommen.«

»Geht das denn?« Schlaicher kam das ein wenig kurzfristig vor.

»Ambulante Therapie«, sagte Weber nur und fragte dann: »Was kann ich für Sie tun? Oder sind Sie nur gekommen, um sich nach Tante Hanni zu erkundigen?«

»Hauptsächlich bin ich tatsächlich deswegen gekommen«, begann Schlaicher. »Ich komme allerdings auch wegen der scheinbar gefälschten Jacken.«

Weber lehnte sich zurück und atmete tief ein.

»Herr Schlaicher, ich bin mir eigentlich sehr sicher, dass die Jacken nicht von hier weggekommen sind. Es gibt tägliche Produktionsberichte, computergestützte Lagerbestände, Verkaufsstatistiken et cetera, et cetera. Da gehen nicht einfach zig Jacken verloren.«

»Genau das ist es ja, was ich für Frau Weber herausfinden soll, wenn ich sie richtig verstanden habe.«

»Ich bin da eigentlich der falsche Mann, Herr Schlaicher. Herr Dr. Frank wäre der richtige Ansprechpartner für Sie, unser Geschäftsführer. Ich kann Ihnen nicht einfach so einen Auftrag erteilen. Da müssen Sie schon zuerst zu ihm.«

»Gut. Meinen Sie, ich könnte heute noch mit ihm sprechen?«

»Ohne angemeldet zu sein? Nein, sicher nicht mehr. Eher morgen Vormittag. Oder nächste Woche.«

»Vormittag geht leider nicht«, sagte Schlaicher, ohne auf die Verschiebung um eine ganze Woche einzugehen. »Es ginge ab sechzehn Uhr.«

Weber wirkte entnervt und sagte: »Rufen Sie doch am besten noch einmal an, um mit ihm einen Termin auszumachen. Herr Dr. Frank ist sehr beschäftigt.«

Schlaicher sah, dass es keinen Sinn hatte, länger zu beharren. Er stand auf und reichte Weber die Hand. »Vielen Dank, Herr Weber, und grüßen Sie bitte Ihre Tante. Sagen Sie ihr, ich werde sie besuchen, wenn sie wieder auf dem Damm ist. Und auch viele Grüße an Ihre Frau.«

Weber, der nun auch stand und Schlaichers Hand drückte, schaute ein wenig gequält und dankte ihm dann für seinen »spontanen Besuch«, wie er es nannte. Dann geleitete er ihn bis zur Treppe.

»Es tut mir leid, dass ihr Besuch so kurz sein musste. Vielleicht gehen wir mal gemeinsam zur Jagd? Sie jagen doch, Herr Schlaicher?«, fragte Weber interessiert.

»Habe ich noch nie gemacht«, sagte Schlaicher, »bis jetzt habe ich nur Kaufhausdiebe gejagt.«

Weber zeigte sich nicht mehr interessiert und lachte nur noch künstlich.

Als Schlaicher wieder in der Empfangshalle war, öffnete eine jüngere Frau gerade die Eingangstür, um das Gebäude zu verlassen. Sie hielt sie ihm auf und lächelte ihn freundlich an. Irgendwie kam sie ihm bekannt vor, aber er wusste nicht, woher.

»Vielen Dank«, sagte Schlaicher. Als er an ihr vorbeiging, drang ihm ein süßlicher Geruch in die Nase, und schlagartig wurde ihm klar, woher er sie kannte. Er hatte diese Frau tatsächlich schon einmal getroffen, obwohl sie zu diesem Zeitpunkt ganz anders gewirkt hatte als jetzt. Aber das Parfum war das gleiche, diese schwüle Süße, die ihn fast benommen machte. Ihm gegenüber stand die Diebin, die er bei seinem Fernseherdiebstahl beobachtet hatte.

Sie lachte ihn an, als er noch immer vor ihr stand und keine Anstalten machte, weiterzugehen.. »Jetzt müssen Sie mich aber rauslassen. Ich habe nämlich Feierabend«, sagte sie.

»Oh. Ja. Entschuldigung«, stammelte Schlaicher, der einen Moment überlegte, ob er sie auf ihr Geheimnis ansprechen solle, sich dann aber schnell dagegen entschied.

»Schönes Parfum«, sagte er nur und marschierte zu seinem Wagen.

In seinem Geländewagen bemerkte er, dass die Frau sich noch einmal nach ihm umdrehte. Sie hatte ihn auf keinen Fall erkannt, dafür war er zu gut verkleidet gewesen. Sie ging zu einem alten türkisen Fiat Panda, stieg ein und fuhr weg.

Dr. Watson reagierte diesmal kaum, schaute nur kurz auf und wedelte schwach. Schlaicher schloss daraus, dass Lars zu Hause war. Er ging zum Zimmer seines Sohnes, klopfte und öffnete arglos die Tür.

»Hallo, Lars«, sagte er und stockte im gleichen Moment. Lars war nackt. Und nicht allein. Und nicht allein nackt.

»Sorry«, sagte Schlaicher schnell und hoffte, dass er souveräner geklungen hatte, als er sich fühlte. Lars hatte die Augen weit aufgerissen; das Gesicht des Mädchens hatte er nicht gesehen, nur ihren Rücken.

Zu warten, ob aus dem Zimmer eine Reaktion erfolgte, war Schlaicher zu peinlich. Eigentlich hatte er vorgehabt, Lars zu fragen, ob er mit ihm essen gehen wolle, aber das ließ er nun lieber. Stattdessen nahm er einen Zettel, schrieb darauf: »Bin essen, bestell dir was. Komme gegen neun zurück, Rainer.« Dann strich er das »Bestell dir was« wieder durch und schrieb darüber: »Bestellt euch was.«

Er leinte Dr. Watson an und verließ das Haus. Zuerst etwas essen und dann noch ein Spaziergang mit dem Hund. Er hatte mehr als genug, worüber er nachdenken musste.

FÜNF

Bevor Schlaicher am nächsten Morgen losfuhr, um in Lörrach sein Seminar vor den Kaufhausdetektiven zu halten, rief er bei Weber Textilien an, um einen Termin mit dem Geschäftsführer zu bekommen.

Dr. André Frank hatte tatsächlich schon von ihm und seinem Auftrag gehört, wie seine Assistentin Schlaicher mitteilte. Er sei zwar sehr beschäftigt, könne allerdings heute um sechzehn Uhr eine Viertelstunde freimachen. Schlaicher nahm den Termin an. Vielleicht wartete hier die Lösung für sein Problem mit dem Finanzamt oder der Telefongesellschaft oder der ganzen Reihe anderer, die Geld von ihm wollten und deren Rechnungen sich auf seinem Schreibtisch stapelten. Vielleicht warteten hier auch ein paar Antworten auf Fragen, die sich ihm aufdrängten.

Nach dem Seminar, das bis auf ein paar Reibereien mit Baumgartner sehr erfolgreich verlaufen war und im Gegensatz zu dem gestrigen richtig Spaß gemacht hatte, ging Schlaicher auf der Rückfahrt die Familienkonstellation der Webers noch einmal durch. Hanni Weber war sicherlich die schillerndste Figur von allen, begleitet von Frau von Enkstein, die ihr nie von der Seite zu weichen schien. Waren die beiden nur Freundinnen? Schlaicher hatte das Gefühl, dass die alten Damen mehr miteinander verband als reine Freundschaft. Die beiden jüngeren Webers, Hermann und Laura, standen im Schatten der alten Dame. Hermann, jovial und etwas arrogant, und die schöne Laura, kühl und ruhig, aber Schlaicher wusste nicht, was alles hinter der Fassade verborgen sein mochte. Wer war eigentlich angeheiratet von den beiden und wer leibliche Nichte oder Neffe? Und warum war Hermann Weber, wenn er doch Verwandter der Inhaberin war, nicht auch Geschäftsführer von Weber Textilien? Natürlich war das nicht jedermanns Sache, aber er war im Unternehmen beschäftigt, sogar in leitender Funktion. Warum also nur Vertriebsleiter und nicht gleich oberster Chef? Was hatte seine Tante dazu bewogen, ihm nicht die ganz große Verantwortung zu übertragen? Vielleicht war aber auch Laura die echte Nichte und ihr Mann nur angeheiratet. Bis auf ein paar Besitzansprüche, die Weber dadurch geltend gemacht hatte, dass er seine Hand auf ihr Knie gelegt oder sie von hinten umarmt hatte, war Schlaicher die Beziehung der beiden nicht sonderlich romantisch vorgekommen.

Irgendwie hatte Schlaicher sogar ein bisschen das Gefühl, dass Laura Weber ihn angeflirtet hatte. Aber sicherlich bildete er sich das nur ein. Wunschdenken ...

Heute war es kaum bewölkt, und Regen schien sich zum Glück auch nicht einstellen zu wollen. Aber sein Frontera war von den letzten Tagen noch schmutzig, also verpasste Schlaicher ihm an der Maulburger Jet-Tankstelle schnell noch eine Wäsche, bevor er nach Schopfheim zu Weber Textilien fuhr. In dem kleinen Pförtnerhäuschen saß wieder derselbe Pförtner wie gestern Abend, Pallok. Schlaicher hatte ihn gleich wiedererkannt und Pallok ihn sicherlich auch. Trotzdem blieb die Schranke unten.

»Schlaicher von der PSS. Ich habe einen Termin bei Dr. Frank um sechzehn Uhr«, sagte Schlaicher, ohne dem Mann mit dem zuckenden Auge das erste Wort zu gönnen.

»PSS. Was soll das denn eigentlich heißen?«, fragte Pallok, allerdings ohne Anstalten zu machen, die Schranke zu öffnen.

»Professional Security Services«, sagte Schlaicher und fuhr fort, als er das fragende Gesicht des Pförtners sah: »Professionelle Sicherheitsdienste. Und wenn Sie auch nur einen Hauch von Professionalität im Leib haben, dann machen Sie mir diese Schranke auf und lassen mich in Zukunft gleich durch.«

»Ich mache auch nur miini Job«, knurrte Pallok, zog sich in sein Häuschen zurück und drückte auf einen Knopf, der die Schranke nach oben ruckeln ließ.

Die Dame von der Zentrale, die ihn in den Besprechungsraum brachte, bat ihn um etwas Geduld; Dr. Frank werde gleich da sein. Schlaicher stellte sich ans Fenster, das auf ein Rasenstück hinauszeigte. Weiter hinten sah er die B317, die um diese Zeit recht stark befahren war. Die dahinter ansteigenden Berge waren von Wiesen und Wald bedeckt. Die Dächer von Wiechs glänzten in der Sonne. Schlaicher wandte sich um. Die Einrichtung des Raums bestand aus einem großen ovalen Tisch in hellem Braun, einem an der Decke montierten Beamer, dessen Linse auf eine große weiße Leinwand zielte, und acht lederbezogenen schwarzen Besucherstühlen.

Auf dem Tisch stand ein lindgrünes Kaffeeservice, eine Kaffeekanne aus gebürstetem Edelstahl und ein Teller mit den typischen Bahlsen-Keksen, die bei solchen Terminen gereicht wurden. Schlaicher hatte Lust auf etwas Deftiges. Er hatte seit dem Frühstück nichts Anständiges gegessen.

Die Tür öffnete sich, und ein etwa fünfundvierzigjähriger, schlanker Mann trat ein, dessen eleganter Anzug in hellem Beige perfekt saß.

»Herr Schlaicher. Schön, dass Sie kommen konnten.« Dr. Franks Händedruck war fest und bestimmt.

»Vielen Dank, dass Sie sich die Zeit für mich genommen haben«, antwortete Schlaicher, einem ungeschriebenen Protokoll entsprechend.

»Das ist doch selbstverständlich. Nehmen Sie bitte Platz. Sie haben ja noch gar keinen Kaffee. Darf ich Ihnen einschenken?«

Schlaicher bejahte, und Dr. Frank schenkte ihm Kaffee in die grüne Tasse. Dann reichte er Schlaicher eine Visitenkarte und setzte sich seinem Besucher gegenüber.

»Ich habe schon von Ihnen gehört«, sagte er und nahm sich Milch und zwei Stück Zucker. »Frau Weber hat mich gestern informieren lassen.«

»Darf ich fragen, in welchem Fach Sie Ihren Doktor gemacht haben?«, fragte Schlaicher nach einem Blick auf die Karte.

»Was würden Sie denn denken? Immerhin sind Sie der Detektiv.« Dr. Franks Lächeln ließ blendend weiße Zähne sehen, und fast wollte Schlaicher aus Spaß »Zahnarzt« antworten, aber er hielt sich zurück.

»Ich fürchte, da sind Sie nicht ganz richtig informiert. Ich bin eher eine Art Unternehmensberater. Ich biete Weiterbildung für Detektive an, bin aber selbst kein Privatdetektiv.«

»Soso«, sinnierte Dr. Frank, »aber tippen Sie doch trotzdem.«

»Ich tippe auf Betriebswirtschaftslehre oder Jura«, sagte Schlaicher.

Dr. Frank schmunzelte freundlich. »Das denken viele. Aber manchmal ist es anders, als der erste Anschein glauben lässt. Ich bin

Doktor der Philosophie. Aber das heißt natürlich nicht, dass ich mich mit Betriebswirtschaft und der Juristerei nicht auskennen würde.«

»Das glaube ich Ihnen gerne. Die Voraussetzung für meinen Beruf ist gerade, dass Menschen sich vom ersten Schein trügen lassen. Ich zeige dann auf, wie man diesen ersten Schein durchschauen kann.« Beide lächelten sich an.

Dr. Frank machte den Eindruck eines sehr gebildeten und höflichen Menschen, der aufmerksam zuhörte und sogar gezielte Zwischenfragen stellte, als Schlaicher begann, sein Unternehmen vorzustellen. Diese Fragen waren zwar sehr höflich formuliert, zielten aber stets darauf ab, die Professionalität seines Gegenübers zu testen. Schlaicher wusste nicht, wie er abschnitt bei diesem Test, aber Dr. Frank war weiterhin freundlich und gut gelaunt. Anscheinend lief alles ganz gut.

Nach etwa einer Viertelstunde schaute Dr. Frank auf seine Uhr, unterbrach Schlaicher aber nicht. Der hatte das Signal seines Gesprächspartner allerdings verstanden und kam kurz darauf zum Ende.

»Ich hoffe, ich halte Sie nicht zu lange auf«, sagte Schlaicher.

»Nein, sicherlich nicht«, antwortete Dr. Frank. »Aber leider habe ich gleich noch einen Termin, den ich nicht verschieben kann. Kommen wir also zur Sache: Ich kann mir nicht vorstellen, dass die Jacken hier verschwinden. Wir haben vor vier Jahren unser Warenwirtschaftssystem umgestellt. Alle wichtigen Zahlen laufen vollautomatisch ein und werden zusätzlich noch manuell festgehalten. Laut unseren Statistiken, ich habe das bereits prüfen lassen, fehlen bei uns keine Jacken. Das habe ich Frau Weber auch mitgeteilt, aber sie besteht darauf, sie dennoch zu beauftragen. Wie Sie schon gesagt haben, trügt der erste Schein manchmal. Finden Sie es heraus.« Er nahm seine Tasse, ohne einen Schluck zu trinken, und fuhr fort: »Damit wir auf geschäftlicher Ebene einwandfrei agieren, würde ich Sie bitten, mir ein formales Angebot zukommen zu lassen. Können Sie das bis nächsten Montag machen?« Dr. Frank stellte die Tasse wieder ab.

»Selbstverständlich. Trotzdem würde ich gerne gleich mit der Arbeit anfangen. Wenn es nämlich doch hier passiert sein sollte, dann ist es wichtig, die Spur so schnell wie möglich aufzunehmen.«

»Machen Sie das. Gehen Sie am besten zu Frau Holzhausen, der Sekretärin von Frau Weber. Meine Assistentin holt Sie gleich ab und bringt Sie runter. Frau Holzhausen soll Ihnen einen Ausweis ausstellen und Sie schon einmal herumführen. Ich würde Ihnen gerne selbst eine Führung geben, aber heute ist es ziemlich eng bei mir. Wenn Sie mich also entschuldigen.«

»Selbstverständlich«, antwortete Schlaicher wieder und reichte Dr. Frank die Hand zum Abschied.

»Meine Assistentin wird gleich bei Ihnen sein. Schönen Abend.«

»Darf ich noch eine Frage stellen, Herr Dr. Frank?«

»Eine Frage haben Sie damit schon gestellt«, sagte er lächelnd. »Aber fahren Sie fort.«

»Wie kommt es, dass ein Familienunternehmen wie Weber Textilien einen externen Geschäftsführer hat?«

»Sie wollen wissen, warum nicht Hermann Weber Geschäftsführer ist? Der Neffe der Inhaberin?«

Schlaicher nickte.

»Fragen Sie ihn selbst. Er wird es Ihnen gerne erzählen.«

Sabine Hummel, die Assistentin von Dr. Frank, holte Schlaicher kurz darauf ab. Sie war etwa fünfunddreißig, etwas rundlich und trug eine unvorteilhafte Brille mit länglich-ovalen Gläsern. Ihr dunkelblaues Kostüm war schon ein wenig verknittert vom bisherigen Tag, Schlaicher war sich aber sicher, dass diese Frau morgens niemals etwas anziehen würde, was bereits Knitterfalten besaß. Und er war sich sicher, dass Frau Dr. Frank, falls es die gab, mit der Wahl der Assistentin ihres Mannes durchaus zufrieden sein konnte.

Frau Hummel brachte Schlaicher ins Erdgeschoss und führte ihn durch den langen Gang bis zu Zimmer 015, »Sekretariat Hannelore Weber, Inhaberin«. Das Büro war dem Sekretariat von Hermann Weber sehr ähnlich, nur gab es hier nicht so viele Pflanzen. Stattdessen hingen zwei Bilder von felsigen Küsten an der Wand. Vielleicht die Kanaren, dachte Schlaicher.

Viel interessanter allerdings war die in dezentem Grau gekleidete Frau, die am Schreibtisch saß. Martina Holzhausen, die Sekretärin von Hanni Weber, war Schlaicher wohlbekannt.

»Ah, Sie sind das also«, sagte sie mit einem netten Lächeln, als Sabine Hummel gegangen war.

»Ja, ich bin das. Ich hoffe, Sie sind nicht allzu enttäuscht.«

»Sicherlich nicht«, sagte sie, während sie nach dem Hörer griff, weil das Telefon klingelte.

»Weber Textilien, Büro Weber, Sie sprechen mit Martina Holzhausen, was kann ich für Sie tun?«, rasselte sie herunter.

Es dauerte einen Moment, bis sie weitersprach: »Es tut mir leid, aber Frau Weber ist momentan nicht im Haus und wird erst übernächste Woche wieder erwartet. Kann ich Sie vielleicht mit Herrn Dr. Frank verbinden, unserem Geschäftsführer?«

Während ihr Gesprächspartner redete, schaute Martina Holzhausen abwechselnd auf den Flachbildmonitor vor sich und zu Schlaicher, wobei sie so lächelte, dass Schlaicher nicht wusste, ob es ihm galt oder dem Anrufer.

»Ja, das werde ich. Schönen Abend wünsche ich Ihnen.«

Ihre Haare fielen Schlaicher auf, dunkelblonde Locken, die sie zu einem Pferdeschwanz gebändigt hatte. Ganz anders als die lange Perücke, die sie bei dem Diebstahl getragen hatte.

»Sie sollen also dafür sorgen, dass hier nicht gestohlen werden kann.« Sie sah ihm unverwandt in die Augen.

»Ja, dafür soll ich sorgen. Herr Dr. Frank meinte, Sie könnten mich vielleicht zuerst einmal herumführen.«

»Natürlich«, sagte sie unverbindlich und stand auf, nachdem sie noch etwas in den PC getippt und eine Rufumleitung aktiviert hatte.

»Sie haben auch einen Basset?«

»Ja, Dr. Watson, ein Rüde.«

»Dr. Watson! Sie sind also dann sein Sherlock?«

»Bestimmt nicht. Ich kann auch nicht Geige spielen. Ich kenne mich nur gut aus mit Dieben.« Schlaicher beobachtete sie genau bei diesen letzten Worten, aber Martina Holzhausen reagierte nicht. Zusammen gingen sie nach draußen vor den Haupteingang des Bürokomplexes.

»Das hier ist Weber Textilien«, sagte sie und machte mit dem rechten Arm eine ausholende Bewegung. »Da vorn sind die neuen Produktionshallen, daneben das Lager und der Fuhrpark, wobei wir hauptsächlich mit Speditionen ausliefern. Wie kommen Sie darauf, dass die Jacken von hier aus verschwunden sind?«

»Eigentlich kam nicht ich darauf. Ihre Chefin ist dieser Meinung.

Oder zumindest will sie wissen, ob es so ist. Und vielleicht gibt es hier ja tatsächlich Leute, die wissen, wie man so etwas anzustellen hat. Sind Sie schon lange hier beschäftigt?«

Sie lächelte ihn nur an, und wieder umwehte ihn ihr Parfum.

»Seit einem knappen halben Jahr erst«, sagte sie. »Macht mich das nun verdächtig?«

Schlaicher ignorierte den spaßigen Unterton in ihrer Bemerkung und sagte stattdessen ernst: »Ja, das macht Sie verdächtig. Aber nicht nur das. Ich kenne Sie nämlich. Ich habe Sie schon einmal stehlen gesehen, und ich weiß, dass so niemand stiehlt, der das zum ersten Mal macht.« Er schaute sie konzentriert an, in der Hoffnung, einen verräterischen Blick, eine Geste, einen Ausdruck wahrzunehmen, aber alles, was er mitbekam, war der Schmerz, als ihre Hand seine Wange traf.

»Unverschämtheit«, stieß sie empört hervor und stolzierte ins Gebäude zurück. Schlaicher rieb sich die brennende Wange. Damit hatte er jetzt nicht gerechnet.

»Sie denken also, dass ich hier Jacken stehle?«, fragte sie. Sie stand an ihrem Fenster und schaute hinaus auf den Rasenplatz. »Dann brauchen wir wohl nicht weiter zusammenzuarbeiten.«

»Das habe ich nicht gesagt. Ich habe gesagt, dass Sie verdächtig sind. Sie hatten mich danach gefragt, und ich habe Ihnen eine ehrliche Antwort gegeben.«

»Wie kommen Sie auf so etwas?« Sie drehte sich zu ihm um.

»Ich habe Sie gesehen, bei Karstadt, letzten Freitag. Sie haben einen MP3-Player gestohlen oder so etwas, übrigens sehr souverän, meine Gratulation.«

»Ich habe Sie nicht gesehen«, sagte sie, und ihr Gesicht wurde wieder weicher. »Wo waren Sie?«

»Ich war der Techniker mit den langen schwarzen Haaren und dem Schnurrbart«, gab er zurück. »Ich arbeite als Testdieb für Karstadt und war gerade selbst auf Tour.«

»Ich erinnere mich«, gab sie zu, »der Typ in Arbeitsmontur mit dem Fernseher. Ich bin extra in Ihrer Nähe rausgegangen, weil Sie so auffällig waren. Das waren also Sie.«

Der letzte Satz war eine Feststellung, keine Frage. Sie kam nun näher und stellte sich vor ihn.

»Warum haben Sie mich nicht auffliegen lassen?«, fragte sie fast flüsternd.

»Ich war zu sehr mit mir selbst beschäftigt.« Schlaicher wusste selbst keine rechte Antwort auf diese Frage.

»Wollen Sie mich jetzt auffliegen lassen?« Ihre Stimme klang sehr nüchtern.

»Wenn ich Sie wieder einmal in Lörrach im Karstadt stehlen sehe, sicherlich, das ist meine Pflicht meinem Auftraggeber gegenüber.«

Sie funkelte ihn giftig an, fing sich aber schnell wieder.

»Hier ist es mir egal. Hier geht es mir darum, wie die Jacken wegkommen sind. Ich will von Ihnen nur wissen, ob Sie es waren, und wenn nicht, ob Sie eine Idee haben, wer es gewesen sein könnte.«

»Ich habe hier noch keinen Bleistift mit nach Hause genommen. Frau Weber hat mich angestellt und vertraut mir. Und wer mir sein Vertrauen entgegenbringt, den enttäusche ich nicht.«

Schlaicher kannte diesen Spruch. Diebe mit Moral stellten damit klar, dass sie nicht in Tante-Emma-Läden stahlen oder in kleinen Geschäften, die keine Warensicherung hatten, sondern nur dort, wo Kunden besonders misstraut wurde und es »niemandem wehtat«. Vor vielen Jahren war er selbst diesem Leitspruch gefolgt, und dass sie dies gesagt hatte nahm zwar nicht den letzten Zweifel, aber er hatte das Gefühl, dass sie ihn nicht anlog.

»Warum stehlen Sie?«, fragte er.

»Was geht das Sie an?«

»Ich will sichergehen, dass Sie wirklich nichts mit den Jacken zu tun haben.«

»Ich habe nichts damit zu tun. Reicht Ihnen das nicht?«

Schlaicher schüttelte nur den Kopf, und Martina Holzhausen schaute ihn mit funkelnden Augen an. Schlaicher blieb still vor ihr stehen, und irgendwie schien seine Ruhe ihr die Angriffslust zu nehmen. Martina Holzhausen strich eine aus dem Pferdeschwanz gelöste Strähne hinters Ohr, dann sagte sie: »Bevor Frau Weber mir die Chance gab, für sie zu arbeiten, war ich zwei Jahre arbeitslos. Ich habe damals meine Ausbildung einen Monat vor Ende geschmissen, weil ich die ständige Anmache meines Chefs nicht mehr ertragen wollte. Und obwohl ich nicht dumm bin, interessiert bei den meisten Jobs nur, dass man auf dem Papier alle Qualifikationen nachweisen kann. Ich habe kein Geld von den Ämtern beantragt, sondern mir das geholt, was ich brauchte. Und zwar da, wo genug Geld ist, man mir aber keinen Job geben wollte. Reicht das?«

»Jetzt haben Sie einen Job. Warum klauen sie noch?«, setzte Schlaicher nach.

»Ich habe in den zwei Jahren einige Schulden angehäuft. Eigentlich hatte ich schon wieder aufgehört, aber ich war nicht mehr flüssig und brauchte ein Geschenk für den Sohn meiner Freundin.« Sie machte eine kurze Pause, dann lächelte sie. »Und außerdem wollte ich die Tour mit der blonden Perücke ein letztes Mal ausprobieren.« Dann wurde sie wieder ernst. »Aber mit diesen Jacken habe ich nichts zu tun. Ich klaue hier nicht!«

»Frau Holzhausen, ich glaube Ihnen. Vor allem Ihrer Reaktion, so schmerzhaft sie war …«

»Entschuldigen Sie, aber mir das so ins Gesicht zu werfen, und auch noch draußen, wo es jemand hätte hören können …«

»Da wollten Sie mir etwas zurückwerfen, ins Gesicht, meine ich. Wie gesagt, ich glaube Ihnen. Und das mit der Ohrfeige können Sie sicherlich wieder gutmachen.«

»Wie meinen Sie das?«, fragte sie, und Schlaicher wurde in dem Moment klar, dass man seinen letzten Satz auch anzüglich verstehen konnte.

»Nun, also eigentlich dachte ich, Sie könnten mir helfen, einige Jacken zu stehlen, damit ich überprüfen kann, ob der Diebstahl von hier aus machbar ist.«

Sie ließ sich in ihren Bürostuhl fallen und schaute ihn ungläubig an. In ihren Augen mischte sich der Widerwillen der loyalen Angestellten mit der Neugierde der professionellen Diebin. Sie würde mitmachen. Da war sich Schlaicher sicher.

Sie verabredeten sich für den nächsten Vormittag. Schlaicher bat sie, sich bis dahin Gedanken zu machen, wie man die Jacken stehlen könne. Er selbst wollte sich bei der Führung durch die Gebäude inspirieren lassen. Dann verließ er sie und rieb sich noch einmal über die schon längst nicht mehr schmerzende Wange. Sie hat einen heftigen Schlag, dachte er, als er an einem grimmig schauenden Pallok vorbeifuhr.

Lars war zu Hause, als Schlaicher kam. Er saß mit Dr. Watson im

Wohnzimmer und machte Hausaufgaben. Es sah so aus, als habe er unter dem Heft noch andere Zettel liegen.

»Tut mir leid wegen gestern«, wagte Schlaicher ihn auszusprechen.

»Hör bitte auf«, war Lars' Antwort.

»Wenn du drüber reden willst –«

»Nein«, fiel ihm sein Sohn ins Wort, »kein Bedarf.«

Schlaicher schaute etwa eine Minute still zu, wie Lars Brüche in sein kariertes Heft schrieb.

»Wie heißt sie denn?«

»Verdammt noch mal«, schrie Lars ihn an, »kannst du mich nicht mal in Ruhe lassen? Das ist mein Leben, und es geht dich überhaupt nichts an!«

»Und du hörst gefälligst auf, so rumzufluchen. Nicht mit mir, mein Freund! Du wolltest zu mir ziehen, und ich nehme dich gerne bei mir auf, aber es geht mich wohl verdammt noch mal eine ganze Menge an, wenn mein minderjähriger Herr Sohn in meinem Haus rummacht.«

»Und genau das geht dich einen Scheiß an.«

Beide, Vater und Sohn, gleich groß, aber von der Statur doch noch sehr unterschiedlich, standen sich Auge in Auge gegenüber. Schlaicher versuchte, sich zu beruhigen, und sagte nun leiser: »Es tut mir leid. Ich wollte nicht so schreien. Aber ich will keine Beleidigungen mehr von dir hören. So kannst du mit deinen Klassenkameraden ...«

Schlaicher brachte den Satz nicht zu Ende, denn Lars unterbrach ihn: »Kann ich nicht! Mit denen kann ich gar nicht reden.«

Schlaicher war sich nicht sicher, ob er Tränen in Lars' Augen gesehen hatte, bevor der rausrannte und sich unten in sein Zimmer einschloss.

Er hob das Matheheft seines Sohnes an und staunte nicht schlecht. Darunter lag ein Blatt mit einer Bleistiftzeichnung. Ein Mädchen mit hübschem freundlichen Gesicht, großen warmen Augen und mittellangen Haaren. Ihr schlanker Hals ging in sanft geschwungene Schultern und ein nur noch grob skizziertes Dekolletee über. Die Zeichnung war, soweit Schlaicher das beurteilen konnte, von hervorragender Qualität. Er hatte weder eine Ahnung, dass sein Sohn zeichnete, noch dass er es so gut konnte. Offensichtlich war das die junge Frau, von der er gestern nur die Rückenansicht gesehen hatte. Geschmack hatte Lars. So viel stand fest.

Schlaicher legte das Heft wieder so zurück, wie es vorher gelegen hatte, und ging nach unten. Er ignorierte die laute Musik und klopfte auch nicht mehr. So etwas hatte er damals selbst zu hören bekommen. »Solange du deine Füße unter meinen Tisch stellst ...«, »So kannst du mit anderen reden ...« Er hatte diese Sprüche immer gehasst und sich geschworen, sie niemals selbst zu benutzen. Und jetzt war er genauso ein spießiger Vatertyp geworden, wie er es nie hatte werden wollen.

Aber wie sollte er überhaupt ein richtiger Vater sein? Natürlich hatte er die sechs Jahre, die er mit Lars als kleinem Kind zusammengelebt hatte, seine Vaterpflichten ernst genommen. Aber die hatten sich leider viel zu oft darauf beschränkt, arbeiten zu gehen und Geld zu verdienen und allenfalls an den Wochenenden etwas mit Frau und Sohn zu unternehmen. Selbstverständlich hatte er mit dem Jungen auch gespielt und geschmust, und er liebte ihn früher wie heute, aber Manuela hatte die eigentliche Erziehung übernommen und die Nähe zu ihm gehabt. Nach der Trennung war der Kontakt immer erzwungener geworden. Lars hatte versucht, die Situation mit einem neuen Mann im Haus zu verstehen, und Schlaicher hatte ein Gefühl entwickelt, ausgestoßen zu sein. Mit der Zeit war das Verhältnis zwischen Vater und Sohn immer distanzierter geworden. Die Treffen wurden schließlich immer seltener, weil Lars immer öfter mit seinen Freunden verabredet war oder weil Schlaicher wieder einmal hatte arbeiten müssen. Und heute, da Vater und Sohn mehr unfreiwillig als gewollt wieder zusammen waren, gab es nur Streit und Ärger. Und das Schlimmste für Schlaicher war, dass er keine Ahnung hatte, ob er irgendetwas dagegen tun konnte.

Schlaicher trank ein Glas von dem Rotwein, den er noch offen, aber leider im Kühlschrank und damit zu kalt vorgefunden hatte, und betrachtete noch einmal die Zeichnung seines Sohnes. Die erste Freundin ... Schlaicher dachte an seine erste große Liebe, an Manuela, Lars' Mutter. Er hatte sie in einem anderen Leben kennengelernt damals.

Zum ersten Mal hatte er sie bei einem Punkkonzert in Frankfurt gesehen. Zerrissene Klamotten, Springerstiefel und ein kahl rasierter Schädel. Ein wunderschönes Gesicht, dessen Zartheit im Widerspruch zur wilden Kluft der jungen Frau gestanden hatte. Manuela war siebzehn gewesen und fest in der Frankfurter Punk-Szene verwurzelt.

Schlaicher hatte nicht richtig dazugehört, war aber oft mit Freunden zusammen gewesen, die die Ramones, die Sex Pistols oder Sham 69 hörten. Weil Rainer Maria zu sehr nach Establishment klang, hatte er wie viele Linke einen Spitznamen verpasst bekommen. »Rama« hatten sie ihn genannt. Er befand sich auf Konfrontationskurs zu seinem konservativen Elternhaus, wehrte sich gegen alles, was mit dem Geschäft seines Vaters zu tun hatte oder was seine große Schwester von ihm erwartete. »Rama« hatte sich bei einem Konzert in der Batschkapp vier Ohrlöcher mit Sicherheitsnadeln stechen lassen und trug die engen längsgestreiften Stretchhosen, den silbernen Kettengürtel, die Nietenarmbänder und das zerrissene T-Shirt, die ihm das Gefühl gaben, außerhalb der Gesellschaft zu stehen, ein Rebell zu sein. Er hatte viel getrunken damals und sein erstes sexuelles Erlebnis mit zwei Frauen gleichzeitig gehabt. Aber er war immerhin schon fast neunzehn gewesen, und auch die Zeit war eine andere. Lars war erst sechzehn!

Schlaicher nahm das Telefon, und wie immer, wenn er seine Exfrau anrufen wollte, schwangen seine Gefühle von einer Richtung zur anderen. Er empfand keine Liebe mehr nach den Jahren und dem, was sie ihm angetan hatte, aber manchmal freundschaftliche Zuneigung. Fast tat sie ihm leid, dass es mit ihrem Robert nicht geklappt hatte, auf der anderen Seite aber freute er sich, dass seine Vorhersage des Scheiterns dieser Beziehung eingetreten war. Verletzte Eitelkeit und die Erinnerung an schönere Zeiten wechselten sich ab und ließen sein Herz wie verrückt schlagen, während das Freizeichen ertönte.

»Riestecker, hallo?«

Sie klang nicht so, als würde sie sich freuen, dass jemand anrief. Es lag bereits ein Vorwurf in der Art, wie sie hallo sagte.

»Hallo, Manu. Ich bin's, Rama.«

»Ah, Rama, hör mal, es ist grade ganz ungünstig.«

»Sorry«, sagte Schlaicher, der die Abfuhr nicht persönlich nahm. »Ich wollte mich nur mal melden. Aber wir können ja auch die Tage telefonieren.«

»Nein, nein, schon gut. Entschuldigung, aber hier ist grade so viel los, und ich bin emotional ganz weg. Wie geht es Lars?«

»Ganz gut, denke ich. Aber ich glaube, ich kenne ihn einfach zu wenig. Wusstest du, dass er verdammt gut zeichnen kann? Ich habe ein Bild von ihm gesehen, wirklich spitze.«

»Du bist echt ein jämmerlicher Vater«, sagte Manu, und es klang nicht nach einem Vorwurf, sondern eher wie eine Bestätigung dessen, was sie schon immer gewusst hatte. »Natürlich. Er konnte schon gut malen, als wir noch verheiratet waren.«

Schlaicher ignorierte die Bemerkung. »Irgendwie haben wir beide noch ganz schön zu kämpfen damit, dass wir jetzt hier runtergezogen sind. Es ist wirklich schön im Wiesental, aber eben doch ganz anders als in Frankfurt. Aber Lars hat eine Freundin.«

»Super, das ging ja schnell. Wie heißt sie denn?«

»Ich weiß es nicht, er will es mir nicht sagen.«

»Wieso? Was hast du ihm denn getan?«

»Na ja, mir ist gestern was ziemlich Blödes passiert. Ich bin in sein Zimmer und er war grade im Bett mit dem Mädchen.«

Manuela lachte los und bekam sich nicht mehr ein.

»Was ist denn?«, fragte Schlaicher, aber er musste sich nur noch mehr Gelächter anhören, bevor sie endlich hervorbrachte: »Du stellst dich aber echt zu blöde an. Du musst ihm zeigen, dass du sein Zimmer als seinen Rückzugsort respektierst, und vor allem, dass du *ihn* respektierst. Sonst will er schneller wieder zu mir ziehen, als ich Robert das Gesicht zerkratzen kann.«

Das hatte sie zwar im ersten Moment noch im Witz gesagt, aber Schlaicher merkte, wie sich ihre Stimmung rapide verdüsterte.

»Ist es so schlimm zwischen euch?«, versuchte er das Gespräch am Leben zu erhalten.

»Morgen kommt er noch mal, seine letzten Sachen abholen. Ich hoffe, dass ich dann meine Ruhe vor dem Typen habe. Wegen dem hätte ich dich damals echt nicht sitzen lassen sollen. Aber du warst ja auch nicht besser.«

»He, jetzt mal langsam. Du hast mich verlassen.«

»Weil du mich betrogen hast.«

»Habe ich nicht.«

»Hast du.«

»Ich leg jetzt auf.«

»Du mich auch.«

Schlaicher fragte sich, warum er immer noch bei Manuela anrief nach all der Zeit, vor allem weil fast alle ihre Gespräche immer so enden mussten.

Etwa eine Stunde später unterbrach das Klingeln des Telefons Schlaicher beim Pläneschmieden für den Jackendiebstahl. Das Papier vor ihm war noch immer leer bis auf ungleichmäßig gezeichnete Kringel. Von ihm konnte Lars sein Zeichentalent nicht geerbt haben, so viel stand fest.

Er ging nach unten und nahm den Hörer ab. »Schlaicher«, sagte er.

»Hallo, Herr Schlaicher.« Martina Holzhausens Stimme klang aufgelöst und weniger souverän als sonst. »Bitte entschuldigen Sie den späten Anruf.«

»Was ist los? Sie klingen aufgeregt.«

»Ich bin eben von Herrn Schwald angerufen worden. Er arbeitet im Haus bei Webers, er ist so eine Art …«

»Ich kenne ihn«, unterbrach Schlaicher.

»Hanni Weber ist tot!« Martina Holzhausens Stimme überschlug sich, dann schwieg sie. Auch Schlaicher war still. Er verstand den Sinn der Worte, aber sie wollten trotzdem nicht richtig zu ihm durchdringen. Hanni Weber ist tot. »Sind Sie noch da?« Martina Holzhausen holte ihn zurück ins Jetzt.

»Ja. Wie … wie ist es passiert?«

»Es ist so schrecklich«, begann Martina. »Sie hat gedacht, hier sei ein Verrückter unterwegs, der Bassets jagt, wissen Sie. Sie hat mir das am Freitag früh gesagt, nach dem ertrunkenen Hund. Und sie hat recht gehabt.« Aus dem Telefonhörer kam nur noch ein Flüstern: »Jemand hat Ihren Hund Elmar abgeschlachtet. Und das hat Frau Weber nicht überlebt.«

»Wer macht so etwas?«, brachte Schlaicher hervor.

»Ich weiß es nicht. Ich weiß sonst gar nichts. Herr Schwald war auch sehr mitgenommen. Die arme Familie.«

»Ich komme morgen bei Ihnen vorbei.« Schlaicher legte auf und schenkte sich ein weiteres Glas Rotwein ein. Er trank es mit einem Schluck leer und füllte sein Glas erneut, ließ es aber stehen. Hanni Weber tot. Ihr Hund abgeschlachtet. Wie war sie gestorben? Das

73

Herz vermutlich. Ein Verrückter, der Bassets tötet? Die große Frage lautete: Warum?

Schlaicher gingen die abstrusesten Gedanken über gestohlene Jacken, tote Bassets und den Mord an einer alten Fabrikantin durch den Kopf, als er sich zu Dr. Watson auf den Boden setzte. Der reckte seine vier Beine in die Höhe und signalisierte, dass er am Bauch gekrault werden wollte. Je länger er sich diesen Basset anschaute, umso weniger konnte er sich vorstellen, dass jemand einem solchen Tier etwas antun konnte. In was war er da nur geraten ...

SECHS

Schlaicher wachte auf der Couch auf. Der Rücken tat ihm weh, und sein Hals war steif. Das Licht war noch an, aber es wurde auch draußen gerade hell. Schlaftrunken rieb er seinen Kopf und spürte den Schmerz sofort, ein dröhnendes Stechen. Auf dem Tisch stand die leere Flasche Rotwein. Er trank nur selten. Und nie allein. Außer wenn er nicht schlafen konnte.

Schlaicher stellte sich schwankend auf die Füße und ging gebeugt die Treppe hinunter, wobei er sich sorgsam am Geländer festhielt. Er brauchte Wasser. Seine Zunge klebte trocken am Gaumen, der Rachen schmerzte.

Er ging in die Küche und trank kaltes Wasser aus dem Hahn, dann warf er sich eine Handvoll Wasser ins Gesicht, das sich spannte unter der Kälte des Nass.

Irgendjemand hatte Elmar getötet. Aber vielleicht war es wie bei Bismarck, und er war gar nicht tot, sondern alle dachten das nur, und der Hund war weggelaufen?

Nein, Martina hatte gesagt, Elmar sei abgeschlachtet worden. Das klang nicht nach »weggelaufen«. Wenn jemand Elmar abgeschlachtet hatte, gab es zwei Möglichkeiten. Entweder war der Täter ein Verrückter, der aus irgendeinem Grund wahllos Bassets umbrachte. Oder der Basset-Mörder hatte sich Elmar vorsätzlich als Opfer ausgesucht. Vielleicht sogar, weil er wusste, dass Hanni Weber es am Herzen hatte. Wenn das zuträfe, dann ging es nicht um den Basset, sondern einzig und allein um Hanni Weber. Oder besser um ihr Ableben.

Aber beide Möglichkeiten schienen für Schlaicher absolut unwahrscheinlich. Er konnte sich weder einen mysteriösen Basset-Mörder vorstellen noch jemanden, der die alte Hanni Weber töten wollen sollte. Und noch dazu auf eine so unglaubliche Art. Vielleicht, dachte Schlaicher, als er sich auf einen Stuhl an seinem Frühstückstisch fallen ließ und sich den brummenden Schädel rieb, hatte er eine andere Möglichkeit übersehen. Bei Weber Textilien würde er sicherlich mehr erfahren.

75

Im Pförtnerhäuschen saß wieder Pallok, der die Schranke für Schlaicher öffnete, als der bereits begann, mit vor Wut zusammengezogenen Augenbrauen das Fenster runterzukurbeln. Am Hauptgebäude wehte die Weber-Textilien-Firmenflagge, die stilisierte Weißtanne auf dunkelgrünem Grund, auf Halbmast. Vor der Produktionshalle standen Dutzende Mitarbeiter und schienen auf etwas oder jemanden zu warten. Einige gestikulierten wild, andere hörten zu oder hingen ihren Gedanken nach. Wieder andere gingen auf und ab und telefonierten mit ihren Mobiltelefonen.

Ganz ähnlich sah es vor den Büros aus, auch hier standen Menschen, die sich betroffen miteinander unterhielten. Schlaicher stieg aus seinem Wagen, kaum jemand beachtete ihn. Er bekam mit, dass von Stellenabbau gesprochen wurde und von Kündigungen, während andere sicher waren, dass es dazu nicht kommen würde. Auch ein paar Tränen sah er im Vorbeigehen, vornehmlich bei älteren Mitarbeitern.

Martina Holzhausen trug ein schwarzes Kostüm und eine ebenfalls schwarze Bluse, die für einen Trauerfall am Dekolletee vielleicht eine Spur zu durchsichtig war. Sie saß an ihrem Schreibtisch und kritzelte etwas auf ein schon fast vollgeschriebenes Blatt Papier.

»Guten Morgen, Herr Schlaicher«, sagte sie, als er eintrat, und ihre Miene hellte sich etwas auf. Das leichte Lächeln milderte die dunklen Ringe unter ihren Augen. Sie schien ebenfalls eine kurze Nacht gehabt zu haben.

»Sie konnten auch nicht schlafen, was?«, fragte er.

»Weniger als nötig gewesen wäre. Ich habe leider nicht viel Zeit«, sagte sie entschuldigend. »Es sind eine ganze Menge Menschen zu unterrichten. Herr Dr. Frank hat die Anweisung gegeben, die wichtigen Kunden sofort zu informieren, bevor sie es aus den Medien erfahren. Die werden das wohl sehr schnell bringen, immerhin ist Weber Textilien einer der größten Arbeitgeber der Region und ein traditionsreicher Familienbetrieb.«

»Ich habe gehört, wie draußen über Kündigungen spekuliert wurde. Meinen Sie, da ist etwas dran?«

»Ich glaube nicht, dass deswegen irgendjemand gekündigt wird. Aber Frau Webers Tod wird bestimmt einige Veränderungen mit sich bringen. Dr. Frank denkt wohl schon länger im engsten Kreis der Geschäftsführung daran, einen Teil der Produktion nach Tschechien zu verlagern, aber Frau Weber ist ... war dagegen. Für mich könnte es eng werden«, sagte sie dann. »Ich bin noch nicht lange da und habe jetzt sozusagen keine Chefin mehr.«

»Machen Sie sich mal keine Sorgen«, sagte Schlaicher, aber es klang wenig überzeugend. Er dachte an seinen eigenen Auftrag. Auch der schien nicht mehr sicher zu sein.

Am Montag würde er sein Angebot einreichen und gleich die Vertragsunterlagen mitbringen. Für Hanni Weber war es wichtig gewesen, dass sich jemand um den Jackendiebstahl kümmerte, und irgendwie hatte Schlaicher das Gefühl, es Hanni Weber schuldig zu sein.

Draußen auf dem Flur wurde Schlaicher von einem Mann mit kurzen Haaren und Schnurrbart verschwörerisch leise angesprochen: »Guten Tag, mein Name ist Stefan Pallok, ich arbeite für die Badische Zeitung. Wären Sie bereit, mir ein Interview zu geben?«

»Pallok?«, fragte Schlaicher und schaute sich den Mann genauer an. Das Gesicht war grob geschnitten, die Augen waren wach. Seine Lippen waren dünne Striche unter einer spitzen Nase. Der breite Schnurrbart ließ ihn bodenständig wirken.

»Ja. Ach so, Sie meinen, weil mein Onkel draußen an der Pforte ist. Nein, wir haben es aus anderen Quellen gehört.«

»Aber Sie haben es nicht allzu schwer gehabt, hier reinzukommen, wahrscheinlich im Gegensatz zu anderen Journalisten.«

»Hören Sie«, Pallok zeigte auf eine offen stehende Tür hinter Schlaicher, »lassen Sie uns einfach anfangen.«

Schlaicher schaute sich um. Das Büro hinter ihm war leer. Er war zu neugierig, mehr zu erfahren über diesen Journalisten und seine Quellen, als dass er diese Chance ungenutzt verstreichen lassen konnte.

»Kommen Sie«, sagte er, führte den jungen Pallok in das Büro und schloss die Tür hinter ihm.

»Vielen Dank, Herr Bienert, dass Sie sich die Zeit nehmen«, sagte Pallok. Als er Schlaichers erstaunte Reaktion bemerkte, deklamierte er in überlegenem Tonfall: ›Werner Bienert, Leitung Buchhaltung‹. Steht doch draußen an Ihrem Büro.«

»Ah ja, gut. Fangen wir also an«, sagte Schlaicher. »Egal, was Sie hier hören, es wird nicht mit meinem Namen in Verbindung gebracht. Ist das klar?«

»Selbstverständlich. Gut unterrichtete Kreise und so weiter.« Der junge Pallok lächelte jovial. Er kramte ein Aufnahmegerät aus seiner Jackentasche und legte es auf den Tisch, nachdem er es routiniert angeschaltet hatte. Schlaicher schüttelte den Kopf.

»Nein?«, fragte Pallok und schaltete das Gerät wieder aus, nachdem Schlaicher erneut den Kopf geschüttelt hatte. Pallok steckte das Gerät in seine Jackentasche. Erst dann begann Schlaicher: »Was wissen Sie denn schon alles?«

»Aigendlich hani mool wölle hööre, was ihr vorher scho' g'wüsst händ.« Palloks Methode, mithilfe des Dialekts eine vertrauliche Atmosphäre zu schaffen, funktionierte bei Schlaicher schon deshalb nicht, weil er ihn kaum verstand.

»Ich bin nicht von hier«, antwortete er. »Bitte sprechen Sie Hochdeutsch.«

Der Journalist wiederholte: »Nun, eigentlich wollte ich unvoreingenommen herausbekommen, was hier der Stand der Dinge ist. Wann haben Sie vom Tod von Hannelore Weber erfahren?«

»Gestern Abend«, antwortete Schlaicher wahrheitsgemäß und fragte dann: »Von wem wurden Sie denn darüber informiert? Vielleicht doch von Ihrem Onkel?«

»Nein, das können Sie mir glauben. Und er soll auch keinen Ärger deswegen bekommen, ja?«

»Dann sagen Sie mir, wer Sie informiert hat.«

»So etwas spricht sich schnell rum«, sagte Pallok, korrigierte sich aber eilig, als er sah, dass Schlaicher aufstehen wollte. »Na gut, ich hab einen Kumpel bei der Kriminalpolizei in Lörrach. Der hat mir die Info gegeben. Gut jetzt?«

»Was denn, die Kriminalpolizei?«, fragte er betont beiläufig. Schlaicher war nun endgültig überzeugt, dass er von diesem Mann weitere Informationen bekommen konnte.

»Ja, weil der Hund von Frau Weber erstochen wurde. Irgend so ein Kranker hat dem armen Tier die Schnauze mit Draht zugebunden und ihm dann die Kehle durchgeschnitten. Frau Weber hatte es wohl am Herzen, und jetzt geht die Polizei davon aus, dass es jemand war, der Frau Weber dadurch ermord ...« Pallok verstummte. Offenbar hatte er mehr gesagt, als er beabsichtigt hatte.

»Ah so«, sagte Schlaicher, der langsam fürchtete, der echte Herr Bienert könne bald zurückkommen.

»Also, kann ich jetzt anfangen?«, fragte Pallok ungeduldig. Schlaicher stand auf, ging zu ihm und legte ihm eine Hand auf die Schulter. Die andere Hand verschwand vorsichtig in Palloks Jackentasche.

»Hören Sie mir genau zu, was ich Ihnen sage«, forderte Schlaicher, während seine Finger nach der Stopptaste suchten. Er hatte natürlich bemerkt, dass Pallok die Aufnahme wieder gestartet hatte.

»Es ist jetzt nicht der richtige Moment, um darüber zu reden. Rufen Sie doch morgen noch einmal an, dann können wir sicherlich einen Termin vereinbaren. Aber jetzt müssen Sie gehen, sonst kann es sein, dass Ihr Onkel ziemlich großen Ärger bekommt.« Schlaicher hatte die Stopptaste unbemerkt gedrückt und war gleichzeitig lauter geworden, damit Pallok nicht hören konnte, wie Schlaicher die Klappe öffnete und die kleine Kassette herausnahm.

Der Journalist, von Schlaicher offenbar völlig überfordert, sah den Leumund seines Onkels gefährdet. »Dann gehe ich eben. Aber nett ist das nicht, Herr Bienert. Nett ist das nicht!«

»Nett sein gehört nicht zu meinem Job«, sagte Schlaicher und schob Pallok zur Tür. Er führte ihn noch zum Ausgang, wo er ihn mit einem mahnenden Blick entließ.

Sicherlich würde er jetzt seinem Onkel erzählen, was passiert war. Schlaicher kicherte innerlich ein wenig, als er daran dachte, wie der alte Pallok sich später bei einem ahnungslosen Herrn Bienert entschuldigen würde. Und sein Neffe würde sich wundern, wenn er seine Kassette abhören wollte.

Schlaicher setzte sich auf eine steinerne Begrenzung am Parkplatz. Die Kriminalpolizei ermittelte also. Das war zu erwarten gewesen. Aber so, wie Pallok es ausgedrückt hatte, klang es, als ginge die Polizei von einem Mord aus. ›Die Polizei geht davon aus, dass es jemand war, der Frau Weber dadurch ermorden wollte‹, war ihm herausgerutscht. War das eine Information, die der Journalist von der Polizei hatte, oder war es nur seine eigene Vermutung? Was die Polizei sicherlich noch nicht wusste, war die Sache mit den Jacken. Ob es da einen Zusammenhang gab? Möglich war es schon. Und was war mit dem Stellenabbau in Schopfheim? Stand Weber Textilien vielleicht doch nicht so glänzend da, wie alle dachten? War hier ein Motiv zu finden? Ein Motiv ...

Schlaicher ging zu seinem Wagen. Mittlerweile war es ruhiger geworden, die Angestellten waren jetzt offenbar bei der Arbeit. Leichter Nieselregen setzte ein, als er in seinem Frontera nach Maulburg fuhr.

Trefzer transportierte wieder einmal Plastiktüten in seine Scheune: »Un, Rainer, goht's gued?«, rief der geschäftige Rentner über die Straße.

»Geht so«, sagte Schlaicher und ging zu ihm.

Trefzer stellte die Tüten klirrend ab und gab ihm die Hand. »Was kann ich für di mache?«

»Hast du schon gehört, dass die alte Frau Weber tot ist?« Er ließ Trefzer einen kurzen Moment Zeit. »Vorher hat wohl irgendjemand ihrem Hund die Kehle durchgeschnitten.«

Trefzer verzog angewidert das Gesicht. Schlaicher fuhr fort: »Das hat die alte Dame nicht überlebt.«

»Kein Wunder. So Drecksäu sott me grad d'Gurgle abdrugge oda an de Eia uffhänge oda –«

»Und weißt du was?«, unterbrach Schlaicher, bevor sein Nachbar sich weitere Bestrafungen ausdenken konnte, die er sowieso nicht verstehen würde: »Die Polizei ermittelt, ob der Basset getötet worden ist, damit Frau Weber stirbt.«

»Des – des wär jo a Mord!«, stieß Trefzer aufgeregt hervor, nahm seine Tüten und ging in die Scheune. Schlaicher folgte ihm. Der Regen wurde stärker.

»Das wäre ja Mord«, wiederholte Trefzer nachdenklich und packte Weinflaschen aus den Tüten. Rotwein.

»Genau. Und ich zerbreche mir die ganze Zeit schon den Kopf, warum jemand Frau Weber umbringen wollen könnte. Wo ist das Motiv?«

»Meine Helga schaut sich gerne Krimis im Fernsehen an. Ich selbst mag Krimis nid so, weil, es isch ja doch immer dasselbe. Es gibt immer einen Kommissär, der wird zum Tatort gerufen, dann sind da ein paar Leute, die alle ein Motiv, aber kein Alibi haben. Der Einzige ohne Motiv und mit Alibi war es dann am Schluss.«

Schlaicher ließ sich das durch den Kopf gehen. Er selbst kannte sich kaum mit Krimis aus. Er hatte als Testdieb mit seinen eigenen »Verbrechen« durchaus genug Spannung im Leben. Aber nachdem er so plötzlich zum Detektiv geworden war, wusste er nicht, ob ihm nicht etwas fehlte.

»Und, was für Motive haben die Verdächtigen in den Krimis?«, fragte er und schaute sich beiläufig eine der Rotweinflaschen an. Bordeaux 1998.

»Na ja, da gibt es Mord aus Eifersucht. Aber das fällt in dem Alter wohl weg. Die alte Weber muss ja mindestens schon achtzig gsii sii, also gewesen sein, wie ihr sagt.«

»Fünfundachtzig. Was gibt es noch?«, fragte Schlaicher und beantwortete seine Frage selbst: »Mord, um an Geld zu kommen.«

Trefzer nickte und reichte Schlaicher eine Flasche: »Genau, die Habsucht. Geld ist meistens im Spiel. Hier. Für dich nur zehn Euro.«

Schlaicher nahm sein Portemonnaie und fand einen letzten Zwanzigeuroschein, den er Trefzer gab.

»Dann gibt es noch Angst als Motiv. Vielleicht weil jemand etwas weiß, was sonst niemand erfahren darf.«

»Oder Rache«, ergänzte Schlaicher.

»Ja, das gibt es auch. Aber wenn du mich fragst, ist das genauso krank wie wege'm Geld zu töte.« Trefzer schob Schlaicher eine zweite Flasche Rotwein hin, anstatt ihm Rückgeld zu geben.

»Moment, ich wollte nur eine Flasche«, sagte der.

»Gekauft isch gekauft«, lachte Trefzer. »Nimm die Flasche. Der ist gut, und zu dem Preis kriegst du den nie wieder.«

»Sag mal, Erwin, wer kauft dir eigentlich sonst immer deine ganzen Sachen ab?«, fragte Schlaicher und zeigte herum. Auf dem Tisch rechts von ihnen standen mehrere mit kyrillischer Schrift bedruckte Kaffeepäckchen links lagen Cremes und Salben.

»Bis jetzt hab ich jedenfalls noch nie öbbis weggeworfe«, sagte Trefzer.

Das Seminar für die Geschäftsleitung und die Abteilungsleiter von Karstadt hätte mehr Vorbereitung vertragen können, als Schlaicher möglich gewesen war. Dennoch war es gut gelaufen, wenn auch eine Menge der dargestellten Einsparungsmöglichkeiten Improvisation gewesen war. Ideen, die Schlaicher glücklicherweise während des Seminars gehabt hatte. Aber sein Auftraggeber und die restliche

Managementebene waren zufrieden, und es sah so aus, als könne Schlaicher einen Folgeauftrag an Land ziehen.

Nach dem Seminar traf er sich mit Martina, um über den Jackendiebstahl zu sprechen. Sie war eine sehr patente junge Frau, wie Schlaicher mittlerweile festgestellt hatte, voller Tatendrang und mit weniger Skrupeln als er selbst, wenn es ums Stehlen ging. Und sie hatte vor allem in den beiden Jahren, in denen sie hauptsächlich von ihren Diebeszügen gelebt hatte, eine Menge teilweise sogar ausgefallener Diebstahlsvarianten ausprobiert. Ein Naturtalent. Schlaicher war fasziniert. Für den Abend lud er sie zum Essen ein, was sie sehr freudig annahm. Sie hatte die Wahl des »Restaurants« übernommen und ihm genau aufgeschrieben, wohin er kommen sollte.

September und Oktober waren im Markgräflerland die Zeit der Straußwirtschaften: Weinbauern durften saisonal ihren Wein selbst vermarkten und machten das in Gaststuben auf ihren Höfen. Dafür brauchten sie keine Schanklizenz, durften aber nur maximal vier Monate im Jahr offen haben. Als Zeichen, dass die Strauße geöffnet hatte, hing oft ein Blumenstrauß vor der Tür.

Im Kandertal, zwischen Wollbach und Kandern, gab es einen kleinen Weg, der rechts in die Hänge führte, wo Obstbäume standen und Weinreben reiften. Schlaicher hätte den Weg nicht gesehen, wenn nicht ein Schild in Form eines Apfels auf ihn hingewiesen hätte. »Rüttehof« stand sehr klein darunter.

Der Boden der Gaststube war rotbraun gefliest. Im vorderen Bereich führte eine Treppe nach oben, daneben war die Theke, hinter der eine freundliche, rundliche Frau stand und interessiert dem Gespräch am einzigen Tisch in diesem Bereich lauschte. Lautes Gelächter ging von der Runde aus, die hier saß. Auf dem Tisch standen mehrere Glaskrüge voll Wein, aus denen man sich selbst in die kleinen Becherchen gießen konnte. Ein schlanker, glatzköpfiger älterer Mann stand auf und begrüßte Schlaicher mit Handschlag. Er führte durch einen der beiden Durchgänge in den hinteren Bereich. Die fünf Tische dort waren besetzt, am kleinsten saß Martina und winkte ihm fröhlich zu. Auch hier stand schon ein Krug mit Wein.

Die schmale Karte im braunen Kunstledereinband hatte nur wenige Seiten, wie Schlaicher zunächst enttäuscht bemerkte. Das wohl wichtigste Gericht sagte ihm nichts: »Täglich Ziebele-, Ruh-, Lauch und Chäs-Salamiwaie« stand da.

»Eine Waie ist so eine Mischung aus Elsässer Flammkuchen und Zwiebelkuchen«, erklärte Martina, aber von einem Nebentisch erscholl gleich Protest. Ein alter Mann mit fleischiger Nase wollte die Waie als nicht elsässisch verstanden haben, sondern als echt alemannisch. »Waie isch Waie«, sagte er bestimmt, was Schlaicher auch nicht weiterhalf. Schlaicher bekam nicht alles mit, was er und Martina sich sagten, aber sie lachten alle am Ende und die Nachbarn vom anderen Tisch auch. Als »der Hansjörg«, wie die Leute den Wirt riefen, kam, um die Bestellung aufzunehmen, bestellte Schlaicher eine Waie und einen Wurstsalat. Der Mann mit der fleischigen Nase hob seinen Rotweinbecher und prostete in Schlaichers Richtung.

»Ä guede zämme«, rief er, als das Essen eine Viertelstunde später gebracht wurde. Das, was er bekam, sah tatsächlich ein bisschen aus, wie ein Elsässer Flammkuchen und schmeckte auch so. Vorzüglich. Ein dünner Teig, mit Rahm, Zwiebeln und Speck dick belegt. Irgendwie schien der leichte badische Wein, den »der Hansjörg« ausschenkte, es einfacher zu machen, Alemannisch zu verstehen. Schlaicher wusste sofort, dass man ihm einen guten Appetit gewünscht hatte.

»Danke«, sagte Martina lachend und begann, ihren Berg Wurstsalat abzutragen. Schlaicher sah die Mengen und zweifelte daran, beide Gerichte zu schaffen. Aber als er probierte, schmeckte es so hervorragend, dass zum Schluss alles weggeputzt war.

Nach etwa einer Stunde hatte Martina schon mit jedem in der Stube geredet, und Schlaicher fühlte sich sehr wohl in dieser gut gelaunten an Essen, Trinken und Geselligkeit interessierten Ansammlung von Menschen.

Dann begann im vorderen Bereich ein Mann eine Opernarie zu singen, was mit großem Applaus honoriert wurde. Zwei Frauen machten weiter, dann stand auch »der Hansjörg« auf und schmetterte mit tiefem Bass ein Lied, in das der Tenor vom Anfang einstimmte.

Ein Platz für ernste Gespräche war hier nicht. Und fast gelang es Schlaicher, Hanni Webers Tod zu vergessen. Es hing sogar ein wenig Flirt in der Luft.

Zu Hause hatte sich die Lage etwas beruhigt. Lars hatte er am Mittwoch kaum gesehen, und die kurze Zeit waren sie ohne Streit ausgekommen. Donnerstag früh war sein Sohn sogar recht kommunikativ. Schlaicher schob dies auf den wärmenden Einfluss eines weiblichen Wesens. Als Lars ihn fragte, ob er nach Basel zu einer Party gehen könne, sagte Schlaicher ja und verkniff sich gerade noch den Kommentar, dass Lars um zwölf zurück sein solle. Stattdessen fragte er: »Wann muss denn deine Freundin zu Hause sein?«

»Um elf. Ich bringe sie dann noch heim und bin um halb zwölf da.« Damit hatte sich ein Problem zu aller Zufriedenheit gelöst. Schlaicher war stolz auf sich. So langsam schien er es mit Lars doch hinzubekommen.

Als Schlaicher am Donnerstagnachmittag aus Lörrach zurückkam, fand er seinen Anrufbeantworter blinkend vor. Er drückte die Abspieltaste.

»Hallo, Rainer, hier Kurt Hoppendahl. Bei unserem verunglückten Basset-Treffen hattest du gesagt, dass du dir bei mir einen Kopierer mieten möchtest. Ich hab jetzt das ideale Gerät für dich rausgesucht. Ruf mich doch mal zurück unter 0761-5825567, das ist dann direkt meine Durchwahl. Bis dann!« Ein kurzes Piepen markierte den nächsten Anrufer: »Hallo, Lars. Ich bin's, Sarah. Also, ich war heute nicht da, weil ich krank bin. Ich hab eine Erkältung, und meine Mutter lässt mich nicht raus so. Ruf mich doch an, wenn du zurück bist.« Wieder ein Piep.

»Laura Weber hier. Herr Schlaicher, Sie wissen ja, dass meine Tante tot ist. Können Sie bitte bei uns vorbeikommen? Ich muss mit Ihnen sprechen. Die Adresse ist Schönacker Weg 15 in Schopfheim-Altig. Bitte kommen Sie schnellstmöglich.«

Während der ersten beiden Nachrichten hatte Schlaicher Dr. Watson begrüßt, der bellend an ihm hochsprang. Bei Laura Webers Nachricht allerdings hatte er sich vor den Anrufbeantworter gestellt und ganz genau zugehört. Ihre Stimme klang sehr gefasst, beinahe kühl.

Nach einem Blick auf den Stadtplan von Schopfheim war Schlaicher unterwegs zum Haus der Webers. Er fuhr durch die Stadt, an der Polizei vorbei und am Kreisel geradeaus. Dann nach links nach Altig, wo definitiv nicht die billigsten Häuser standen, wie er mit unverhohlenem Neid anerkennen musste. Er fand den Schönacker Weg schnell und auch das metallene Tor, an dem die Hausnummer 15 prangte. Zu beiden Seiten des Tors verhinderten dichte, akkurat geschnittene Hecken die Sicht auf das Hanggelände. Vom Tor aus konnte Schlaicher eine Zufahrt sehen, die zu einer Villa im Landhausstil führte. Alte Bäume flankierten den Kiesweg, vor dem Haus stand ein dunkler Wagen. Direkt vor einem an der linken Seite des Hauses errichteten Gebäude mit Rolltoren, das wohl als Garage genutzt wurde, parkte der Toyota der Schwalds. Schlaicher stellte seinen Wagen daneben, nachdem das Tor sich plötzlich geöffnet hatte.

Manfred Schwald trug einen schlecht sitzenden schwarzen Anzug. Sein Gesicht mit den dunklen Ringen unter den Augen sah fürchterlich aus, ganz anders als noch vor einer knappen Woche, als Schlaicher ihn das erste Mal gesehen hatte. Eine luxuriöse Sitzgarnitur, ein Klavier, antike Kommoden und Glasvitrinen mit Kristallgläsern schmückten den Salon. Bis auf die moderne Sitzlandschaft sicherlich eher im Geschmack der verstorbenen Hausherrin als der jüngeren Verwandtschaft. Große Glastüren gaben den Blick auf eine Terrasse frei, auf der geschlossene Sonnenschirme und Gartenmöbel auf besseres Wetter warteten.

»Guten Tag, Herr Schlaicher.« Laura Weber kam auf ihn zu, und Schlaicher ergriff ihre zarte Hand. Er war zu sehr Mann, um nicht auf ihre atemberaubende Figur zu achten, die von einem edlen schwarzen Kostüm verhüllt wurde. Ihre Augen waren gerötet.

»Frau Weber, es tut mir so leid«, brachte Schlaicher hervor.

»Danke. Bitte entschuldigen Sie, dass ich Sie telefonisch überfallen habe. Setzen Sie sich doch.« Sie zeigte auf die beige Ledercouch, die neben dem schwarzen Klavier stand. Ein niedriger Glastisch und zwei Ledersessel in derselben Farbe vervollständigten die Sitzgruppe.

»Was kann ich für Sie tun?«, fragte er.

Laura Weber setzte sich ebenfalls, und Schlaicher staunte, wie gut diese Frau trotz all der Aufregung und Trauer der letzten Tage aussehen konnte.

Sie schwieg, schaute zum Fenster und schien nachzudenken. Schlaicher ließ ihr die Zeit.

Dann begann sie:»Sie hierherzubitten war eine Kurzschlussreaktion. Trotzdem vielen Dank, dass Sie so schnell gekommen sind.«

Schlaicher nickte.

»Ich weiß nicht, was ich machen soll. Die Polizei denkt, dass ich etwas mit dem ekelhaften Mord an Tante Hanni und Elmar zu tun habe.«

»Dann geht die Polizei wirklich von Mord aus?«, fragte Schlaicher. »Aber dass Sie das gewesen sein sollen, ist doch absurd«, sagte er gleich darauf. »Wie kommt denn die Polizei darauf?«

In Laura Webers blauen Augen sammelten sich Tränen. Sie stand auf, ging zur Terrassentür und sprach mit dem Rücken zu Schlaicher leise weiter. Er musste sich konzentrieren, um sie richtig zu verstehen.

»Wir hatten einen so schönen Abend vorgestern. Tante Hanni ging es schon wieder viel besser, sie war glücklich, dass Bismarck nichts passiert war. Wir haben überlegt, ob wir das Basset-Treffen wiederholen sollen. Tante Hanni war es sehr unangenehm, dass ihretwegen alle vorzeitig nach Hause fahren mussten. Für sie waren Verlässlichkeit und Rituale sehr wichtig. Und das Basset-Treffen war so ein Ritual für sie. Einmal im Jahr im Belchenhaus, der immer gleiche Spaziergang seit mittlerweile – ich glaube sechzehn, siebzehn Jahren. Länger als ich Tante Hanni kenne auf jeden Fall. – Aber ich schweife ab. Wir wohnen seit knapp fünf Jahren hier im Haus. Für Tante Hanni allein ist es viel zu groß, und sie brauchte auch jemanden um sich herum. Jemanden, mit dem sie ihre Rituale pflegen kann. Eines davon ist … war, dass wir jeden Abend um acht Uhr unsere Hunde noch einmal rauslassen. Elmar und Athene haben hinten im Garten ihre Stellen, wo sie hinmachen dürfen. Hermann war am Dienstag mit Dr. Frank geschäftlich essen. Am Abend rief er mich an, und wir haben ungefähr zehn Minuten geredet. Dann habe ich die Hunde gerufen und bin in die Küche gegangen, um das Abendfutter fertig zu machen. Elmar kann … konnte nicht gut einschlafen ohne spätes Futter. In der Küche lag ein Messer auf dem Boden. Ich habe mich gewundert und noch gedacht, dass das aber gefährlich ist, dann habe ich es aufgehoben und wollte es zurück in den Messerblock schieben. Aber es passte nicht.« Sie stockte und drehte sich wieder zu Schlaicher um, der gebannt zuhörte.

Laura Webers blonde Haare fielen in sanften Wellen auf ihre schlanken Schultern. Ihre Wangen waren leicht gerötet, und ihre Augen glitzerten feucht. Schlaicher ärgerte sich, dass ihm ausgerechnet jetzt auffallen musste, wie wunderschön er Laura fand. Er

verbannte diesen Gedanken sofort wieder, aber die perfekte Wölbung ihrer Brüste machte ihn ganz kribbelig. Er zwang seine Augen, sich auf ihr Gesicht zu konzentrieren und ihr nicht durch ständiges Heruntergleiten seines Blickes die falschen Signale zu senden.
»Was ist dann passiert?«, fragte er vorsichtig.

Sie setzte gerade zu sprechen an, als sich die Tür öffnete und Herr Schwald ein silbernes Tablett mit einer Kanne Kaffee und zwei Gedecken hereinbrachte.
»Danke, Manfred. Sie können jetzt Pause machen.«
Schwald nickte und ging.
»Hilde und Manfred sind mir eine so große Hilfe. Aber sie sind natürlich auch sehr betroffen. Wir wissen auch noch nicht, ob wir sie weiterbeschäftigen können.« Sie machte eine kurze Pause und schenkte Schlaicher eine Tasse Kaffee ein, dann sich selbst.
»Draußen ertönte ein Bellen, und dann war plötzlich alles so still. Ich bat Manfred, nach den Hunden zu schauen. Er war kaum draußen, da hörten wir ihn schreien, und dann kam er total aufgelöst mit Elmar auf dem Arm zurück. Elmars Kopf hing herunter, und sein ganzes Fell war blutig. Überall war sein Blut, und dann ist Tante ...«
Der Rest ging im Schluchzen unter. Laura Weber hielt beide Hände vor das schöne Gesicht und weinte.

Schlaicher stand auf und ging zu ihr. Er legte eine Hand auf ihre Schulter als Zeichen des Trostes. Sie ließ es zu und weinte weiter. Dann endete ihr Schluchzen abrupt. Schlaicher zog seine Hand zurück. Laura Weber ging zu einer Kommode und holte eine Packung Taschentücher hervor. Kurz darauf ließ nur noch ein Schimmern in ihren Augen ihren Ausbruch von eben erkennen.
»Bitte entschuldigen Sie.« Sie brachte ein kleines Lächeln zustande. »Setzen wir uns wieder.«

Es entstand ein Moment des Schweigens. Schlaicher trank von seinem Kaffee, Laura Weber schaute ihm reglos zu.
»Sie hatte wieder einen Herzinfarkt?«, fragte er schließlich.

Laura Weber nickte. »Sie hat kein Wort mehr gesagt. Sie ist einfach gestorben, in unseren Armen. Als der Krankenwagen kam, war sie schon lange tot. Ich glaube, sie wollte nicht mehr. Sie wollte nicht mehr leben in so einer Welt.«
»Warum denkt die Polizei, dass Sie etwas damit zu tun haben?«, fragte Schlaicher.

»Ganz einfach. Das Messer, mit dem Elmar umgebracht wurde, wies außer meinen keine anderen Fingerabdrücke auf. Es ist das Messer, das ich aufgehoben habe.«

»Wie ist denn die Tatwaffe in Ihre Küche gekommen? War Blut daran?«

»Nein, nichts. Das Messer war sauber. Und in der Küche gibt es eine Tür in den Garten hinaus. Die stand meistens offen, wenn jemand im Haus war.«

Sie schwiegen wieder einen Moment. Laura Weber schaute ihn mit ihren schönen blauen Augen an.

»Ich weiß nicht, wie ich Ihnen helfen soll«, sagte Schlaicher ehrlich. »Was sagt denn Ihr Mann dazu?«

»Hermann ist der Meinung, dass Sie der Richtige sind, um mir zu helfen«, sagte sie ruhig und fuhr dann leiser fort: »Aber ich glaube, insgeheim denkt er auch, dass ich es war.«

»Wie bitte? Wie kommt er denn darauf?« Schlaicher wunderte sich sehr.

»Es gab vor einem Jahr eine Sache, die das Verhältnis zwischen Hermann und mir, aber auch zwischen Hanni und mir sehr getrübt hat.« Es schien ihr schwerzufallen, weiterzusprechen. Schlaicher nickte ihr aufmunternd zu.

»Hermann und ich sind seit fünf Jahren verheiratet. Wir kannten uns erst drei Monate, als wir beschlossen haben zu heiraten. Es war Liebe auf den ersten Blick.« Wieder sprach sie erst nach einer Pause weiter: »Aber mit der Zeit haben wir festgestellt, dass es vielleicht doch ein Fehler war. Oder zumindest, dass es nicht so einfach ist, wie wir uns das vorgestellt hatten. Zuerst waren seine Eltern gegen unsere Ehe, gegen mich. Das mittellose Mädchen aus einfachem Haus war einfach nicht das, was sie sich für ihren Sohn vorgestellt hatten. Der Tod meiner Schwiegereltern bei einem Unfall in Italien war für unsere Beziehung dennoch eine sehr große Belastung. Irgendwann hatten wir verlernt, miteinander zu lachen und glücklich zu sein. Und ich –«, sie trank einen Schluck Kaffee, »ich habe Trost bei einem anderen Mann gesucht. Etwa ein halbes Jahr lang hatte ich eine Affäre. Es war ein Fehler. Ich weiß das jetzt, und Hermann hat mir zum Glück verziehen. Aber ich habe einmal mitbekommen, wie er Tante Hanni fragte, ob ich vielleicht doch nur wegen des Geldes bei ihm sei. Gestern haben wir uns gestritten, und er hat Andeutungen gemacht, dass ich, wenn wir erben, jetzt wieder genug Geld zur Verfügung hätte. Ich würde das ja brauchen. Und ich würde am meisten profitieren. Ich! Als würde ich so etwas tun können. Er traut es mir zu, weil meine Ansprüche zu hoch seien. Weil er schon fast pleite sei, weil er mir jeden Wunsch erfüllen muss, wie er sagt. Ich habe ihn mir nicht ausgesucht wegen seines Geldes. Ich hätte jeden Mann haben können. Ich war eine gut aussehende Frau.«

Laura Weber lehnte sich zurück und schaute ihn eindringlich an. Schlaicher wunderte sich über ihre Offenheit. Eigentlich wollte er all diese Einzelheiten gar nicht wissen. Andererseits fühlte er sich geschmeichelt, dass ihm diese schöne Frau vertraute und ihr Herz ausschüttete.

»Sie sehen auch jetzt sehr gut aus«, sagte er, und ihr warmer Blick zeigte, dass sie sich über sein spontanes Kompliment freute.

»Tante Hanni hat viel von Ihnen gehalten, obwohl sie Sie nicht lange gekannt hat. Und auch ich halte viel von Ihnen. Ich möchte gern, dass Sie mir helfen, denjenigen zu finden, der das getan hat, der dafür verantwortlich ist.«

»Frau Weber«, sagte Schlaicher, »ich habe schon Ihrer Tante gesagt, dass ich kein Privatdetektiv bin. Ich bin der Falsche für so etwas.«

Aber Laura Weber winkte ungeduldig ab. »Ich weiß, was Sie sagen wollen. Aber wir wohnen hier in einer Gegend, in der jeder jeden kennt. Es gibt zu viele Verbindungen, als dass wir einen Privatermittler aus der Umgebung nehmen könnten. Und ich möchte jemanden, dem ich vertrauen kann. Ihnen vertraue ich. Am Geld soll es nicht scheitern, Herr Schlaicher.«

Diesmal war es an Schlaicher, abzuwinken. »Es geht nicht um Geld. Es geht darum, dass ich kein professioneller Detektiv bin.«

Sie beugte sie zu ihm. »Ich bitte Sie, helfen Sie mir.« Sie roch nach Vanille und Sommerblumen. Ihre tiefblauen Augen versenkten sich in die Schlaichers und hielten seinen Blick gefangen. Er sagte nichts, bewegte sich nicht, aber in seinen Augen konnte sie sehen, dass seine Entscheidung gefallen war.

»Ich danke Ihnen«, sagte Laura Weber und küsste ihn erst zart auf die Wange, drehte dann aber den Kopf so, dass ihre Lippen seinen für den Bruchteil einer Sekunde berührten.

SIEBEN

Schon am gestrigen Donnerstag hatte Hanni Webers Tod den Lokalteil der Badischen Zeitung bestimmt. Auch in der heutigen Freitagsausgabe ging es um Weber Textilien. Der Aufmacher titelte mit »Jobabbau nach Hanni Webers Tod?«

»Von unserem Redakteur Michael Pallok«, stand über dem Text. Der Artikel selbst war weder spannend noch gut geschrieben, aber nach dem, was Schlaicher unter der Hand gehört hatte, nicht schlecht recherchiert. Sogar Tschechien wurde angesprochen, der eigentlich geheime Plan von Dr. Frank.

Die Klingel störte Schlaicher bei seinem zweiten Kaffee. Er betätigte den Öffner von der Empore aus auf, stieg von Dr. Watson gefolgt die Treppe hinab und wartete zusammen mit dem Basset an der offenen Tür. Dr. Watson war offenbar sicher, dass da etwas Gutes kommen würde, denn er versuchte freudig wedelnd, sich durch die Tür ins Treppenhaus zu drängeln, wurde aber von seinem Herrchen nicht vorbeigelassen.

Schlaicher hörte den Besucher, bevor er ihn sah. Er schnaufte laut. Dann tauchte ein etwa fünfundfünfzig Jahre alter Mann in einer grünblau karierten Golferhose und einem dunklen Wollsakko auf dem Treppenabsatz auf. Sein Gewicht machte ihm anscheinend bei jeder Stufe zu schaffen, denn sein unter dem dichten grauen Schnurrbart hervorgepresstes Schnaufen wurde mit jedem Schritt lauter. Der Kopf war bis auf einen Kranz Haare kahl und glänzte speckig.

»Nehmen Sie den Köter ...«, sagte der Mann und atmete tief ein, während er die letzte Stufe erklomm, »... weg!«

»Was wollen Sie?«, fragte Schlaicher kurz angebunden und hielt Dr. Watson mit dem Bein zurück.

»Das besprechen wir besser in Ihrer Wohnung.«

»Gar nichts tun wir, bevor Sie mir nicht sagen, wer Sie sind und was Sie von mir wollen. Und eins sage ich Ihnen gleich: Ich kaufe Ihnen keine Zeitung ab!«

»Ich kann auch anders, Herr Schlaicher, ich kann auch anders.«

Die Stimme des Dicken war lauter geworden. Er kramte in den Innentaschen seines Sakkos herum und zog ein braunes Lederetui hervor, das er Schlaicher aufgeklappt vor die Nase hielt. »Schlageter von der Kripo Lörrach, Mordkommission. Ich fordere Sie auf, den Hund unverzüglich in sicheren Gewahrsam zu nehmen!« Schlaicher wunderte sich darüber, dass die Kriminalpolizei zu ihm kam. »Ja, und?«, fragte er trotzdem, ohne Anstalten zu machen, die Tür freizugeben, geschweige denn Dr. Watson wegzusperren. »Ich habe einige Fragen an Sie. Jetzt machen Sie schon«, sagte Schlageter und blickte misstrauisch auf Dr. Watson, der nichtsdestotrotz freundlich wedelte.

»Ich muss Sie nicht in meine Wohnung lassen, oder?«, fragte Schlaicher.

»Haben Sie denn etwas zu verbergen?« Trotz seiner offensichtlichen Angst vor Dr. Watson schaute Schlageter an Schlaicher vorbei in die Wohnung.

»Kommen Sie rein. Watson, hopp, auf deinen Sessel.« Weder der dicke Mensch noch der langohrige Hund kamen seinen Befehlen nach. Dr. Watson drückte sich an Schlaicher vorbei, um den Besucher nun doch endlich beschnüffeln zu können, und der sprang, so schnell es sein Gewicht erlaubte, fluchend ein paar Stufen die Treppe hinunter. Schlaicher packte Dr. Watson und verfrachtete ihn in sein Schlafzimmer, das normalerweise tabu für den Hund war. Allerdings war es neben Lars' Zimmer und der Toilette das einzige in der Wohnung, das eine Tür besaß.

»Ich mag keine Hunde. Bin als Kind mal gebissen worden«, sagte Schlageter und betrat nun die Wohnung.

»Je mehr Menschen ich kennenlerne, umso lieber wird mir mein Hund«, bediente sich Schlaicher aus dem unerschöpflichen Sprichwörter-Schatz seiner Großmutter. Er hielt den Spruch zwar für Unsinn, aber als Entgegnung für diesen unangenehmen Kripobeamten war er durchaus angemessen.

Der bekam den Seitenhieb allerdings nicht mit oder ignorierte ihn gekonnt und fand schnell den Weg in die Küche, wo noch die Reste des Frühstücks standen.

»Haben Sie einen Kaffee für mich?«, fragte er, als er sich an den Küchentisch auf Schlaichers Platz setzte. Während Schlaicher sich ärgerte, dass in der Kanne noch genug Kaffee war, und eine zweite

Tasse holte, schaute sich Schlageter um. Sein Blick fiel auf den Lokalteil der Badischen Zeitung.
»Soso, Sie haben wohl gerade den Artikel über Weber Textilien gelesen. Sagen Sie, haben Sie keine Dosenmilch?«
»Nein, nur normale Milch.«
»Dann muss ich ablehnen. Ich trinke Kaffee nur mit Dosenmilch. Diese normale Milch vertrage ich nicht.« Schlageter schob die gerade eingeschenkte Tasse Kaffee von sich.
»Wenn Sie sich angemeldet hätten«, sagte Schlaicher grimmig, »hätte ich selbstverständlich Dosenmilch gekauft. Aber ich weiß immer noch nicht, was Sie von mir wollen.«

»Ach ja!«, sagte Schlageter mehr zu sich selbst als an Schlaicher gerichtet und holte einen in schwarzes Kunstleder gebundenen Kalender mit Polizeiemblem aus seiner rechten Sakkotasche. Er legte ihn vor sich auf den Tisch und griff erneut, diesmal mit der anderen Hand und mit spitzen Fingern, in die linke Innentasche. Diesmal brachte der Polizist einen silbernen Kugelschreiber zum Vorschein, den er am äußersten Ende mit Daumen und Zeigefinger hielt. Er legte ihn vorsichtig auf den Kalender.
»Wie gut kannten Sie Hannelore Weber?«, fragte er unvermittelt. Seine Augen verengten sich zu Schlitzen.
»Ich habe sie leider nur einmal getroffen«, antwortete Schlaicher.
»Bei dem Hundespaziergang?«
»Richtig.«
»Danach haben Sie sie wirklich nie wieder gesehen?«
»Nein.«
»Ach so.« Schlageter schaute betrübt in die vor ihm stehende Tasse schwarzen Kaffees. »Wo waren Sie am Dienstag zwischen zwanzig und einundzwanzig Uhr?«, fragte er dann.
Am Dienstag? Schlaicher stutzte einen Moment, als ihm bewusst wurde, was diese Frage bedeutete: »Zu Hause.«
»Vermutlich allein ...«, sagte Schlageter wissend und nickte vor sich hin, wobei seine dicken Wangen waberten.
»Nein, nicht allein. Mein Sohn war hier. Und um die Zeit herum habe ich mit meiner Exfrau telefoniert.«
Schlageter schien enttäuscht und schaute sich erneut schweigend in der Küche um.

92

»Sie verdächtigen mich doch nicht etwa, Hannelore Weber umgebracht zu haben?«

»Nein, nein«, beteuerte Schlageter schnell und hob die Hände beschwichtigend in die Höhe, »das ist nur eine Routineuntersuchung. Wir müssen allen Möglichkeiten nachgehen.«

Schlaicher glaubte ihm kein Wort. »Wieso gehen sie überhaupt von Mord aus?«, fragte er. »Soweit ich weiß, wurde der Hund umgebracht und Hanni Weber starb am Schock.«

»So war es wohl auch«, antwortete Schlageter. »Aber die Frage ist ja, ob nicht vielleicht jemand genau das geplant hat. Solange wir das nicht ausschließen können, ermitteln wir in jede Richtung.«

»Laura Weber sagte mir, dass sie von Ihnen verdächtigt wird«, sagte Schlaicher.

»Sagte sie das? Was hat sie denn sonst noch gesagt?«

»Dass Sie ein Küchenmesser mitgenommen haben, um davon Fingerabdrücke zu nehmen.«

»Die Tatwaffe. Jawohl. Sie sind sehr gut informiert, Herr Schlaicher. Halten Sie das mal kurz, bitte.« Damit reichte er Schlaicher den Kugelschreiber, den er wieder nur mit Daumen und Zeigefinger am äußersten Ende anfasste.

Schlaicher nahm den Kugelschreiber nicht, sondern drückte stattdessen alle fünf Finger seiner rechten Hand auf den schwarzen Einband des Polizeikalenders. »Ich glaube, so können Sie meine Fingerabdrücke besser überprüfen.«

Schlageter griff wieder in seine Sakkotasche und kramte aus deren Tiefen ein Asservatentütchen hervor, in das er den Kalender schob.

»Wie ist Ihr Verhältnis zu Frau Laura Weber?«, fragte er

»Es gibt kein Verhältnis zu Laura Weber. Ich habe sie bisher nur zweimal gesehen, das erste Mal beim Basset-Treffen und dann bei ihr zu Hause.«

»Sie ist eine sehr schöne Frau, oder?« In dem Moment, als Schlageter dies sagte, wusste Schlaicher, dass der Beamte ihm kumpelhaft zuzwinkern würde. Und genau das tat er dann auch.

Schlaicher musste grinsen, und Schlageter verstand diese Reaktion als Bestätigung. Die nächsten Worte klangen gar nicht mehr kumpelhaft-konspirativ, sondern waren scharf gesetzt:

»Wie weit würden Sie für sie gehen?«

Schlaicher hatte genug. »Ich würde nicht so weit gehen, wie Sie offenbar denken wollen. Jetzt aber gehe ich tatsächlich, nämlich zur Arbeit. Und Sie gehen auch.«
Damit stand er auf und stapfte wütend in Richtung Schlafzimmer. Er öffnete die Tür, und Dr. Watson kam freudig brummend heraus. Auf dem Teppich sah Schlaicher eine frühstückstellergroße gelbliche Pfütze. Dr. Watson hatte das Zimmer als seines markiert. Das hatte Schlaicher gerade noch gefehlt.

Böse konnte er seinem Hund trotzdem nicht sein: Die deftigen Flüche des flüchtenden Kommissars entschädigten ihn für die Arbeit des Saubermachens, die ihm nun bevorstand.

»Nehmen Sie den Hund weg! Das ist Nötigung!«

»Ihre Fragen sind Nötigung«, entgegnete Schlaicher, hielt den zum Kommissar strebenden Dr. Watson aber trotzdem am Fell fest.

Schlageter traute sich noch einmal zum Küchentisch, nahm hektisch seinen Kugelschreiber und polterte zur Wohnungstür. »Wir hören noch voneinander. Verlassen Sie sich darauf!«

»Was für ein Blödmann«, fluchte Schlaicher, als er die Nässe auf dem Schlafzimmerteppich mit Toilettenpapier aufsaugte, und meinte damit nicht Dr. Watson.

Die Polizei suchte also tatsächlich nach einem Mörder. Damit war es jetzt amtlich. Die Tötung des Hundes war auslösender Faktor des Todes von Hanni Weber und damit eine Tat, die als Mord bezeichnet wurde.

Da die Polizei noch ermittelte und sich nicht auf Laura Weber eingeschossen zu haben schien, stand es wohl ganz gut um seine Klientin. Das würde sie freuen. Vor allem freute ihn es.

Trotzdem, überlegte Schlaicher, suchte Schlageter eine Verbindung zu ihr. »Wie weit würden Sie für sie gehen?«, waren seine Worte gewesen, die zu verstehen gaben, dass ein ausführender Komplize gesucht wurde. Vielleicht hätte er den Kommissar doch nicht so schnell hinausjagen und stattdessen noch ein paar Informationen aus ihm herausquetschen sollen. Es gab nur eins: Er würde nach dem Seminar bei Schlageter vorbeifahren, bevor er sich mit Martina Holzhausen traf, um den Plan für den Jackendiebstahl zu besprechen. Aber ob es ihm nach diesem Abgang noch gelingen würde, den unmöglichen Beamten um wichtige Hinweise zu erleichtern, blieb fraglich …

Schlaicher zog seine kaputte Weber-Jacke an – der Weber-Pfennig klimperte gegen einen metallenen Einkaufswagenchip in der Seitentasche – und ging runter. Er nahm die hintere Tür, die zu den Garagen führte, dann fuhr er mit dem Frontera nach vorn zur Straße.

Auf der anderen Seite standen Trefzer und ein Mann, den Schlaicher ebenfalls kannte und dessen Auftauchen ihn einigermaßen beunruhigte. Der massige Hüne reichte Trefzer die Hand und stieg in seinen Wagen, einen dunkelblauen Audi A6 Kombi. Ein zweiter Mann saß auf dem Rücksitz und war deutlich kleiner als der Hüne. Schlaicher sah, dass er schlank war, und erhaschte einen kurzen Blick auf eine gekrümmte schmale Nase und Augen, die sehr weit auseinanderstanden. Der Fahrer sprang jetzt in den Wagen, was dessen Federung bis zur Belastungsgrenze beanspruchte. Romero, der Hehler aus Basel, schnallte sich an und fuhr los, ohne Schlaicher in seinem Wagen gesehen zu haben. Der wartete noch einen Augenblick und fuhr dann hinter dem Audi her in Richtung Lörrach.

Romero. Was machte der hier? Vielleicht hatte er nur etwas an Trefzer ausgeliefert. Vielleicht aber war er auch gekommen, um sich nach dem »deutschen Schnüffler« zu erkundigen …

Entgegen seiner Gewohnheit nahm Schlaicher sein Handy aus der Jackentasche und schaltete es ein. Er kannte Trefzers Telefonnummer nicht, deshalb rief er die Auskunft an, während er in Maulburg links abbog, um auf die Hauptstraße zu kommen.

Der Audi fuhr etwas zu schnell, und Schlaicher ließ zu, dass die Distanz zwischen ihnen größer wurde.

»Erwin Trefzer in Maulburg, bitte«, sagte er der Frau am anderen Ende. »Und bitte stellen Sie mich durch.«

Es dauerte nicht lange, bis der Hörer abgenommen wurde.

»Trefzer, Guede Dag.«

»Hallo, Erwin. Ich bin's, Rainer Maria.«

»Du? Als hättesch du's g'wüssd!«

»Was wollte Romero bei dir?«

Eben der bog gerade mit seinem unbekannten Beifahrer in Richtung Lörrach auf die B317. Schlaicher musste einen Wagen durchlassen, bevor er selbst ausscheren konnte. Hinter Schlaicher drängte noch ein dunkler Mercedes auf die Schnellstraße.

»Du hast wohl ganz schön Dreck uffgwirbelt in Basel«, sagte Trefzer. »Romero wollte wissen, ob ich dich ihm auf den Hals gehetzt habe.«

»Wer war der andere?«

»Der hat sich nicht vorgestellt. War aber ein Komiker. Er hat gemeint, es reicht, wenn ich weiß, wie sein Messer heißt. Er hed gsait, es heißt David.«

Schlaicher musste grinsen. Offenbar kannte Trefzer den alten Bowie-Messer-Witz nicht.

»Hat er dich bedroht?«

»Wie würdesch du dem sage, wenn dir einer seinen David zeigt?«

»Sexuelle Belästigung«, antwortete Schlaicher.

»Hör auf, mich zu verarschen«, sagte Trefzer gereizt. »Du solltest mir lieber dankbar sein, sonst hättescht du diesen David auch kennengelernt.«

»Du hast also nichts von mir gesagt?«

»Nein. Ich verrat dich doch nid.«

»Danke, Erwin. Du hast was gut bei mir.«

»Das will ich hoffen. Ich hab dich rausfahren gesehen. Du fährst denen doch nicht nach, oder?«

Schlaicher musste Gas geben, um die Höllsteiner Ampel mit viel gutem Willen doch noch bei Orange zu schaffen. Der dunkle Mercedes hinter ihm fuhr sogar auch noch drüber. Einer von diesen Idioten, die auch bei Rot noch über jede Ampel müssen, dachte Schlaicher.

»Ich bin an ihnen dran.« Schlaicher ignorierte Trefzers protestierenden Schnauben. »Ich will einfach wissen, was hinter der Sache steckt. Und irgendwie habe ich das Gefühl, dass es zwischen dem Mord an Hanni Weber und den verschwundenen Jacken einen Zusammenhang gibt.«

»Rainer. Sei vorsichtig«, sagte Trefzer noch.

Wie erwartet bog der Audi in Richtung Autobahn ab. Schlaicher wählte eine weitere Nummer, während er dem Wagen folgte. Der dunkelblaue Mercedes hinter ihm bog ebenfalls ab.

Schlaicher gab in Lörrach durch, dass er wegen familiärer Probleme heute eine Stunde später zum Seminar kommen würde. Elke

Pelzer, die Sekretärin der Geschäftsleitung, machte ihm klar, dass ihr Chef sicherlich nicht erfreut sein würde, zehn Mitarbeiter anderthalb Stunden fürs Nichtstun zu bezahlen. Schlaicher jedoch blieb freundlich, aber bestimmt: »Ich komme, so schnell es geht. Sagen Sie einfach Bescheid. Ich regele dann alles später.«

Der Audi mit Romero und David Bowies Messerbruder ging auf der Autobahn ab wie eine Rakete. Statt der erlaubten hundertzwanzig Stundenkilometer musste Schlaicher auf hundertsechzig beschleunigen, um ihn nicht zu verlieren. Der Mercedes hinter ihm hielt ohne Probleme mit, wie Schlaicher mittlerweile etwas argwöhnisch beobachtete.

Die drei Wagen fuhren Kolonne, bis ein kleiner Fiat hinter einem Lkw auf die Überholspur wechselte und die schnelle Fahrt des Audis stoppte. Romero musste stark abbremsen und hupte wild, was den Kleinwagen allerdings auch nicht schneller werden ließ. Schlaicher wurde durch die langsamere Fahrt gezwungen, dichter auf den Audi aufzufahren; der Mercedes kam ebenfalls näher. Schlaicher schaute konzentriert in den Rückspiegel, um den Fahrer trotz der Spiegelung auf der Frontscheibe zu erkennen. Es saß nur eine Person im Wagen, mehr war allerdings nicht zu sehen.

Kaum war der Fiat an dem Lkw vorbei und wieder auf der rechten Spur, beschleunigte der Audi erneut, Schlaicher schoss hinterher, den geheimnisvollen Mercedes an den Fersen. Sie fuhren auf die A5 Richtung Basel, und auch hier waren sie viel schneller als die erlaubten achtzig Stundenkilometer. Kurz vor der Grenze allerdings verlangsamte der Audi seine Fahrt. Schlaicher hatte mittlerweile einen anderen Wagen zwischen sich und Romero kommen lassen, um nicht aufzufallen. Auch der Mercedes war immer noch hinter Schlaicher, jedoch hatte sich ein Alfa Romeo dazwischengedrängt.

Der Audi wurde an der Grenze durchgewinkt, ebenso wie der hinter ihm fahrende Schweizer Wagen mit Kennzeichen Baselland. Schlaicher allerdings musste anhalten.

»Sie brauchen eine Vignette«, sagte der Grenzbeamte und ergänzte: »Diese Spur ist nur für Fahrzeuge mit Vignette.«

»Oh, Entschuldigung«, sagte Schlaicher und sah den Audi gerade noch einen Lkw überholen. »Kann ich denn bei Ihnen eine kaufen?«

»Vierzig Franken«, sagte der Schnurrbartträger in olivgrüner

Uniform emotionslos. Schlaicher griff in seine rechte hintere Hosentasche, aber da war sein Portemonnaie nicht. Er klopfte die Jackentaschen ab und griff dann erneut in die hinteren Taschen der Hose.

»Was ist?«, fragte der Grenzer unfreundlich.

»Ich weiß nicht ...«, sagte Schlaicher, »... ich weiß gerade nicht, wo ich mein Geld habe.«

Wieder suchte er seine Jacke ab und kam mehr und mehr zu der Überzeugung, dass er in der Hektik des Morgens sein Geld und seine Papiere zu Hause vergessen hatte.

»Fahren Sie hier an die Seite«, befahl der Grenzer jetzt, und Schlaicher hielt inne in seiner Suche. Er fuhr auf einen der für Kontrollen vorgesehenen Plätze, und ein zweiter Beamter, ebenfalls mit Schweizer Uniform und Schnurrbart, kam düster blickend auf ihn zu.

Schlaicher stieg aus dem Wagen, um seine Taschen noch einmal durchsuchen zu können, und sah einen deutschen Grenzschützer näherkommen, der von dem ersten Schweizer Grenzer informiert wurde. Zu guter Letzt fuhr auch der dunkle Mercedes auf den Kontrollparkplatz neben ihm.

»Der Mann gehört mir!«, rief Kommissar Schlageter noch beim Aussteigen dem Beamten des Bundesgrenzschutzes und seinen Schweizer Kollegen zu und zeigte dann seinen Ausweis. Zu Schlaicher gewandt sagte er: »Mit mir haben Sie wohl nicht gerechnet?«

Damit hatte er verdammt recht.

Eine Dreiviertelstunde später saß Schlaicher in einem Büro mit grauem PVC-Boden und beige getünchten Wänden. Zwei Schreibtische mit dünnen eckigen Metallbeinen und großen Holzimitatplatten standen sich gegenüber. Eine verwahrloste, dickblättrige Grünpflanze stand am Fenster und wartete seit Jahren darauf, umgetopft zu werden.

Schlaicher saß auf einem mit dunkelbraunem Stoff bezogenen Stuhl vor dem Schreibtisch von Hans-Peter Schlageter, wie ein kleines Namensschild anzeigte. Auf Schlageters Schreibtisch stapelten sich Akten und Papiere, eine alte Olympia-Schreibmaschine stand mit Papier überladen rechts neben einem modernen, aber schmutzigen Flachbildschirm. Links wurde eine ganze Herde von Kaffeetassen aufbewahrt, die vor einer neuerlichen Nutzung dringend zu spülen waren.

Schlageter schüttelte traurig den Kopf und sagte:»Zu schnelles Fahren innerhalb geschlossener Ortschaften, vierzig Stundenkilometer Überschreitung auf der Autobahn, bei Rot über die Ampel und das alles ohne Ausweis- und Fahrzeugpapiere ... Was soll ich nur mit Ihnen machen?«

Der Mann am zweiten Schreibtisch, vielleicht ein oder zwei Jahre frischer als sein Chef, verzog sein hageres Gesicht zu einem Grinsen, während er enervierend langsam mit Zweifingersuchsystem auf seiner PC-Tastatur tippte. *Klack.*

Schlaicher wusste nicht, was er sagen sollte. Eigentlich war der Mann, der ihm gegenüber saß, an allem schuld. Wäre Schlageter heute früh nicht so unverschämt gewesen und hätte Schlaicher den armen Dr. Watson nicht wegsperren müssen, sodass dieser genötigt worden war, den Teppich im Schlafzimmer zu bepinkeln, dann hätte Schlaicher mehr Zeit und Ruhe gehabt und seine Papiere und sein Geld nicht vergessen. *Klack.* Wahrscheinlich hätte er dann nicht einmal mitbekommen, dass Romero da gewesen war, oder erst später von Erwin Trefzer davon gehört. *Klack* machte der Schlankere der beiden Polizisten auf seiner Tastatur.

Nachdem Schlaicher Romero aber nun mal an der Grenze verloren hatte und sich Schweizer Behörden, deutscher Bundesgrenzschutz und deutsche Kriminalpolizei darum gestritten hatten, wer für diesen Deutschen im Niemandsland zuständig sei, war er hinter dem siegreichen Schlageter nach Lörrach zu dessen Dienststelle hergefahren. Die eben vom Kommissar vorgebrachten Vorwürfe stimmten ausnahmslos, da gab es nichts zu beschönigen.

»Und zu guter Letzt auch noch unter Mordverdacht. Oder soll ich lieber sagen: am Ende noch unter Mordverdacht?«

»Sie wären dümmer, als ich denke, wenn Sie das wirklich so sähen.«

»Passen Sie bloß auf, was Sie sagen!«, schrie Schlageter und wurde rot. Der suchende Zeigefinger des zweiten Polizisten blieb reglos in der Luft hängen. »Beamtenbeleidigung fehlt uns noch in unserer Liste!«

»Ich kann Sie doch gar nicht beleidigt haben«, sagte Schlaicher, »weil ich doch ein Alibi habe und gar nicht von Ihnen verdächtigt werde, oder?«

Klack.

»Helbach, haben Sie das Alibi überprüft?«

»Ja, Chef«, sagte der zweite Beamte mit einer für seine Figur erstaunlich voluminösen Bassstimme. »Hat zu dem fraglichen Zeitpunkt respektive Dienstag zwischen 20 und 21 Uhr mit der geschiedenen Ehefrau ein Telefonat geführt.« *Klack.*

»Sie haben mit meiner Exfrau telefoniert?«, fragte Schlaicher.

»Wir tun nur unsere Pflicht. Und das ist nicht immer ein Honigschlecken, das können Sie uns glauben«, sagte Schlageter kumpelhaft, nur um im nächsten Moment wieder kalt und unnahbar zu klingen: »Wie stehen Sie zu Frau Weber? Frau Laura Weber?«

»Habe ich Ihnen doch schon gesagt. Ich kenne sie noch nicht lange und habe mich einmal nach dem Tod ihrer Tante mit ihr getroffen.«

»Frau Weber machte den Eindruck, als seien Sie ihr näher, als man sich nach nur einem kurzen Treffen sein kann.«

»Bitte? Wie kommen Sie darauf?«

Klack. Klack.

»Sie redet in den höchsten Tönen von Ihnen. Sie hat gesagt, dass Sie ihr helfen werden. Wenn, und ich betone: *Wenn* sie es war, die den Tod ihrer Tante herbeigeführt hat, dann haben Sie ihr vielleicht auch dabei schon geholfen?«

»Wieso sollte sie den Tod ihrer Tante wünschen?«, fragte Schlaicher.

»Vielleicht geht es um Geld. Das hat man, oder man braucht es. Vor allem in der heutigen Zeit. Stimmt's, Helbach?«

Helbach bestätigte seinen Vorgesetzten und fand wieder einen Buchstaben. *Klack.*

»Es geht aber vielleicht auch darum, dass eine alte Frau zur Last werden kann. Zuerst fängt sie an, nicht mehr ganz klar zu sein im Kopf, dann kommen die körperlichen Gebrechen, die Windeln, das Waschen, Sie wissen schon. Was wäre da leichter, als der Tante nicht ihre normale Arznei zu geben, sondern ein anderes Mittel, das genau das Gegenteil bewirkt?«

Klack.

»Helbach, wie war das noch?«

»Das Opfer erhielt täglich eine ärztlich verschriebene Dosis von fünf Milligramm eines blutdrucksenkenden Mittels. Verabreicht wurden die in Form von Retardkapseln zu schluckenden Medikamente von der Laura Weber. In den Retardkapseln, die von unserem Labor überprüft wurden, fand sich allerdings ein anderes Mittel. Eines, das den Blutdruck erhöht und nicht vom Hausarzt der Hannelore Weber verschrieben worden war.« Damit wandte er sich wieder seiner Maschine zu.

»Er hat ein fotografisches Gedächtnis«, erklärte Schlageter und wies auf seinen Kollegen.

»Was sagt Frau Weber dazu?«, fragte Schlaicher, ohne auf Schlageters Bemerkung einzugehen.

»Sie will natürlich von nichts etwas wissen«, antwortete Schlageter jetzt mürrisch. »Sie meint, jeder hätte die Medikamente vertauschen können, womit sie ja recht hat. Und tatsächlich war der entscheidende Auslöser für Hanni Webers Tod die Tötung des Hundes.«

»Bevor wir nicht wissen, wer den Hund getötet hat, brauchen wir dem Staatsanwalt nicht mit einem Haftbefehl zu kom ...« Helbach wurde von einem »Still jetzt« gebremst, das der dicke Kommissar bellte. Er funkelte seinen Assistenten böse an, der sich mit beleidigtem Gesicht wieder seiner Schreibmaschine zuwandte.

»Aber das mit den Tabletten hätte doch wirklich jemand anderes machen können, oder?«, fragte Schlaicher, um die Atmosphäre wieder sachlicher werden zu lassen.

»Sicherlich, Herr Schlaicher, aber warum und wer? Laura Weber hat ein Motiv. Sie und ihr Mann sind finanziell etwas unter die Räder gekommen, wie man so schön sagt. Die Ausgaben für ihren luxuriösen Lebenswandel haben ihren Mann fertiggemacht. Sie wollte also, dass er erbt und sie wieder in Reichtum leben können.«

Schlaicher stutzte: »Ein Motiv, das ebenso gut Hermann Weber haben könnte.« *Klack*, machte Helbach

»Da haben Sie wohl recht, aber nichts spricht gegen Herrn Weber. Er wollte seine Frau sogar schützen und hat uns angelogen. Er hat angegeben, er sei bei ihr gewesen. Dabei war er gar nicht zu Hause. Er war essen. Und zwar in Gesellschaft.«

»Mit Dr. Frank«, sagte Schlaicher und zauberte damit ein Stirnrunzeln auf Schlageters Gesicht.

»Woher wissen Sie das schon wieder?« *Klack.* »Aber egal. Richtig. Sagen Sie mir, warum sollte ein Mann seiner Frau ein falsches Alibi verschaffen, wenn sie doch unschuldig ist?«

Klack.

»Herr Weber kann es schon deshalb nicht gewesen sein, weil er das Handgelenk gebrochen hat, aber um den Hund zu töten beide Hände gebraucht hätte. Frau Weber muss allerdings einen Komplizen gehabt haben, denn wir glauben nicht, dass sie in den paar Minuten, die sie allein in der Küche war, dem Köter die Kehle durchgeschnitten hat.«

»Ich bitte Sie!«, forderte Schlaicher bestimmt, und Schlageter schüttelte entnervt den Kopf.

»Also gut, dem Hund. Wir haben Fußabdrücke im Garten gefunden, da wo der Kö ..., also da, wo das mit dem Hund passiert ist. Der Täter ist nämlich in einen Hundehaufen getreten.« Schlageter lachte Schlaicher an. Schlaicher lachte nicht zurück.

»Sind Sie auf dem Grundstück der Webers in Hundescheiße getreten?«, bellte der Kommissar heraus – wieder einer seiner unvorhersehbaren Stimmungswechsel – und beobachtete Schlaicher scharf. Nicht einmal ein Klacken von Helbach unterbrach den Moment der Stille, bevor Schlaicher antwortete.

»Ich muss es Ihnen jetzt sagen, denke ich.« Schlaicher senkte Kopf und Stimme. Schlageter und Helbach sahen beide aus, als würde die Entscheidung des Jüngsten Gerichts jede Sekunde gesprochen. »Ich bin *nicht* bei Webers in Hundescheiße getreten.« Schlaicher wurde laut: »Ich habe mit meiner Frau telefoniert, verdammt noch mal! Und mein Sohn war bei mir. Sie haben das doch schon überprüft! Was wollen Sie also noch von mir?«

Klack. Helbach sah unglücklich aus, aber vielleicht lag das nur an seinen tief in den Höhlen liegenden Augen. Oder er war noch eingeschnappt, weil sein Chef ihm den Mund verboten hatte.

»Und was ist jetzt?«, fragte Schlaicher.

»Sie können gehen. Aber halten Sie sich zu unserer Verfügung«, sagte Schlageter, »und verlassen Sie das Land nicht.«

Schlaicher stand auf und schaute sich die beiden Männer noch einmal kopfschüttelnd an. *Klack.* »Wie kommt es eigentlich, dass Ihr Kollege bei seinem fotografischen Gedächtnis noch nicht mal die Position der Buchstaben auf der Tastatur behalten kann?«, fragte er und warf die Tür hinter sich ins Schloss.

ACHT

»Ah, da ist ja unser Sicherheitsfachmann!«
»Pallok«, stöhnte Schlaicher genervt, »machen Sie sofort die
Schranke hoch!« Er war jetzt in genau der richtigen Stimmung, sich
mit dem sturen Pförtner zu streiten.
»Nur die Ruhe, Schmidtchen Schlaicher, nur die Ruhe.«
»Sie sind nicht der Erste, der auf diesen tollen Witz kommt. Jetzt
machen Sie endlich auf.«
»Wollen Sie zum Herrn Weber?« Palloks Auge zuckte.
»Bitte?«, fragte Schlaicher, verwirrt durch Auge und Frage des
Pförtners.
»Ob Sie zum Herrn Weber wollen?«, fragte dieser erneut, nur et-
was lauter.
»Nein, zu Martina Holzhausen, wie die letzten Tage auch. Aber
ich wüsste nicht, was Sie das angeht.«
»Herr Weber will nämlich, dass Sie zu ihm kommen. Hat mir
gesagt, es Ihnen zu sagen, wenn sie reinkommen. Ich soll es bloß
nicht vergessen, hat er gesagt, es sei bressant!«
Damit ging die Schranke nach oben. Ihr Ruckeln erinnerte Schlaicher dermaßen an das Zucken von Palloks Auge, dass er kurz darüber nachdachte, ob das wohl daher kommen mochte, dass Pallok
diese Schranke so oft ansah. Berufskrankheit, sozusagen. Als Schlaicher feststellte, dass er das lieber gar nicht wissen wollte, fuhr er
schnell los.
Er ging nicht sofort zu Hermann Weber, obwohl er neugierig
war, was der Vertriebsleiter von Weber Textilien von ihm wollte.
Natürlich war er nicht nur Vertriebsleiter, sondern auch trauern-
der Angehöriger einer vor kurzem ermordeten Tante und außerdem Ehemann einer Frau, die Schlaicher gestern einen zarten, aber
nicht ganz unschuldigen Kuss gegeben hatte. Zu guter Letzt war
Hermann Weber auch noch Mitauftraggeber, den Mord an seiner
Tante aufzuklären. Schlaicher fragte sich, in welcher dieser Eigenschaften er ihn wohl sprechen wollte. Oder waren es gleich
mehrere?

103

Zuerst aber erwartete ihn im Büro von Martina Holzhausen eine weitere Überraschung. Und zwar die erste positive Überraschung des heutigen Tages. Martina, mit der er die vergangenen beiden Tage recht viel Zeit verbracht hatte, strahlte ihn an und präsentierte voller Stolz einen Marmorkuchen.

»Das ist meine Revanche«, sagte sie, »weil Sie mich zum Essen eingeladen haben.«

»Oh, danke.« Der Kuchen sah wirklich gut aus.

Martina Holzhausen trug heute einen kurzen grauen Rock und eine schwarze Bluse. Ihre Beine steckten in schwarzen Strumpfhosen. Sie schaffte es damit, ausgesprochen gut und trotzdem pietätvoll auszusehen.

Sie drückte sich an Schlaicher vorbei und schaltete die Kaffeemaschine an. Teller und Kuchengabeln standen schon bereit.

»Das wäre aber nicht nötig gewesen«, sagte Schlaicher.

Martina lächelte ihn an. »Vielleicht können wir dann noch besser zusammen ...«

Es klopfte ans Fenster. Martina und Schlaicher schauten gleichzeitig hinaus. Hinter der Scheibe, mitten in den Büschen, die nahe am Haus gepflanzt waren, stand Hermann Weber und winkte ihnen mit seiner verbundenen Hand zu. Hinter ihm auf dem Weg, der zur Produktionshalle führte, standen Dr. Frank und eine Frau in dunklem Nadelstreifenkostüm.

Weber wies auf Schlaicher, dann auf sich selbst und zeigte anschließend nach oben. Er wiederholte diese Geste noch einmal.

»Sie zu mir, nach oben in mein Büro«, übersetzte Martina. Schlaicher nickte ihm zu, und nachdem Weber sich wieder umgedreht hatte, äffte Martina dessen Gesten übertrieben nach.

»Sie wollen doch jetzt nicht sofort hoch?«, fragte sie.

»Tut mir leid, ich muss wohl.«

»Dann fange ich halt schon allein mit dem Kuchen an.« Ihre Stimme war plötzlich kalt geworden. Schlaicher fragte sich, was sie wohl hatte.

»Ja klar, fangen Sie nur schon an. Es wird auch nicht allzu lange dauern. Dann können wir weitermachen mit unserem Plan. Seien Sie nicht böse.«

»Ich? Ich bin doch nicht böse.« So klang es aber, dachte Schlaicher. Verstehe einer die Frauen, beruhigte er sich dann und ging.

Kaum war die Tür hinter ihm geschlossen und das Brodeln der Kaffeemaschine verstummt, glaubte er ein wütendes »Blödmann!« zu hören.

»Verstehe einer die Frauen«, sagte er diesmal laut.

Am Empfang traf Schlaicher auf die Gruppe um Hermann Weber. Die Dame im Kostüm wurde ihm als Frau Jurtenberger von der Personalabteilung vorgestellt, und Schlaicher sah wieder einmal ein altes Vorurteil bestätigt. Personalleiterinnen schienen immer kleine Frauen zu sein, die ihre Biestigkeit durch betonte Überfreundlichkeit und ihre überflüssigen Pfunde durch teure Kostüme zu kaschieren wussten.

»Hat Ihnen Pallok nicht Bescheid gegeben?«, fragte Hermann Weber, als sie die Treppe nach oben gingen. Dr. Frank und Frau Jurtenberger redeten am Fuß der Treppe leise miteinander. Schlaicher hörte nur: »… Sie mit den einzelnen Betroffenen persönlich, bitte …«

»Doch, Herr Pallok hat mir Bescheid gegeben, aber ich wusste nicht, dass es so dringend ist.«

»Es ist dringend.« Sie kamen zu Webers Büro und nahmen den direkten Eingang, ohne das Vorzimmer zu nutzen.

»Setzen Sie sich.« Hermann Weber wies auf den schwarzen Lederstuhl.

»Danke. Zuerst möchte ich Ihnen allerdings noch persönlich mein Beileid aussprechen«, begann Schlaicher, wurde aber von Hermann Weber unterbrochen.

»Vielen Dank für Ihre Anteilnahme. Ja, es ist ein wirklich schlimmer Schlag für uns und auch für die Firma. Genau deshalb habe ich Sie auch zu mir gebeten.« Weber legte die rechte Hand auf den Schreibtisch, der wieder extrem aufgeräumt aussah.

»Sie haben mit meiner Frau gesprochen und wissen, dass der Tod meiner Tante kein bedauerlicher Unfall war, sondern vielmehr ein besonders feiger Mord.«

Schlaicher nickte erneut.

»Sie wissen auch, dass meine Frau verdächtigt wird, an diesem Mord beteiligt zu sein. Sie hat Sie gebeten, ihr zu helfen, und Sie haben zugesagt, sich um ihre Entlastung zu kümmern.«

»Ja, kann man so sagen. Aber wie sie mir versicherte, waren Sie

105

damit einverstanden. Ich hätte das sonst unter diesen Umständen nicht –«

»War ich«, ging Weber dazwischen, »das ist korrekt. Ich möchte sogar einen Schritt weitergehen und Ihnen einen offiziellen Auftrag erteilen. Ich denke, wir sollten zunächst etwas an den Prioritäten drehen.«

Damit nahm er ein weißes Blatt Papier aus der Schublade seines Schreibtisches und legte es quer vor sich. Mit einem silbernen Füllfederhalter schrieb er mit der unverletzten Rechten »Jacken« oben links auf das Blatt und rahmte das Wort ein.

»Die Jacken haben im Moment unzweifelhaft die niedrigste Priorität.«

Dies trug er mit so sicherer Überzeugung vor, dass sich Schlaicher zu einem automatischen Nicken genötigt sah.

Weber malte einen nach unten führenden Pfeil neben den Kasten.

Schlaicher nutzte die kurze Pause, um seinerseits etwas loszuwerden, was er als nicht ganz unwichtig empfand: »Apropos Jacken. Meine Jacke ist ja immer noch kaputt …«

»Ach ja, richtig. Das werden wir noch klären. Aber ich möchte, dass Sie die Jacken jetzt erst einmal komplett vergessen. Pfeil nach unten, verstehen Sie? Es geht hier um etwas ganz anderes. Vielleicht sogar um etwas so Hehres wie Gerechtigkeit!« Hermann Weber war mit jedem Satz ein wenig lauter geworden, bis er beim letzten Wort mit beiden Händen auf den Tisch schlug, um es zu unterstreichen. Allerdings hatte er seine Verletzung wohl vergessen, denn er stöhnte kurz auf vor Schmerz. Gleich darauf fuhr er, wieder ruhiger, fort.

»Ich möchte, dass Sie sich ausschließlich darum kümmern, und damit meine ich *ausschließlich*, wer an dem Mord an meiner Tante beteiligt war.« Er schrieb »Mord« auf den Zettel, umrahmte auch dieses Wort und setzte einen nach oben führenden Pfeil daneben, den er mehrmals nachstrich. »Ich möchte, dass Sie herausfinden, ob meine Frau etwas damit zu tun hat.«

Schlaicher setzte sich auf. Das war definitiv nicht das, was er erwartet hatte, eher sogar das Letzte, was zu erwarten gewesen war. Wobei … wenn er ehrlich war, vielleicht doch nicht das zuletzt zu Erwartende …

»Denken Sie wirklich, dass sie etwas damit zu tun hat?«

»Ich kenne meine Frau«, sagte Hermann Weber.

»Was meinen Sie damit?«

Hermann Weber schaute kurz an die Decke und überlegte offenbar, ob er antworten sollte. Dann sagte er: »Laura ist eine sehr schöne und sehr intelligente Frau. Eine gefährliche Kombination, wenn noch eine gehörige Portion Ehrgeiz im Spiel ist. Ich selbst bin recht frei von Ehrgeiz. Von mir aus könnten wir in einem netten kleinen Häuschen wohnen. Ich hätte einen normalen Bürojob, bei dem ich acht Stunden am Tag arbeiten müsste und nicht nach zwölf Stunden nicht schlafen kann, weil mich die Verantwortung auffrisst. Einfach ein gemütliches, normales Leben.« Er blickte wieder zur Decke, diesmal als wolle er dafür beten. Stattdessen nahm er aus einer Schublade einen kleinen Humidor, der mit vier Zigarren gefüllt war.

»Es gab deswegen oft Streit zwischen uns«, sprach er weiter, während er Schlaicher eine Zigarre anbot. Der lehnte mit einem Kopfschütteln ab.

»Ich hatte mich schon gewundert, dass Sie als Neffe der Inhaberin nicht der Geschäftsführer von Weber Textilien sind«, sagte Schlaicher, während Weber einen Aschenbecher aus der Schublade holte, in der er anscheinend die Rauchutensilien lagerte. Mit einem langen Streichholz zündete er die Zigarre paffend an. »Laura fand immer, dass aus mir viel mehr hätte werden sollen als Vertriebsleiter. Aber ich wollte nie mehr sein, verstehen Sie? Ich selbst habe damals gemeinsam mit meiner Tante beschlossen, dass wir uns, obwohl wir ein Familienunternehmen bleiben wollten, einen externen Geschäftsführer nehmen.«

Hermann Weber machte eine längere Pause. Schlaicher hatte ihn bisher nicht als Mann vieler Worte kennengelernt und wollte nicht, dass er jetzt aufhörte zu reden. Darum sagte er: »Ihre Frau war von der Idee eines Fremden als Geschäftsführer nicht begeistert.«

Weber nickte. »Laura wollte, dass ich das mache. Die ›Gattin des Geschäftsführers‹, ich glaube, das klingt für sie einfach besser als ›Frau des Vertriebsleiters‹.«

Der Rauch der Zigarre roch samten bitter und verbreitete sich in Schwaden im Büro. Weber stand auf und kippte das Fenster, damit der Rauch abziehen konnte, was er nur schwerlich tat.

»Laura hat mir diese ›Schwäche‹, wie sie es nannte, dadurch

heimgezahlt, dass sie mit André, Dr. Frank, ins Bett gestiegen ist. Entschuldigen Sie meine Ausdrucksweise, es macht mich noch heute manchmal wütend. Auf jeden Fall hielt sie sich so die Option offen, ihren Ehrgeiz zu befriedigen.«

Webers Gesicht hatte für einen Augenblick einen harten Ausdruck angenommen. Dann fing er sich wieder und blies lächelnd einen dicken Rauchring in Schlaichers Richtung.

Laura Weber hatte gesagt, dass es da eine Affäre gegeben habe, aber wer der Liebhaber gewesen war, hatte sie ihm nicht offenbart. Der adrette Dr. Frank also. Wieso hatte sie ihm das verschwiegen?

»Was hat das mit dem Mord an Ihrer Tante zu tun?«, fragte Schlaicher angriffslustig.

»Ich komme jetzt darauf. Das Verhältnis zwischen Laura und André dauerte fast ein Jahr.«

Schlaicher erinnerte sich vage daran, dass Laura nur von einem halben Jahr gesprochen hatte. Weber fuhr fort: »Irgendwann fing ich an, etwas zu ahnen. Es ging schleichend. Mal ist sie einen Abend viel länger weggewesen als vereinbart, dann war immer öfter das Handy ausgeschaltet, neue Kennworte am PC, lauter Kleinigkeiten, die allein nichts bedeuten, aber alle zusammen doch mit der Zeit misstrauisch werden lassen.«

Weber beugte sich jetzt ganz weit nach vorne und sprach sehr leise. »Und irgendwann will man es dann wissen. Einen Detektiv konnte ich nicht anheuern, wir haben nun mal einen Ruf, den wir nicht gefährden dürfen. In Absprache mit Tante Hanni habe ich unseren Pförtner zum Detektiv gemacht.«

»Pallok?«, fragte Schlaicher ungläubig, und seine Stimme klang sehr laut im Vergleich zu Webers Flüstern.

»Ja, Pallok. Es sieht so aus, als hätten wir einen Hang dazu, Leute als Detektive anzustellen, die für diesen Job eigentlich gar nicht die Richtigen sind. Er war uns etwas schuldig, und er ist verschwiegen, wenn es darauf ankommt. Außer mir und Tante Hanni ist er der Einzige in der Firma, der über die Sache mit Laura und Dr. Frank Bescheid weiß. Und ich möchte, dass das so bleibt, Herr Schlaicher.«

»Ich wüsste nicht, wieso ich das herumtragen sollte«, antwortete Schlaicher pikiert. Langsam wurde ihm das Gespräch mit Hermann Weber lästig. Der Rauch brannte in seinen Augen, Weber behandelte ihn wie einen Untergebenen, und das Thema des Gespräches war Schlaicher mehr als unangenehm. Er musste zum Gegenschlag ausholen. »Sie haben mir immer noch nicht gesagt, was die Affäre Ihrer Frau mit der Ermordung Ihrer Tante zu tun haben soll. Und warum Sie das alles mir erzählen, der ich ja für diesen Job eigentlich gar nicht der Richtige bin. Ich habe mich übrigens niemals aufgedrängt, Herr Weber.«

»Beruhigen Sie sich, Herr Schlaicher. So war das doch nicht gemeint«, sagte Weber beschwichtigend. Das klang so echt, dass Schlaicher sich wegen seiner Reaktion schon fast wieder schämte. Aber eine Frage wollte er noch loswerden: »Warum erzählen Sie das alles nicht Kommissar Schlageter?«

»Aus dem gleichen Grund, weshalb ich damals Pallok genommen habe. Ich möchte, dass das unter uns bleibt. Weber Textilien kann im Moment keine weiteren Erschütterungen gebrauchen. Tante Hannis Tod und die Artikel in der Zeitung machen uns schon genügend zu schaffen. Einmal abgesehen von den Problemen, mit denen heutzutage jedes Unternehmen zu kämpfen hat. Und außerdem: Meinen Sie, es fällt mir leicht, meine Frau des Mordes an meiner Tante verdächtigen zu müssen?« Weber war lauter geworden, als er wohl wollte. Er hatte seit einiger Zeit nicht mehr an der Zigarre gezogen, und der Qualm hatte sich gelichtet.

»Aber wie kommen Sie darauf, dass Laura es getan hat? Weil sie Sie betrogen hat? Das ist doch kein Motiv.«

»Nein, das sehen Sie richtig. Aber es ist die Vorgeschichte zu einem Motiv. Der Tod meiner Tante nutzt nämlich sowohl ihr als auch André. Er will in der Firma einiges ändern. Die Teilauslagerung der Produktion nach Tschechien ist ja leider bereits durchgesickert. Das ist aber nur die Spitze des Eisberges.«

Weber schaute auf seine Zigarre und bemerkte zu Schlaichers Bedauern, dass sie auszugehen drohte. Er paffte dreimal, bis sie wieder volle Glut hatte und der Raum sich wieder mit Rauch füllte. »Meine Tante hat sich immer gegen Andrés Pläne gestellt. Der König ist tot, es lebe der König! Jetzt kann sich Tante Hanni nicht mehr einmischen und das verhindern, was André vorhat. Die Weber Textilien GmbH soll in eine Aktiengesellschaft umgewandelt werden. Und raten Sie mal, wer dann bald Hauptaktionär sein wird.« Weber schaute Schlaicher durchdringend an.

»Sie wollen jetzt von mir hören, dass es Dr. Frank ist, aber wieso sollte er es sein? Ich denke doch eher Sie, Herr Weber.«

»Gar nicht schlecht, Herr Schlaicher«, lobte Weber, »gar nicht schlecht. Aber eines müssen Sie bedenken: Dr. André Frank erhält im Falle einer Umfirmierung zur AG vertraglich zugesichert eine zwanzigprozentige Anteilsoption, eine Art Future-Anteile, zusätzlich zu zehn Prozent Festanteil, das macht also dreißig Prozent. Ich bekomme, nachdem nun meine Tante gestorben ist, einundvierzig Prozent und kann zehn Prozent zukaufen. Das wären zusammen einundfünfzig Prozent und damit die Aktienmehrheit. Aber jetzt rechnen Sie mal. Wenn sich Laura von mir scheiden lässt, steht ihr die Hälfte meines momentan sehr bescheidenen Vermögens zu. Außer Aktien habe ich kaum etwas, sodass ich sie mit Aktien auszahlen müsste. Macht fünfundzwanzigeinhalb Prozent.«

Er zog an der Zigarre.

»Dreißig von André und fünfundzwanzig von Laura machen fünfundfünfzig Prozent. Damit wäre André eine Übernahme gelungen von allem was mir gehört. Meiner Frau, meines Vermögens und der Firma meiner Familie. Verstehen Sie?«

Weber lehnte sich zurück und überließ Schlaicher seinen Gedanken, die versuchten, dieses Zahlenwirrwarr und vor allem das Beziehungsgeflecht zu verstehen. Es klang alles sehr logisch. Aber irgendwie wollte Schlaicher trotzdem nicht daran glauben. Vielleicht wegen des Kusses, den Laura ihm gegeben hatte, vielleicht weil sie so schön und liebreizend war, dass er sich nicht vorstellen konnte, dass sie an so etwas beteiligt sein könnte. An einem Mord aus Habgier. Weber verdächtigte also seine Frau und Dr. Frank. Aber noch nicht einmal die Polizei hatte überzeugende Beweise gegen Laura. Ansonsten hätte Schlageter sicherlich nicht gezögert, sie festzusetzen. Auch der Kommissar suchte einen Mittäter. Den ausführenden Täter.

»Aber«, begann Schlaicher nachdenklich, »Sie waren mit Herrn Dr. Frank essen an dem Abend. Er kann also den Hund nicht getötet haben. Er hat das gleiche Alibi wie Sie.«

»Ich sehe, Herr Schlaicher, Sie sind doch der Richtige für mich«, lobte Hermann Weber und fuhr dann lehrerhaft fort: »André war mit mir essen, das stimmt. Er war auch verdammt aufgeregt an dem Abend, nebenbei bemerkt. Aber wissen Sie, wer Zeit hatte und Gelegenheit, den armen Elmar umzubringen, ihn in die Wohnung zu schleppen, und ihn dann meiner kranken Tante zu präsentieren?« Schlaicher ging einige Leute im Kopf durch, die Hermann Weber meinen könnte. Ihm fiel nur einer ein. »Manfred Schwald?«, fragte er und stellte sich den kleinen dicken Haushälter der Webers vor. »Nie«, ergänzte er empört.

»Wer weiß«, entgegnete Weber. »Manfred Schwald war nämlich der Mann, der das Verhältnis von Laura und André das ganze Jahr gedeckt hat. Für das entsprechende Geld natürlich.«

Schlaicher verließ das verqualmte Büro mit Kopfschmerzen und einem Scheck über zweitausend Euro. Genug, um die fälligen Steuern und die Miete für den nächsten Monat zu zahlen und noch etwas übrig zu haben. Es sah so aus, als würden sich seine Probleme in Luft auflösen. Zumindest seine Geldprobleme. Dafür schienen sich neue Probleme aufzutun. Hermann Weber war sehr überzeugend gewesen, und jedes Wort, das er über Laura gesagt hatte, hatte wie jeder Zug an seiner Zigarre zu Schlaichers Kopfschmerz beigetragen. Hatte Laura ihn aus Berechnung geküsst? Nun gut, ein richtiger Kuss war es nicht gewesen, eher ein Hauch von einem Kuss, aber Schlaicher war durch ihn verunsichert und zugleich verzaubert worden.

»Träumen Sie?«, fragte Martina Holzhausen, in deren Büro er schließlich wieder gelandet war. Sie reichte ihm einen Teller Kuchen.

»Du«, sagte Schlaicher. »Ich bin Rainer Maria.«

»Martina«, sagte sie und strahlte wieder.

Das Strahlen hielt allerdings nicht lange an. Martina wollte unbedingt ihren Plan, wie die Jacken gestohlen werden könnten, durchsprechen. Schlaicher allerdings hatte nun ganz andere Prioritäten und versuchte, ihr dies schonend beizubringen. Doch mit jedem weiteren Argument wurde Martinas Stimmung schlechter.

»Wir müssen das mit den Jacken jetzt erst einmal zurückstellen«, sagte er schließlich von den Kopfschmerzen und der ständigen Diplomatie hörbar genervt.

»Ich denke, Sie sollten jetzt gehen und sich erst einmal klar werden, was Sie wollen«, sagte Martina kühl, ihn wieder siezend. Schlaicher packte unter eisigem Schweigen zusammen und öffnete die Tür, ohne sich von ihr zu verabschieden.

»Ah, Sie gehen?«, sagte Frau Jurtenberger, die mit einem Aktenordner und einem Stift bewaffnet gerade klopfen wollte.

»Wollen Sie zu mir?«, fragte Schlaicher, aber sie schüttelte den Kopf, ohne dass ihre kurzen dunklen Haare irgendeine Bewegung machten.

»Ich möchte zu Frau Holzhausen. Guten Tag.«

»Guten Tag.« Das waren Schlaichers letzte Worte, und er war sehr froh, das Firmengelände verlassen zu können, ohne noch einmal mit Pallok reden zu müssen.

NEUN

Auf der Fahrt zurück nach Maulburg ließ Schlaicher das Autoradio aus und das Fenster offen. Die Ruhe und die kühle, frische Luft linderten seine Kopfschmerzen glücklicherweise etwas, aber ein leichtes Stechen vorne blieb doch. Vielleicht deswegen, weil er versuchte, Argumente gegen die Theorie von Hermann Weber zu finden. Aber verdammt, es klang extrem überzeugend, was er gesagt hatte. Konnte Laura wirklich ...

Erst als Schlaicher an seiner Wohnung ankam und wie so oft seinen Nachbarn vor dessen Scheune sah, wurden seine Gedanken unterbrochen. Allerdings hatte Erwin Trefzer einen Besucher. Ein weißer Renault Kangoo mit Freiburger Kennzeichen und der Werbeaufschrift »FKS, Freiburger Kopiersysteme« sowie einer Telefonnummer stand mit geöffneter Seitentür vor der Scheune.

Trefzer und Kurt Hoppendahl, Basset-Besitzer und Kopierervertreter, winkten ihm zu, sodass ihm gar nichts anderes übrig blieb, als zurückzuwinken und über die Straße zu gehen.

»Mensch, der Rainer Schlaicher! Ich war gerade in der Gegend, und weil du nicht zurückgerufen hast, hab ich mir gedacht: Wenn er nicht kommt, ich komme immer gerne!«

»Hallo, Herr Hoppendahl«, sagte Schlaicher und lächelte müde über den zweideutigen Herrenwitz, der Trefzer sichtlich amüsierte.

»Kurt! Wir duzen uns doch, mein Lieber, vergessen?«

»Kurt«, bestätigte Schlaicher, »hallo. Hallo, Erwin.«

Trefzer trug heute zu einer ausgebleichten Jeans, die aussah, als hätte ein Abenteurer sie schon zu Zeiten des Goldrauschs am Yukon getragen, eine Gärtner-Pötschke-Schürze aus grünem gewachstem Tuch. Schlaicher fiel eine winzige Gießkanne auf, die am Boden stand.

»Di Fründ hed schone Bonsai g'no.«

Schlaichers fragender Blick genügte, Trefzer zu einer hochdeutschen Wiederholung anzuregen.

»Dein Freund hat schon einen Bonsai gekauft. Willst du mal schauen? Super, die Bäumchen.«

»Und ich hab immer gedacht, ich wär ein Verkaufsgenie!« Hoppendahl knuffte Schlaicher mit dem Ellenbogen in die Seite. Eine Angewohnheit, die Schlaicher schon beim Basset-Treffen äußerst unangenehm aufgefallen war. »Aber beim Erwin können wir alle noch was lernen, wie?« Wieder der Ellenbogen. Schlaicher ging einen Schritt zur Seite, bis Hoppendahls Wagen ihn stoppte. In die Ecke gedrängt von zwei Verkäufern, dachte Schlaicher. Kann es da ein Entkommen geben? Er überlegte zwar nicht ernsthaft, durch den offen stehenden Renault zu fliehen, schaute aber trotzdem hinein.

Tatsächlich, auf dem Beifahrersitz stand ein Bonsai, irgendein Laubbäumchen, das in eine blau lasierte Keramikschale gepflanzt war.

»Nein danke, Erwin. Bonsai-Bäume gehören zu den Sachen, mit denen ich wirklich rein gar nichts anfangen kann.«

»Sag das nid!«, rief Trefzer, was Schlaicher aber geflissentlich überhörte. Stattdessen wandte er sich an Hoppendahl: »Aber Sie, äh, du, Kurt, also, du bist ja wohl nicht gekommen, um meinem Nachbarn ein Bäumchen abzukaufen, oder?«

»Darauf kannst du wetten!«, rief Hoppendahl fröhlich. »Mensch, Rainer, ich hab die letzten Tage«, er unterbrach sich kurz und schaute betroffen zu Boden, »so traurig sie auch waren wegen Hanni, wir sind alle ganz fertig«, dann hellte sich seine Miene wieder auf, »die letzten Tage hab ich also mit meinem Chef gestritten. ›Markus‹, hab ich gesagt, denn er heißt Markus, ›Markus, wir müssen für den Rainer Maria einen 1-a-Preis machen.‹ Ich versprech dir, du wirst vor Freude in die Luft gehen!«

Während Hoppendahls lebhaftem Gestikulieren verschwand Erwin Trefzer schlurfend in der Scheune.

»Ich hab einen Toshiba Tischapparat für dich. Der ist gebraucht, also nicht mehr das aktuellste Modell, aber das kennst du ja selbst, meistens wird am Guten nur noch verschlimmbessert.« Hoppendahl zwinkerte mit einem Auge und grinste dämlich. Fehlt nur noch, dass er so kreative Redewendungen wie »zum Bleistift« benutzt, dachte Schlaicher und war sich sicher, dass Hoppendahl der Typ dafür war.

»Ich kann dir das Gerät so was von günstig anbieten, da bekommst du noch Geld über die Steuer raus.«

Trefzer kam wieder; in der Hand trug er eine flache erdfarbene Keramikschale, die als Zuhause für eine schief und krumm gewachsene Kiefer im Taschenformat diente.

»Nün Johr isch er alt.«

»Was?«

»Nün«, sagte Trefzer laut und als er merkte, dass sein Nachbar immer noch nicht verstand: »Über zehn Jahre ist der alt, der Baum.«

»Hast du nicht gerade gesagt, dass er neun Jahre ist?«, fragte Schlaicher.

»Was frogsch mi dann so dumm? Vierzig Euro mit Schale für dich. So ein schöner Baum kostet sonst das Dreifache.«

»Das stimmt«, bekräftigte Hoppendahl und fügte dann an: »Nur viereinhalb Cent pro Kopie, na, ist das nicht mal Butter bei die Fische, wie ihr Saupreußen sagt? Und Verbrauchsmaterial und Service sind da schon mit drin. Keine versteckten Kosten. Was sagst du jetzt?«

»Ich bin aus Frankfurt am Main. Das ist Hessen. Nicht Preußen«, stöhnte Schlaicher lustlos. Trefzer hielt ihm den Baum hin, Hoppendahl schwang einen dicken Packen Prospekte, der gerade noch in seinem Kangoo gelegen hatte.

Zehn Minuten später war Schlaicher endlich daheim in seiner Wohnung und suchte einen Platz für die neue Bonsai-Krüppelkiefer, während Hoppendahl einen antik wirkenden Fotokopierer aufbaute, dessen einst hellgraues Plastik mittlerweile einem Gilbton gewichen war. Kurt brabbelte unablässig technische Details, die Schlaicher nur manchmal mit »Hmm« oder »Ah ja« kommentierte, um nicht ganz unfreundlich zu erscheinen

Er stellte den Bonsai auf den Kopierer, weil er eigentlich keinen Platz für beides hatte und die beiden Neuerwerbungen vom Alter her ziemlich gut zusammenpassten. Er hoffte, dass Hoppendahl schnell zu einem Ende kommen würde. Lars, der kurz aus seinem Zimmer gekommen war, hatte seinen Vater ausgelacht, als er den Bonsai gesehen hatte, was Schlaicher von dem ursprünglichen Gedanken, ihn seinem Sohn für sein Zimmer zu schenken, wieder abgebracht hatte. Da wollte man mal nett und großzügig sein ...

»Das ist schlimm mit der Hanni, was?«, sagte Hoppendahl, als er den Bonsai von der Abdeckung hob und Schlaicher reichte.

115

»Furchtbar«, bestätigte Schlaicher und hatte die Schale wieder in Händen.

»Ich hab ja nicht nur bei den Basset-Treffen mit ihr zu tun gehabt, sondern auch beruflich. Das hier«, sagte Hoppendahl und zeigte auf den Kopierer, der sich gerade mit einem Höllenlärm in der Aufwärmphase befand, »ist übrigens ein Schätzchen, das bis vor drei Stunden noch bei Weber Textilien gelaufen ist. Unermüdlich, der Apparat, sag ich dir.«

»Wie alt ist die Kiste eigentlich?«, fragte Schlaicher und stellte den Bonsai wieder darauf ab.

»Wie gesagt, Rainer«, wich Hoppendahl aus und knuffte wieder mit dem Ellenbogen, »zwei Wochen unverbindlicher Test. Da zahlst du bis hundert Kopien keinen Cent. Und dann, wenn du zufrieden bist, woran ich keinerlei Zweifel habe, kommst du mit viereinhalb klitzekleinen Centchen pro Fotokopie so billig weg –«

Schlaicher unterbrach Hoppendahl: »Wie gut kanntest du eigentlich die Familie Weber?«

»Die ganze Familie? Also mit Hermann hab ich ab und zu zu tun. Seine Frau kenne ich kaum. Sieht gut aus, was?« Schlaicher ging einen Schritt zur Seite und vermied damit einen weiteren Rippenstoß Hoppendahls. Der lachte.

»Am meisten hatten wir eigentlich mit der Hanni Weber und mit der Johanna zu tun.«

»Frau Enkstein?«

»Genau, Johanna von Enkstein. Frag mich nicht, was das für ein Adel sein soll. Übrigens: Eigenartige Geschichte mit den beiden, oder?«

»Mit wem?« Schlaicher bekam den Bonsai wieder in die Hand gedrückt und nahm sich fest vor, das Bäumchen so schnell wie möglich bei Trefzer gegen Bargeld zurückzutauschen. Hoppendahl legte jetzt ein Blatt Papier auf den Kopierer, das aussah wie ein Schwarzweißtestbild aus den sechziger Jahren. Das Vorheizen war anscheinend beendet, obwohl das Gerät immer noch nicht leiser geworden war.

»Die Maschine muss jetzt noch ein bisschen nachwärmen. Aber gleich kann's losgehen«, sagte Hoppendahl und antwortete erst dann auf Schlaichers Frage. »Na, Hanni Weber und Johanna von Enkstein. Hast du das noch nicht mitbekommen? Die waren wohl beide mit Adolph Weber zusammen, also gleichzeitig.«

»Wer ist Adolph Weber?«, fragte Schlaicher. »Hanni Webers Mann?«

»Ja, aber der soll auch mit der Johanna verheiratet gewesen sein. Davon träumst du nachts, was? Frag besser nicht genau nach, so gut kenn ich mich da nicht aus.« Er stockte. »Also, mit den Frauen kenn ich mich schon aus, nicht dass du mich falsch verstehst. Ich meine, mit Adolph Weber. Hat Thüsenbach mal erzählt, als er betrunken war. Ah, funktioniert einwandfrei!«

Hoppendah̅ strahlte und hielt Schlaicher ein tatsächlich einwandfreies Ebenbild der Testseite hin. Sah so aus, als würde die Maschine doch etwas taugen. Schlaicher stellte den Bonsai wieder auf den Kopierer, nachdem Hoppendahl ihn in den Stand-by-Modus versetzt hatte, und ging mit seinem Gast die Treppe runter in die Küche.

»Cool, dass wir jetzt einen Kopierer haben.« Lars saß am Küchentisch und schaute kurz von seinem Buch auf.

»Das Beste, was es gibt«, bestätigte Hoppendahl, »wenn man zum Bleistift für die Schule ein Referat vervielfältigen will.«

Da, dachte Schlaicher, er hatte es gesagt. Zum Bleistift. Schlaicher hatte keinerlei Lust mehr, noch länger mit Hoppendahl zusammen zu sein.

»Kurt, danke schön, aber ich muss leider weg. Du hast ja bestimmt auch Feierabend, oder?«

»Im Verkau̅ gibt es so was nicht, Rainer. Ich hatte gedacht, wir würden vielleicht noch etwas essen gehen.«

»Nein, das tut mir sehr leid«, sagte Schlaicher schnell. »Ich hab nämlich auch noch nicht Feierabend. Aber vielleicht demnächst einmal. Danke für den Kopierer.«

Schlaicher schaffte es, Hoppendahl einigermaßen freundlich hinauszukomplimentieren. Trotzdem sagte Lars:

»Mensch, warst ja ganz schön knarzig.«

»Hat man das gemerkt?«

Lars nickte, und Rainer beschloss, in den nächsten Tagen die Nummer auf der Visitenkarte zu wählen, die Hoppendahl dagelassen hatte. »Tag und Nacht, ich bin für dich da«, hatte er gesagt. Dann würde er sich eben entschuldigen. Aber, dachte er, wenn Kurt nur noch einmal, nur noch ein einziges Mal diese Sache mit seinem Ellenbogen machen würde, dann würde er ihn schlagen! Schlaicher musste grinsen, als er sich das bildlich vorstellte.

»Wie läuft es in der Schule?«, fragte er Lars, der ihm heute recht kommunikativ und ausgeglichen vorkam. Das musste er ausnutzen.

»Geht so«, sagte der und las weiter.

»Willst du nicht doch mal Sarah mitbringen? Zum Essen?«

Lars schaute empört auf. »Woher weißt du ihren Namen? Spionierst du mir nach?«

»Sie hat doch hier angerufen und ihren Namen auf den Anrufbeantworter gesagt. Was ist daran so geheim?«

»Nichts«, sagte Lars beruhigt und las wieder weiter. »Vielleicht am Wochenende mal«, sagte er, als Schlaicher schon gehen wollte.

»Schön, ich freue mich«, sagte Schlaicher und meinte das sehr ernst. »Geht ihr heute zusammen weg?«

»Hmm.«

Schlaicher schaute in seinen Geldbeutel. Der Scheck von Hermann Weber steckte darin und zwei Fünfzigeuroscheine, mit denen er heute Morgen seinen Dispokredit bis zum Anschlag ausgereizt hatte. Schlaicher nahm einen der beiden Scheine und legte ihn seinem Sohn in das Buch, das er las. Lars schaute seinen Vater überrascht an.

»Frauen können sehr teuer sein«, sagte der und zog seine Weber-Jacke an. Mittlerweile hing die Füllung schon ein bisschen aus der geöffneten Naht. Er brauchte dringend die neue Jacke.

»Ganz schön teuer«, stimmte Lars zu.

Eine Stunde später hatte Schlaicher seine Jacke wieder ausgezogen, da es deutlich zu warm dafür geworden war. Eigentlich hatte er nicht vorgehabt, heute noch einmal wegzufahren, aber er musste einfach noch ein paar Punkte mit Laura Weber besprechen.

Er hatte sie aus den Vorbereitungen für die Beerdigung am Dienstag entführt, worüber sie glücklich schien; jetzt saß sie neben ihm im Wagen. Auch sie hatte ihre Jacke längst abgelegt und trug nun ein Top mit Spaghettiträgern. Schlaicher hatte auf der Fahrt immer wieder zu ihr hinüberlugen müssen, was bei der steilen, kurvigen Strecke nach Kandern manchmal dazu geführt hatte, dass sie sich auf der falschen Straßenseite wiederfanden.

Vom Parkplatz aus musste man noch etwa einen halben Kilometer aufwärts gehen, um zu Schloss Bürgeln zu gelangen. Die Sonne schien für Anfang Oktober erstaunlich heiß vom Himmel, und

Schlaicher spürte beim Aufstieg, wie sich Schweiß auf seinem Gesicht bildete. Er blieb stehen und schaute über das Tal hinweg auf den bewaldeten Berg auf der anderen Seite und sagte: »Wunderschön hier.«

»Warten Sie, bis wir oben sind. Sie werden staunen.«

Der Eingangsbereich zum Schloss war weiß getüncht, die Kanten des Gebäudes waren in einem pastellenen Orange gehalten. Das große hölzerne Rundtor mit den beiden flankierenden Laternen war geschlossen. Wie Schlaicher auf einem Schild lesen konnte, öffnete es sich ab und zu für Führungen. Laura ging rechts am Eingang vorbei, und schon hier staunte Schlaicher über die atemberaubende Aussicht, die sich ihm bot. Eine alte Steinmauer grenzte den Weg zu einer steilen Böschung ab, einer Wiese mit Streuobstbäumen, die in einen dichten Wald überging. Weitere Hügel, ebenfalls dicht bewaldet, leuchteten in bunten Herbstfarben; am Horizont verschwamm die mit vielen kleinen Dörfchen gesprenkelte Rheinebene mit den dahinter liegenden Bergen des Elsasses. Ein paar Stufen aufwärts erreichten sie das Ziel ihres Ausflugs, das »Schloss-Stüble«.

Sie setzten sich an einen freien Tisch im Schatten eines der großen Sonnenschirme und bestellten Kaffee und Kuchen.

»Ich habe ein paar Dinge herausgefunden«, sagte Schlaicher so beiläufig wie möglich und ließ das erste Stück seines Mohnkuchens auf der Zunge zergehen.

Laura lächelte ihn aufmunternd an. Es war ihr unwiderstehlich sinnliches Lächeln, das Schlaicher schon bei ihrem ersten Treffen so nervös gemacht hatte.

»Ich weiß jetzt, mit wem Sie Ihre Affäre hatten«, sagte er härter als beabsichtigt.

»Hatte ich Ihnen das nicht gesagt? Mit Dr. André Frank.« Laura Weber sah ihn verwundert an. Das klang nicht so, als habe sie es Schlaicher gegenüber verheimlichen wollen, wie er es nach dem Gespräch mit ihrem Mann gedacht hatte.

»Nein, das hatten Sie nicht gesagt. Und ich frage mich, warum Sie es nicht gesagt haben.«

»Ich dachte, ich hätte es. Ist das so wichtig? Die Sache mit André ist vorbei.«

»Weil Sie Hermann lieben?«

»Hermann?« Sie lächelte wieder, diesmal aber fast verlegen.

119

»Was soll ich sagen? Ja, wäre mein erster Impuls. Es gibt aber auch Momente, in denen ich ihn nicht ausstehen kann. Ich weiß es nicht. Ich glaube, Liebe ist viel zu facettenreich, um eine klare Antwort geben zu können. Ich wollte einfach weiterhin mit ihm leben, es machte keinen Sinn, zu André zu gehen.«

Sie aßen schweigend weiter. Keinen Sinn, wiederholte Schlaicher in Gedanken. Aber wenn man die Aktien bedachte, machte es vielleicht doch Sinn? Nachdem er erneut an seinem Milchkaffee genippt hatte, fragte Laura leise: »Warum wollen Sie das wissen?«

»Ich bin verwirrt«, antwortete Schlaicher ebenso ruhig. »Im Moment halte ich nur lose Fäden in der Hand, ohne sie verknüpfen zu können. Schöner Detektiv, was?«

Laura lachte. »Sie sind genau der, den ich jetzt brauche«, sagte sie, und Schlaicher wusste nicht, wie er das verstehen sollte. »Danke. Stehen Sie noch in Kontakt mit Herrn Dr. Frank?«

»Sie fangen ja schon wieder an. Ja, wir haben regelmäßig miteinander zu tun. Er ist immerhin der Geschäftsführer unserer Firma, da bleibt es kaum aus, dass man sich über den Weg läuft. Aber wir sind erwachsene Menschen. Tante Hanni schätzte ihn trotz der Geschichte zwischen ihm und mir sehr, und Hermann geht manchmal mit ihm zum Golf. Trotz unserer Affäre. Aber wenn Sie wissen wollen, ob ich mich weiterhin heimlich mit ihm treffe, dann kann ich das deutlich verneinen.«

»Entschuldigen Sie bitte. Ich wollte nicht zu indiskret werden«, sagte Schlaicher. »Es gibt Gerüchte, dass Weber Textilien vielleicht zu einer Aktiengesellschaft umgewandelt wird.«

»Wer hat das gesagt?«, fragte Laura empört, wobei Schlaicher ihre kleinen Fältchen am Nasenrücken auffielen, die sich sonst nur zeigten, wenn sie lachte.

»Ich habe es gehört.«

»Von wem?«

»Warum ist das so wichtig?«

»Ich muss es wissen!«

»Weshalb regt Sie das so auf?« Tatsächlich war ihre Stimme so laut geworden, dass ein älteres Paar zwei Tische weiter zu ihnen herüberschaute.

»Weil niemand davon weiß«, flüsterte sie nun. »Es war eine Idee von André. Er hat damals bei seinem Einstellungsgespräch nur mit

Tante Hanni und Hermann darüber gesprochen. Es war sozusagen ein Vertragsbestandteil. Genauso wie der Zusatz, dass das geheim bleibt.«

»Warum diese Geheimnistuerei?«

Laura Weber beugte sich dicht zu ihm, um noch leiser sprechen zu können. Schlaicher zwang seine Augen dazu, sich auf ihr Gesicht zu konzentrieren und nicht auf ihr Dekolletee. Sie kam ihm so nah, dass er ihren Geruch ganz genau wahrnehmen konnte, Vanille und Sommerwiese. Sie schien seine Verwirrung nicht zu bemerken, sondern flüsterte ernst: »Tante Hanni wollte keine AG. Sie wollte, dass Weber ein Familienunternehmen bleibt. Sie hatte Sorge, dass die Umfirmierung Arbeitsplätze kosten könnte. Es gibt allerdings eine Option, dass Weber Textilien zu einer AG wird, unter ganz bestimmten Voraussetzungen und mit ganz genau festgelegten Aktienpaketen, aber fragen sie mich nicht, welche. Ich habe damit nicht viel zu tun. Und das sollte natürlich nicht an die Öffentlichkeit dringen. Deshalb frage ich mich, wer es Ihnen gesagt hat. Es kann ja eigentlich nur André oder Hermann gewesen sein, oder?«

Schlaicher antwortete nicht.

»Und egal, wer von beiden es war, ich frage mich, was er damit bezweckt hat, es –«

In dem Moment kam die Bedienung, eine Frau im Trachtenkleid, aus dem Stüble und fragte breit lächelnd: »Sind Sie zufrieden?«

»Ja, vielen Dank«, sagten Schlaicher und Laura gleichzeitig, und die Kellnerin ging zum nächsten Tisch.

»Sie scheinen ein ganz besonderer Mensch zu sein, Rainer«, sagte Laura jetzt und lächelte endlich wieder. »Ich weiß nicht, wie Sie es machen, aber Sie bekommen Sachen heraus, die wirklich topsecret sind. Ich denke, Sie sind der Richtige, um meine Unschuld zu beweisen.«

Den steilen Weg zurück zum Wagen ging Laura Weber langsam und unsicher. Immer wieder knickte sie in ihren hohen Schuhen um. Schlaicher bot ihr an, sich bei ihm unterzuhaken, was sie dankbar tat. Sie kam ihm dabei so nahe, dass ihre Hüfte immer wieder an seine stieß. Erst unten konnte Laura Weber wieder allein gehen, aber sie blieb dicht an ihm, und er ließ es gern zu, dass sich ihre Oberarme berührten. Beide schwiegen, lauschten auf die Vögel, die in den

Bäumen zwitscherten, und auf den Wind, der ab und zu das Dröhnen eines fernen Autos zu ihnen trieb, je weiter sie sich dem Parkplatz näherten.

Schließlich sagte sie: »Ich habe nachgedacht über das, was Sie mich gefragt haben. Ob ich Hermann liebe, ob ich mit André noch zusammen bin und was ich über die AG weiß. Vielleicht täusche ich mich, aber kann es sein, dass Sie mich verdächtigen?«

Schlaicher spürte an Lauras Tonfall, dass die Nähe geschwunden war, die vorhin noch zwischen ihnen existiert hatte.

»Die Polizei glaubt, dass Sie an dem Mord beteiligt sind«, begann Schlaicher. »Ich muss einfach wissen, ob Sie mit dem Tod Ihrer Tante etwas zu tun haben oder nicht.«

»Und da fragen Sie mich nicht einfach gerade heraus, sondern kommen mit solchen Fragen? Das mit der AG wissen nur André und Hermann. Wer von den beiden hat es Ihnen erzählt?«

Schlaicher spürte immer mehr, auf welch dünnes Eis er sich begeben hatte, indem er Hermann Webers Vorschuss angenommen hatte.

»Ich sage Ihnen nicht, woher ich das mit der AG weiß«, sagte Schlaicher deshalb. »Denken Sie, was Sie wollen.«

»Wusste es vielleicht doch sonst noch jemand?«, fragte sie noch immer kühl. »Hat Johanna mit Ihnen gesprochen?«

»Johanna von Enkstein?«, fragte Schlaicher überrascht.

»Also doch Hermann«, schimpfte Laura, die seine Reaktion abgewartet hatte.

Schlaicher schwieg. Schließlich fragte er: »Wie war eigentlich die Beziehung zwischen Ihrer Tante und Frau von Enkstein?«

»Oje«, stöhnte Laura Weber auf und nickte Schlaicher zu, der ihr die Tür des Frontera öffnete. »Das ist eine längere Geschichte. Was haben Sie davon gehört?«

Schlaicher schloss ihre Tür und ging um den Wagen herum, stieg dann selbst ein.

»Nicht viel, nur dass da eine Dreiergeschichte gelaufen zu sein scheint«, antwortete Schlaicher, als er sich anschnallte.

»So kann man das nennen. Sie dürfen niemandem etwas davon erzählen.« Laura legte ihre Hand auf seinen Arm. »Weiß Gott, wie Sie das rausbekommen haben. Versprechen Sie mir das?«

»Der Name der Familie Weber, ich verstehe«, nickte Schlaicher und vermied dabei bewusst, ein Versprechen abzugeben. Laura schien es aber zu genügen, denn sie sprach weiter, allerdings so leise, als könnten sie die Leute, die gerade aus dem Fahrzeug neben ihnen stiegen, durch die geschlossenen Türen belauschen. »Ich habe Johanna von Enkstein als Freundin der Familie kennengelernt. Tante Hannis Mann, Adolph, habe ich nicht mehr gekannt. Nur sein Bild, das im Esszimmer über dem Tisch hängt. Ein echter Beau, groß, schlank, muskulös bis ins Alter, gut aussehend. Er war Speerwerfer und ist in seiner Jugend bei den Olympischen Spielen in Berlin angetreten. Er wurde Siebter.«

Sie schaute Schlaicher an, der seinen Bauch ein bisschen einzog bei ihrem Blick und der Beschreibung. »Sie brauchen Ihren Bauch nicht einzuziehen. Sie sehen auch so nicht schlecht aus.«

Schlaicher spürte die Röte in sein Gesicht schießen und nickte nur.

»Irgendwann habe ich mal über die Familiennamen nachgedacht und mich über eines gewundert.«

Schlaicher, der zu wissen dachte, was sie meinte, sagte: »Sie haben mir bei dem Basset-Treffen davon erzählt, dass Hannis Vater die Firma Weber Textilien gegründet hat.«

»Sie sind auf der richtigen Fährte«, bestätigte Laura Weber anerkennend.

»Ich habe mich auch schon gefragt, wieso Ihre Tante immer noch Weber heißt. Damals war es bestimmt nicht üblich, dass eine Frau nach der Heirat ihren eigenen Namen behielt.

»Richtig. Das habe ich mich auch gefragt. Hermann hat es mir dann erklärt. Und da kommt Johanna von Enkstein ins Spiel. Oder besser: Sie war schon im Spiel. Hermann hat mir gesagt, dass Tante Hanni, nun – sie liebte Frauen.«

Schlaicher stockte in der Bewegung, den Motor anzulassen. Sein Mund stand weit offen.

»Ja, es gab auch früher schon Frauen, die andere Frauen geliebt haben. Tante Hanni konnte natürlich nie öffentlich zugeben, eine Lesbe zu sein.«

»Und sie war mit Johanna von Enkstein ... zusammen?«

»Bis zu ihrem Tod. Johanna ist sicherlich am schlimmsten getroffen von der ganzen Geschichte. Ich war gestern Abend bei ihr, aber sie ist kaum zu trösten. Nur ihr Hund hilft ihr.«

»Aber was hat das mit Adolph Weber zu tun?«, fragte Schlaicher.
»Adolph Weber hieß früher Adolph von Enkstein. Er war der
Bruder von Johanna. Er hat nach dem Krieg die Geliebte seiner
Schwester geheiratet und ihren Namen angenommen, eben Weber.
Tante Hanni wollte den Bezug zum Unternehmen nicht verlieren.
Sie behielt ihren Namen, und Johanna konnte mit ihrer Freundin
zusammen sein, ohne dass es Gerede gegeben hätte.«
    »Warum hat er das gemacht?«
    Sie zuckte mit den Schultern. »Keine Ahnung. Scheint sich auch
nie anderweitig verliebt zu haben. Er hat es wohl getan, damit seine
Schwester glücklich werden konnte. Aber er war wohl auch nie ein
Kind von Traurigkeit.«

Schlaicher setzte Laura Weber vor ihrem Haus in Schopfheim ab.
Sie reichte ihm die Hand zum Abschied; in ihrem Blick lag Zuneigung.
    »Ich war es nicht, Rainer. Das müssen Sie mir glauben.« Ihre gro-
ßen blauen Augen waren so klar, dass er in ihre Seele zu blicken
glaubte. Schlaicher war sich sicher, dass diese Augen ihn nicht anlo-
gen. Allerdings war er auf einmal nicht mehr so sicher, ob er den
Scheck von Hermann Weber einlösen durfte. Schließlich hatte er ihn
bekommen, um Laura als Mörderin zu entlarven. Hermann Weber
hatte überzeugende Argumente angeführt. Aber das Gespräch mit
Laura hatte die Zweifel, die Schlaicher gegen sie hegte, wieder zer-
streut. Schlaicher hatte den Eindruck, dass Laura ehrlich zu ihm
war. Und sie hatte gesagt, er sei attraktiv. Schlaicher atmete noch
einmal tief durch die Nase ein, um den Rest ihres Geruchs in sich
aufzunehmen.

Lars saß vor dem Fernseher; vor ihm lag ein Zeichenblock, allerdings geschlossen.
    »Zeichnest du?«, fragte Schlaicher.
    »Weißt du doch«, brummte Lars zurück. »Mama hat mir erzählt,
dass du angerufen hast.«
    »Ah.« Das hätte sie eigentlich nicht tun sollen, dachte Schlaicher.
Man konnte sich einfach nicht auf diese Frau verlassen. »Hat sie
heute angerufen?«
    »Ja, wollte aber nur mich sprechen.«

Schlaicher nahm das Telefon in die Hand. Noch bevor er wählen konnte, sagte Lars:»Die ist sowieso nicht zu Hause. Ist mit Anka unterwegs.«

»Woher willst du wissen, dass ich deine Mutter sprechen will? Vielleicht möchte ich auch jemand ganz anderes anrufen?«

»Dann viel Spaß«, sagte Lars, lümmelte sich über die ganze Länge der Couch und machte den Fernseher lauter.

Schlaicher ging mit dem tragbaren Apparat in sein Schlafzimmer. Er war nicht in der Stimmung, sich mit seinem Sohn über das Thema Rücksichtnahme zu unterhalten.

»Hallo. Sie sind mit meiner Mailbox verbunden«, hörte er die Stimme von Martina Holzhausen.»Ich bin momentan nicht zu Hause. Für eine Entschuldigung erreichen Sie mich aber unter meiner Bürodurchwahl. Ansonsten rufe ich zurück.«

Schlaicher hörte das Piepsen, das den Start der Stimmaufnahme markierte. So ein Biest. Für eine Entschuldigung ist sie zu erreichen? Damit musste sie ihn meinen.

»Entschuldigung, Schlaicher«, sagte er endlich in den Hörer,»also nicht Entschuldigung im Sinn von ›Es tut mir leid‹, oder, also …«

Schlaicher drückte den roten Ausknopf und fluchte laut.

Immer noch wütend wegen seines peinlichen Gestotters wählte er Martinas Durchwahl bei Weber Textilien. Es klingelte nur einmal bis sie abnahm.

»Holzhausen.«

»Hallo, Martina. Ich bin's, Rainer.«

»Habe ich gesehen. Gut, dass du anrufst.«

Ihre Stimme klang freundlich, aber ein bisschen angespannt.

»Was machst du an einem Freitagabend so spät in deinem Büro?«

»Ich warte auf dich«, antwortete sie und kicherte.

»Bitte?«, fragte Schlaicher.

»Ich bleibe hier, bis du gekommen bist.« Sie kicherte wieder, diesmal lauter.

»Bist du betrunken?«, fragte Schlaicher, dessen Wut mittlerweile eher Besorgnis gewichen war.

»Nicht wirklich.« Eine kurze Pause, dann wieder Kichern.»Vielleicht.« Doch das Kichern wurde schnell bitter.

»Die haben mich rausgeschmissen.«

»Was? Du willst mich veräppeln, oder?«

»Nein. Aber ich habe noch mehr Überraschungen für dich. Du musst nur herkommen.«

»Es ist gleich acht«, sagte Schlaicher.

»Genau. Pass auf, dass du nicht dem Wachdienst in die Arme läufst, wenn du kommst. Wir haben nämlich was vor …«

Schlaicher befiel ein äußerst ungutes Gefühl, als er das hörte.

»Ich komme sofort«, sagte er.

ZEHN

Nur noch ein schwacher pastellroter Schimmer erinnerte an den sonnigen Tag, als Schlaicher nach Schopfheim fuhr, um Martina davon abzuhalten, eine Dummheit zu begehen. Jetzt die Jacken zu stehlen war unmöglich. Er hatte Weber zugesagt, es nicht zu tun. Der Plan war noch nicht ausgegoren. Und überhaupt war er heute definitiv nicht ausgeruht genug, um das alles durchzuziehen. Er hatte mit Martina analysiert, auf welchem Weg die Jacken verschwunden sein könnten. Hermann Weber und Dr. Frank waren beide der Überzeugung gewesen, ein Diebstahl müsse aufgrund der Computersysteme auffallen. Aber Schlaicher wusste, dass man nur jemanden brauchte, der diese Systeme täuschen konnte. Und dafür ließ sich immer jemand finden. Zuerst hatten sie die Namen derer zusammengetragen, die die entsprechende Zugriffsberechtigung zum Warenwirtschaftssystem der Weber Textilien hatten. Schlaicher hatte gehofft, dass dies die Zahl der Verdächtigen einschränken würde, aber als er die Liste gesehen hatte, die Martina beim Leiter der EDV organisiert hatte, war er eines Besseren belehrt worden. Neben der kompletten EDV-Abteilung, immerhin fünf Personen, waren Hanni Weber, ihr Neffe Hermann, Dr. Frank, der Leiter der Einkaufsabteilung namens Robert Burger, der Produktionsleiter und sein Assistent, zwei Damen der Buchhaltung und ihr Chef Werner Bienert auf der Liste. Alles in allem vierzehn Personen mit den kompletten Rechten. Daneben gab es acht Angestellte mit eingeschränkten Rechten, die aber ausreichen würden, um die Zahl der Jacken in den Produktionsberichten anzugleichen. Von der Produktionsplanung über den Einkauf und die elektronischen Lieferberichte der externen Weberei, überall waren Daten zu den Materialien und den zu erwartenden Endprodukten festgehalten. Die Werte im Buchhaltungssystem aktualisierten sich vollautomatisch und mussten zum Glück nicht auch noch bearbeitet werden.

Neben den Änderungen im Computer waren Korrekturen an den manuellen Produktionslisten notwendig. Bei jedem Arbeitsschritt notierten die Mitarbeiter Chargennummer und Anzahl der bearbeiteten Stücke auf einem Prüfbericht. Dieser wurde mit Unterschriften des Mitarbeiters und des Vorarbeiters abgezeichnet. Eine solche Liste gab es für jeden Arbeitsschritt, angefangen vom Zuschnitt der Materialien bis zur abschließenden Nahtimprägnierung. Jede Chargenliste musste einzeln abgeändert werden.

Nach all diesen Manipulationen an den Berichten war dann natürlich noch die eigentliche Arbeit zu leisten. Die Jacken mussten genau an dem Punkt entwendet werden, wo sie bereits fertig produziert, aber noch nicht endgültig im nächsten Modul des Warenwirtschaftssystems verbucht waren. Vertrieb und Logistik erhielten dann stückgenaue Berichte und planten ihre Kapazitäten im Vorfeld. Ab diesem Stadium, so hatte Martina es recherchiert, waren die Änderungen in der EDV auch namentlich zu verfolgen. Und das, dachte Schlaicher, würde jeder Dieb tunlichst vermeiden, wenn er auch anonym bleiben konnte.

Zwanzig Jacken hatte Romero Trefzer angeboten. Zwanzig Jacken wollten auch sie stehlen. Sie hatten Teständerungen der Stückzahlen vorgenommen. Es war wichtig, die Systemänderungen innerhalb einer Aktualisierungsphase von dreißig Minuten einzutragen. Danach wurden die Daten an ein Sicherungssystem weitergegeben, das die Plausibilität der Werte überprüfte. Ein System, das keine Fehler der Belegschaft erlaubte.

Auf dem Rücksitz grunzte Dr. Watson. Der Hund war am Abend noch nicht draußen gewesen, und da Schlaicher Martina von ihrem Vorhaben abbringen wollte, konnte er ihn genauso gut mitnehmen. Und die eine illegale Sache, die er vorhatte, würde auch mit Dr. Watson im Schlepptau gelingen. Schlaicher verspürte eine eigenartige Spannung im Bauch. Er kannte dieses Gefühl, obwohl er es lange nicht mehr so stark verspürt hatte, denn ein echter Diebstahl war etwas, was er sehr lange nicht mehr gemacht hatte. Es war eine ganz besondere Form des Lampenfiebers, die sich auch früher eingestellt hatte, wenn er wirklich gestohlen hatte, ohne Auftrag des Bestohlenen. Vielleicht war es eine Art schlechten Gewissens, das sich in ihm regte, wenn er etwas Verbotenes tat. Aber er war zu neugierig, was in der Personalakte von Dr. Frank zu finden sein würde. Um sich zu beruhigen und das mulmige Gefühl im Bauch zu vertreiben, sagte er still das Einmaleins auf, aber schon bei »fünf mal vier«, verloren sich seine Gedanken wieder bei den Weber-Jacken, und er setzte erneut mit dem Einmaleins ein, diesmal sprach er es aber laut.

Dr. Watson schaute nach vorn und schien sich zu wundern über die eigenartigen Selbstgespräche seines Herrchens. Aber der hörte auch schon wieder auf und lachte. Die Nervosität klang ab. Schlaicher parkte den Frontera kurz vor dem Firmengelände, von wo aus der Wagen nicht gesehen werden konnte. Außerdem konnte Dr. Watson hier noch sein Geschäft erledigen. Wenn er sowieso schon mehrere Fliegen mit einer Klappe schlagen wollte, dachte Schlaicher, konnte er Dr. Watsons Gassi auch noch integrieren. Er hängte sich seine Werkzeugtasche um und öffnete Dr. Watson die Tür, der zuerst den Boden unter sich vorsichtig betrachtete und dann doch den Satz nach draußen wagte. Voller Stolz über seinen vermeintlich waghalsigen Sprung schaute er zu Schlaicher, der ihn ausgiebig lobte.

Die besonders empfindliche Nase des Bassets wurde sofort von einer Vielzahl von Gerüchen gelockt, und Dr. Watson zog Schlaicher an den nächsten Zaun, vor dem ein schmaler Streifen Gras und Unkraut wuchs. Er inhalierte schnaufend die hier aufsteigenden Duftspuren, die dermaßen interessant zu sein schienen, dass Schlaicher daran zweifelte, ob Dr. Watson hier jemals wieder von allein weggehen würde. Ein leichtes Rucken an der Leine zeigte keine Wirkung, erst ein kräftiger Ruck und ein konstantes Zerren brachten die dreißig Kilo Basset dann doch in Bewegung. Langsam hob er noch sein Bein, und Schlaicher begann darüber nachzudenken, ob es wirklich eine gute Idee gewesen war, den Hund mitzunehmen.

Er führte Dr. Watson mit ein paar weiteren Schnüffelpausen in Richtung Einfahrt. Hinter der Scheibe des Pförtnerhäuschens flackerte der typische blaue Schein eines Fernsehers. Schlaicher ging zur Schranke und hörte den Fernseher jetzt auch durch das offene Fenster. Lautes Lachen und Klatschen dröhnte zu ihm hinüber. Schlaicher ging mit Dr. Watson einfach durch.

»Ach, der Schlaicher. Was wölle Sie denn so schbood noch do?«, fragte Pallok, auf ihn aufmerksam geworden. Als er Dr. Watson sah, stand er auf, beugte sich nach vorn und sagte: »Und wer ist denn das?«

»Mein Hund, Pallok. Wieso sind Sie denn noch hier? Es ist doch schon spät?«

»Der Eduard ist krank geworden«, winkte Pallok ab. Er sagte das so, als müsse Schlaicher Eduard kennen. Pallok stellte den Fernseher leiser. »Jetzt hab ich eine Zwölfstundenschicht am Hals. Bis am nüni muss ich noch. Warte Sie mol.« Er stand auf, während Schlaicher Dr. Watson mit einem Ruck davon abhielt, den Fuß der Schranke als zu markierende Stelle zu missbrauchen.

Die Tür neben der Schranke öffnete sich, und Pallok kam heraus. Im Licht der Strahler, die den Schrankenbereich taghell beleuchteten, wirkte sein Gesicht sehr bleich.

»Ja, was bist du denn für ein Feiner?«, sagte er in dem freundlichsten Ton, den Schlaicher jemals von ihm gehört hatte. Dr. Watson zeigte seine Aufmerksamkeit durch leichtes Wedeln und hochgezogene Ohren, was bei dem Gewicht der langen Lappen schwierig sein musste. »Jo lueg mol do, was ich do Feins für di ha!« Und damit holte er aus seiner Hosentasche einen Hunde-Kaustreifen, den er Dr. Watson vor die Nase hielt. Sein Auge zuckte dabei wild.

»Der nimmt nichts von Fremden«, warnte Schlaicher, aber das schien Dr. Watson gerade entfallen zu sein. Er biss zweimal, und die Stange war weg. Mit großen Augen schaute er den Pförtner an und hatte die sonstige Welt vergessen.

Pallok beugte sich noch tiefer und streichelte Dr. Watson am Kopf und an der Seite, was diesem sehr zu gefallen schien.

»Das ist aber selten, dass er gleich etwas nimmt«, sagte Schlaicher und ärgerte sich im Stillen über seinen bestechlichen Hund.

»Das isch aber e lange Biegel.«

»Basset«, korrigierte Schlaicher und schaute dabei über das Firmengelände. Nur drei Lichter brannten noch im Hauptgebäude, und das eine im Erdgeschoss gehörte sicherlich zum Büro von Martina.

»Ah, en Haschbabbi.« Pallok schaute auf und zuckte Schlaicher mit dem Auge an. »Isch hane Schäferhund«, sagte er stolz. »Friiher hämmer drei g'ha, aber zwei ware z'alt, die hämmer mieße iischlöfere lo. Ach so, Sie verstehen mich ja nicht, zwei von unseren Schäferhunden haben wir eingeschläfert. Zu alt.«

»Hmhm«, sagte Schlaicher, der anderes im Sinn hatte, als mit Pallok ein Schwätzchen über Einschläferungsmethoden bei Schäferhunden zu halten. »Wir müssen jetzt aber weiter.«

»Jo, wo wänn Sie denn aane?«

»Bitte?«

»Wo wollen Sie denn überhaupt hin?«

»Ich bin mit Frau Holzhausen verabredet.«

»Ah so. Verabredet«, sagte Pallok gedehnt und winkte mehrdeutig mit einer Hand. Im Umgang mit Dr. Watson hatte Schlaicher Pallok fast sympathisch gefunden. Sein ekliges Grinsen jetzt und seine eindeutig sexuelle Anspielung brachten Schlaicher wieder zu seinem alten Urteil über den Pförtner zurück.

»Pallok, wenn Sie schlüpfrig werden, dann sind Sie noch unausstehlicher als sonst. Sie sollten das einfach intelligenteren Leuten überlassen.«

Pallok plusterte sich auf, und er und Schlaicher standen sich fast drohend gegenüber. Dr. Watson verstand den Streit der beiden Männer nicht. Er schaute noch immer bettelnd zu Pallok, der sich dann aber ohne ein weiteres Wort umdrehte und in sein Häuschen zurückging.

»Blödmann!«, blaffte ihm Schlaicher noch hinterher und fragte sich, ob man das jetzt gerade wirklich unauffällig nennen konnte.

Noch immer wütend stapfte er über den Weg zum Bürogebäude. Im Treppenhaus, das durch die große Glasfront gut einsehbar war, brannte schwaches Licht; die Eingangstür war tatsächlich noch offen.

»Komm schon rein«, schimpfte Schlaicher mit seinem Hund, der in den Rabatten neben dem Eingang offenbar etwas Interessantes entdeckt hatte. Endlich gab Dr. Watson auf und folgte ihm. Die Tür zum Flur im Erdgeschoss stand offen. Sie gingen den langen Gang entlang, ohne Licht anzumachen. Die Notbeleuchtung war hell genug.

Schlaicher klopfte leise an Martinas Bürotür. Keine Reaktion. Dann klopfte er fester und öffnete die Tür. Martina setzte sich gerade auf ihren Bürostuhl und schaute ihn groß an.

»Ach du«, atmete sie erleichtert aus und lachte auf, als sie den Hund sah. »Das muss Dr. Watson sein«, rief sie. Gegen die jetzt folgende Begrüßung war die des Pförtners emotionslos zu nennen. Martina sprang förmlich von ihrem Bürostuhl und warf sich zu Dr. Watson auf den Boden.

»Ja, du Schnucki, du süßer Hundi, du!« Schlaicher verstand nicht alles, was Martina sagte, so dicht hatte sie ihr Gesicht an den Kopf

.r. Watson gedrückt, der darüber vielleicht etwas überrascht
.r, aber die Streicheleinheiten doch zu genießen wusste. Er ließ
sich förmlich auf den Teppich sinken und rollte sich zu Martinas
Begeisterung auf den Rücken. Sie kraulte ihn am Bauch und an den
Lefzen und fand dabei immer neue Kosenamen für den Basset.
Schlaicher kam sich allmählich ein wenig vernachlässigt vor.
»Hallo?«, versuchte er die Aufmerksamkeit auf sich zu lenken.
»Hallo? Martina?«
»Ja, lass mich ihn doch erst einmal begrüßen. Ja, bist du aber süß,
du Schmausi!« Natürlich war der letzte Satz wieder an Dr. Watson
gerichtet, der mit seinen kleinen Vorderzähnchen an Martinas Bluse
knabberte, deren Saum direkt vor seinem Maul hing.
»Nein, das musst du lassen, du Süßer!«, sagte sie lachend und
entwand Dr. Watson den Stoff. Dann stand sie endlich auf und sah
Schlaichers gekräuselte Stirn. »Du bist ja echt gekommen. Ich hatte
eigentlich gedacht, du würdest fensterln. Aber das geht mit Hund
wohl schlecht«, kicherte sie.
»Du bist betrunken, oder?«, fragte Schlaicher.
Martina wurde schlagartig ernst. »Was nicht bedeutet, dass ich
nicht auch gleichzeitig nüchtern sein kann.«
Und tatsächlich wirkte sie nun ausgesprochen sachlich und kom-
petent. Aber Schlaicher hatte ihr schauspielerisches Talent ja bereits
erlebt. In Lörrach im Kaufhaus, noch bevor er sie kannte.
»Dann sag mir jetzt verdammt noch mal, wie du auf die bescheu-
erte Idee kommst, heute Abend das mit den Jacken zu machen.«
Schlaicher war genervt, und bevor sie Zeit hatte zu reagieren, sprach
er weiter: »Ich habe dir doch gesagt, dass wir das verschieben müssen!«
»Bist du gekommen, um mich auszuschimpfen?«, fragte sie betont ruhig.
»Nein, ich bin gekommen, um dir das auszureden. Und was soll
das eigentlich mit der Kündigung?«
Martinas Gesicht wurde länger; kleine ärgerliche Falten bildeten
sich an den Seiten ihrer Nase.
»Die blöde Jurtenberger hat mir einfach meine Kündigung hin-
geknallt, du warst gerade raus. Ich bin ja noch in der Probezeit und
kann jetzt Ende nächster Woche meine Sachen packen. So einfach
ist das. Sie hat noch gesagt, dass ich ja bestimmt schnell etwas ande-

res finde bei meiner Qualifikation. Apropos Qualifikation. Komm mal mit!« Beim letzten Satz lächelte sie wieder.

Sie nahm Schlaicher an der Hand und brachte ihn zu der Tür neben ihrem Schreibtisch, die zu Hanni Webers Büro führte. Dr. Watson, den Schlaicher von der Leine gelassen hatte, watschelte hinter ihnen her. Martina öffnete die Tür und ging in den dunklen Raum. Schlaicher kam sich an ihrer Hand vor, wie ein Backfisch vor seinem ersten Kuss. Nur Watson, der sich jetzt an ihnen vorbeidrängte, störte diesen Eindruck. Blöder Köter, dachte Schlaicher. Martina ließ seine Hand los und machte mit beiden Armen eine weit ausholende Bewegung. »Tataaa«, sagte sie stolz, während Dr. Watson an den auf dem Boden liegenden blauen Plastiksäcken schnüffelte. Ein schwarzer Mistkäfer war darauf aufgedruckt. »Mach kein Mist! Abfallverwertung Landkreis Lörrach«, konnte Schlaicher im Schein des Lichtes aus Martinas Büro lesen. Watson zog an etwas, das aus einem offenen Sack herausschaute, und schließlich zerrte er eine Weber-Jacke hervor.

Martina nahm sie ihm weg und stopfte sie zurück in den Müllsack.

»Du hast das allein durchgezogen?«, flüsterte Schlaicher ehrfurchtsvoll.

»Ja!«, sagte Martina stolz.

»Wie viele Jacken sind das?«

»Bis jetzt zehn. Die Hälfte.«

Schlaicher wusste nicht recht, was er sagen sollte. Seine Augen hatten sich jetzt an den schwachen Lichtschein gewöhnt, und seine Nase nahm den Geruch von neuen Jacken und von Martinas Parfum wahr, das sie auch schon bei ihrer ersten Begegnung getragen hatte. Martina kam ganz nahe an ihn heran.

»Heute war die ideale Gelegenheit«, sagte sie leise, und Verschwörung und Nähe lagen in ihrem Blick.

Schlaicher wollte diesen Raum verlassen.

»Was ist denn?«, fragte Martina.

Schlaicher antwortete nicht. Martina kam ihm nach, ging zu ihrem Schreibtisch und holte eine fast leere Flasche Sekt und ein halb volles sowie ein leeres sauberes Glas aus dem Schrank.

»Martina, ich habe keinerlei Lust, jetzt auch noch zu trinken!«

»Sei doch nicht so böse. Immerhin hab ich die meiste Arbeit

schon gemacht!« Sie lächelte ihn kokett an und schenkte Sekt in das leere Glas.

»Du hast nichts anderes gemacht, als dich in gewaltige Schwierigkeiten zu bringen. Und mich auch.«

Ihre Augen wurden feucht, und sie sagte lauter: »Bei mir kann es wohl nicht mehr schlimmer kommen. Ich wollte das noch abschließen. Wollte dir zeigen, dass ich es kann.« Eine erste Träne kullerte über ihre Wange. »Warum hast du überhaupt angerufen? Wenn ich dir sowieso nur Ärger bringe?«

»Verdammt noch mal, wieso musst du das gerade heute machen und dich dabei auch noch betrinken? Und fang bloß nicht an zu weinen.«

»Vielleicht, weil du ein Blödmann warst und mein Leben gerade den Bach runtergeht. Du hast doch gar keine Ahnung, was das bedeutet. Wo soll ich denn jetzt so schnell wieder einen Job herbekommen? Meinst du, ich habe Lust darauf, immer klauen zu gehen?«

Sie war so laut geworden, dass sie die Hand vor den Mund hielt, um sich selbst zu bremsen. Schlaicher ging zu ihr und folgte seinem Impuls, sie in den Arm zu nehmen. Sie ließ es zu und weinte an seiner Schulter. Aber sie hörte gleich wieder auf, riss sich zusammen. Schlaicher ließ seine Arme sinken, und sie standen sich ein zweites Mal ganz nahe gegenüber, ohne sich zu berühren. Natürlich war es eine Leistung, was sie bisher vollbracht hatte. Zehn Jacken waren gestohlen und hier sicher gelagert. Sie kannte sich wirklich aus mit dem Geschäft.

»Du kannst bei mir anfangen. Ich brauche sowieso eine Assistentin«, sagte Schlaicher und bereute das Gesagte in dem Moment, als sie mit großen feuchten Kulleraugen antwortete: »Wirklich?«

Denk, bevor du redest!, ermahnte sich Schlaicher, aber zu Martina sagte er: »Ja. Ich meine, ich brauche jemanden, der mir hilft, und du brauchst einen Job. Und du kannst, was ich brauche. Wir sind ein gutes Team.« Einen Moment stockte er, dann fügte er leise hinzu, sodass Martina es nicht hören konnte: »Wir können es zumindest mal probieren.«

»Team, ja«, sagte sie gedehnt.

Was war das nur für ein verkorkster Tag, dachte Schlaicher. Er hatte keine Ahnung, wie er sich selbst vernünftig über die Runden bringen sollte, und nun hatte er auch noch eine Angestellte. Aber die Freude in Martinas Gesicht ermutigte ihn wieder. Vielleicht, dachte er sich, vielleicht können zwei Leute besser für zwei verdienen als einer für sich allein.

»So, wo wir das jetzt geklärt haben, sollten wir uns unterhalten, wie es weitergehen soll. Ich wollte eigentlich etwas ganz anderes von dir.«

»Was?« Sie sah ihn an wie ein Reh.

»Ich«, begann Schlaicher stockend, »ich müsste in die Personalunterlagen von Dr. André Frank Einsicht nehmen.«

Martinas Gesicht verdüsterte sich wieder. »Da müssen wir ins Personalbüro einbrechen, und ich weiß nicht ...«

»Müssen wir nicht. Was ich brauche, ist im gleichen Raum wie die Jacken.«

»In der Produktion?«, fragte sie überrascht.

»Nein, da wo die geklauten Jacken jetzt sind.«

»In Hanni Webers Büro.«

»Ja. In Franks Vertrag stehen Informationen, die nicht für jeden gedacht sind. Ich bin mir sicher, dass Hanni Weber sie in ihrem Büro aufbewahrt hat.«

»Und woher weißt du das?«

»Laura hat es mir gesagt.«

»Ah, Laura. Man nennt sich also schon beim Vornamen«, sagte Martina kühl und ging zu ihrem Schreibtisch. Sie öffnete die oberste Schublade und holte einen Schlüssel heraus, mit dem sie eine metallene Kasse öffnete, die sie in ihrer zweiten Schublade aufbewahrte. Aus dieser Kasse holte sie einen weiteren Schlüssel und ging damit zu Schlaicher. »Hier, Boss! Der Schlüssel für ihren Schrank«, sagte sie und hielt ihm den Schlüssel hin. »Aber sollten wir nicht zuerst die restlichen Jacken holen?«

»Vergiss die Jacken«, begann Schlaicher, aber er sah Martina an, dass er nicht weiterzusprechen brauchte.

»Ich hab die Datenbank schon manipuliert. Die Produktionszähler sind auch schon zurückgedreht. Die ausgedruckten Produktionsstatistiken habe ich außerdem durch die neuen ausgetauscht. Ich schwöre dir, dass alles auffliegt, wenn wir das jetzt nicht zu Ende machen. Dann sind am Montag plötzlich zehn Jacken zu viel, und wenn dann noch einmal jemand nachzählt ...«

Schlaicher dachte kurz nach. An sich war das kein besonders großes Problem. Er könnte die Sache am Montag aufklären und damit sogar einen Erfolg vorweisen. Aber er wollte nicht, dass es schon bekannt wurde. Zum einen hatte Hermann Weber ihn aufgefordert, die Jacken zu vergessen, zum zweiten mochte es noch hilfreich werden, etwas mehr zu wissen als alle anderen.

»Also los«, sagte er, und Martina ballte ihre Rechte zur Siegesfaust.

Kurze Zeit später kauerten sie im Schatten eines Busches an einer Seitentür der Produktionshalle. Gerade als Martina sich vorwagte und den Schlüssel ins Schloss steckte, hörten sie ein Geräusch. Es waren Schritte, die sich stapfend näherten.

»Los, mach schnell«, raunte Schlaicher, und Martina drehte den Schlüssel herum. Im gleichen Moment hörten sie jemanden aus einiger Entfernung rufen: »Wer da?« Es war Palloks Stimme.

Martina riss die Tür auf und sprang ins Fabrikationsgebäude, dicht gefolgt von Schlaicher. Sie zog die Tür leise zu, dann drehte sie den Schlüssel vorsichtig im Schloss. Beide standen da wie gelähmt und lauschten auf ein Zeichen, dass man sie entdeckt hatte, aber es drang rein gar nichts durch die dicke Feuerschutztür.

Sie durchquerten den riesigen hohen Raum, der mit stählernen grünen Maschinenkolossen gefüllt war. Weiter hinten standen Tische, auf denen mit langen hohen Armen bestückte Nähmaschinen auf die Montagsfrühschicht der Näherinnen warteten. Schlaicher kannte die Halle von seinem ersten Besuch, als Martina ihn herumgeführt hatte. Tagsüber bestimmte emsige Betriebsamkeit die Halle, untermalt vom ständigen Stakkato der Nähmaschinen. Ein leicht stechender Geruch lag in der Luft, die chemische Ausrüstung der Stoffe. Eine bewegliche Trennwand unterteilte einen bei Betrieb besonders lauten Bereich vom Rest der Halle. Am Boden fanden sich rote Linien, die den sicheren Weg für die Arbeiter markierten, und blaue Linien, die anzeigten, wo Gabelstapler und Handhubwagen fahren durften. Gelb-schwarze Markierungen kennzeichneten die Übergänge, wo sich beide Wege kreuzten. Von all dem war jetzt in der Dunkelheit nichts zu sehen. Menschenleer lag die Halle vor ihnen, erleuchtet nur von wenigen Notlichtern und von Streifen dämmrigen Lichts, das durch die schmalen Fenster hineinschien.

Statt der Geräusche von Menschen und Maschinen hörte man nur unterschiedliche Summtöne aus den Tiefen der Halle, wahrscheinlich Maschinen im Stand-by-Modus. Seit mittlerweile einem halben Jahr wurde nicht mehr in der Nachtschicht und nicht mehr am Wochenende produziert, wie er von Martina wusste. Überall war die schlechte Konjunktur zu spüren, auch – oder vielleicht besonders – bei Luxussportjacken.

Schlaicher bückte sich, um nicht von außen durch die Fenster gesehen werden zu können. Vorsicht war immer angesagt. Vor allem da Pallok glaubte, jemanden gehört zu haben.

Und tatsächlich. Die Tür öffnete sich langsam. Schlaicher zog Martina neben sich auf den Boden. Sie lagen halb unter einer Maschine, deren Aufgabe Schlaicher nicht einmal zu raten wagte. Eine lange Stahlplatte, etwa einen Meter breit und mit abgerundeten Kanten, ragte waagerecht aus der Maschine. Sie gingen darunter in Deckung.

»Ist da jemand?«, rief Pallok.

Schlaicher konnte mit einem Auge unter der Maschine hervorspähen und sah Pallok. Der leuchtete mit einer Taschenlampe in den riesigen Raum. Das Licht verlor sich schnell, und Schlaicher war sicher, dass Pallok, sollte er ihn oder Martina nicht zufällig direkt mit dem Licht treffen, es mit der Lampe schwerer haben würde als ohne. Zudem zuckte wahrscheinlich sein Auge wie wild und machte es ihm noch unmöglicher, etwas zu erkennen. Dann hielt Schlaicher die Luft an. Pallok hielt noch etwas anderes in der Hand. Einen Gegenstand, schwarz und aus Metall. Eine Pistole?

»Hallo? Sofort rauskommen.«

Pallok klang, als sei er nicht überzeugt davon, dass ihn überhaupt jemand hören konnte.

Schlaicher schaute zu Martina, die direkt neben ihm lag. Ihr Parfum roch so stark, allein daran musste Pallok sie erkennen, wenn er nahe genug rankommen würde. Noch war er etwa acht Meter entfernt, aber er ging ein paar Schritte die Bodenmarkierungen entlang und schwenkte seine Taschenlampe weiter herum.

Schlaicher schloss die Augen.

Bilder von früher schossen ihm durch den Kopf. Er, der reiche Fabrikantensohn mit den blond gebleichten Haaren, ein Punk, der trotzdem dem Establishment angehören musste mit Empfängen und Treffen, zu denen ihn sein Vater und seine Schwester zwangen. Er hatte angefangen zu klauen, zuerst als Mutprobe, dann aus Nervenkitzel und Spaß. Aber es war nicht dabei geblieben. Ein paar Typen in seiner Clique wollten weitergehen. Und Rainer Maria Schlaicher, Rama, hatte die größte Dummheit seines jungen Lebens begangen. Er war mitgegangen. Er konnte von Glück sagen, dass der Nachtwächter ihn damals nur angeschossen hatte. Die anderen waren einfach weitergerannt. Er hielt sich den Arm, wo ihn die Kugel gestreift hatte.

Schlaicher öffnete die Augen und schüttelte seine Erinnerungen ab. Der Lichtstrahl von Palloks Taschenlampe huschte noch einmal über den Boden und ging dann aus.

»Ulli, s'isch alles klar. Do isch doch nüt. Ende.«

Das statische Kratzen zeigte Schlaicher, dass der andere Gegenstand doch keine Pistole gewesen war, sondern nur ein Funkgerät. Feigling, mahnte er sich selbst.

Krchhz ... »Das isch gued. Ich ha mi scho g'wunderet.« ... Krchhz ... »Chumm, mach jetz Fieroobe. Ende.«

Die Tür schloss sich hinter Pallok, und Schlaicher fühlte, wie sich Martina neben ihm entspannte. Er selbst wischte sich den kalten Schweiß von der Stirn. Ein Funkgerät ... Und dafür hatte er sich beinahe in die Hose gemacht.

Sie blieben in Deckung, falls Pallok doch noch durch die Fenster leuchten und nach ihnen suchen würde. Aber es blieb alles still und dunkel.

»Was hat er gesagt?«, flüsterte Schlaicher, obwohl er dachte, verstanden zu haben.

Martina Holzhausen sah sehr zufrieden aus. »Dass hier nichts ist. Und der andere, Ulli von der Nachtschicht, hat gesagt, er soll Feierabend machen.«

»Wo sind die blöden Jacken?«, fragte Schlaicher, der nach seinem eigenen Zwölfstundentag ebenfalls gern Feierabend haben wollte.

»Lass uns lieber noch ein bisschen warten. Vielleicht schaut er doch noch mal durch die Fenster«, flüsterte Martina.

»Wenn du meinst.« Schlaicher spürte ihren Körper ganz nah an seinem. Irgendwie roch das Parfum gar nicht so schlecht, dachte er und bemerkte fast gar nicht, wie sie ihre Hand nahm.

»Schön«, flüsterte Martina, und Schlaicher erschrak so, als ihm bewusst wurde, dass ihre Hand in seiner lag, dass er sie drückte und wie zu einer Gratulation schüttelte. »Das hast du sehr gut gemacht bis jetzt. Los. Weiter.« Damit ließ er ihre zarte Hand los und drehte sich von ihr weg.

Martina kroch los. Schlaicher folgte ihr. Etwa zwanzig Meter weiter stand eine alte Stanzmaschine. In einem metallenen Gitterkasten neben der antiken Maschine lagen dünne Bleche aufeinandergestapelt. Links, in einer weiteren Metallkiste, lagen die Reste der Bleche, nachdem die Weber-Pfennige ausgestanzt worden waren. Neben dem schwarzen, gusseisernen Monstrum stand eine andere Maschine, die deutlich neueren Datums war. Auch hier standen Gitterkästen, aber viel größer. Sie waren mit Jacken gefüllt, die wohl auf eine letzte Nahtimprägnierung warteten. Daneben war der Behälter mit den fertigen Jacken. Er war etwa zu zwei Dritteln gefüllt.

»Hast du auch die handschriftlichen Notizen geändert?«, fragte Schlaicher flüsternd, als er sich fünf Jacken packte und über den Arm legte.

Martina nickte ungeduldig. Sie nahm sich ebenfalls fünf Jacken. »Waren eigentlich siebenundsiebzig«, flüsterte Martina zurück und setzte sich lautlos in Bewegung.

Diese Frau hatte es tatsächlich geschafft. Und sie hatte offenbar an alles gedacht. Schlaicher musste anerkennen, dass sie wirklich eine verdammt gute Diebin war. Vielleicht die beste, die er jemals kennengelernt hatte.

»Martina«, hielt er sie zurück, »wenn du jemals etwas klaust, wovon ich nichts weiß, dann bist du gefeuert.«

»Du meinst ...«

»Ja, keinen einzigen privaten Diebstahl mehr. Wenn so etwas passiert, dann kann ich auch gleich einpacken. Ich muss dir vertrauen können.«

Sie nickte und ging dann weiter.

Schlaicher war sich sicher, dass Pallok nicht mehr an der Tür wartete. Trotzdem öffnete Martina sie sehr vorsichtig, steckte ihren Kopf raus und schaute sich um. Die Luft war rein. Schlaicher schlich zu dem Busch, hinter dem sie sich vorher schon versteckt hatten und wartete auf Martina, die die Tür abschloss.

»Los, komm schon«, drängte Martina, als sie bei ihm war, und ging einfach weiter.

Sie spurteten so leise wie möglich und sich stets im Schatten haltend zum Zentralgebäude. Der Sprint machte Schlaicher zu schaffen, und er suchte einen Platz zum Ausruhen, fand aber nur ein Streusalzhäuschen, hinter das er sich kauerte.

»Du bist ja wohl zu dick, um dich hier zu verstecken!«, raunte Martina ihm zu und lief weiter. Sie war überhaupt nicht außer Atem.

»Verdammt, sie hat recht«, fluchte Schlaicher, stemmte sich wieder hoch und folgte ihr.

»Wie«, begann er schwer atmend, als sie Martinas Bürofenster erreichten, »wie hast du die ganzen Jacken allein transportiert, ohne aufzufallen?«

Sie schaute ihn mit ihren großen Augen an und kletterte behände durch das Fenster. Schlaicher tat es ihr nach, landete allerdings mit den Händen auf dem Boden und zog die Beine nach.

»Wenn du ein Pilot wärst, hätten dich deine Passagiere für so eine Landung verklagt«, sagte sie.

»Ist ja gut. Jetzt lass mich erst mal wieder zu Luft kommen«, stöhnte Schlaicher und rappelte sich auf. »Also, wie hast du das gemacht mit den Jacken?«

»Ich habe gesehen, dass Herr Weber mit Pallok weggefahren ist. Ich wusste nicht, ob die beiden lange weg sind, aber die Pforte war jedenfalls unbesetzt. Da bin ich einfach rüber in die Produktion. Da waren nur noch die Putzfrauen. Ich habe zehn Jacken in Müllsäcke verpackt und die dann auf dem Hubwagen transportiert.« Sie grinste.

»Und die Putzfrauen waren nicht skeptisch?«

»Nicht die Bohne. Die drei italienischen Mammas mit zweien ihrer Töchter haben sich sogar dafür bedankt, dass ich ihnen helfe. Leider hatte ich nicht mehr Müllsäcke dabei, sonst hätte ich alle zwanzig mitnehmen können.«

Martina legte sich in ihrem Bürostuhl nach hinten und lachte leise. »Na, sind wir gut, oder was?« Schlaicher spürte ebenfalls das Hochgefühl des gelungenen Diebstahls, das Gefühl, das sich bei ihm sonst nie einstellte, wenn er den Laden verließ, sondern erst, wenn er in seinem Auto saß und um die ersten beiden Ecken gebogen war. So war es früher gewesen, als er für sich und andere gestohlen hatte, und so war es heute, wenn er im Auftrag der Bestohlenen stahl. Natürlich waren die Jacken noch rauszuschaffen, aber das würde kein größeres Problem mehr sein, da war er sicher. Plötzlich hielt er die Luft an. Irgendwas war falsch.

»Wo ist Dr. Watson?«, stieß er hervor, und Martina stand in der selben Sekunde aufrecht. Dr. Watson war nicht im Büro. Aber beide Türen waren geschlossen, die zu Hanni Webers Büro und die zum Gang. Martina öffnete die eine, Schlaicher die andere, aber Dr. Watson war nicht da.

»Verdammt, wo ist er hin?«, fragte sie, während Schlaicher feststellte: »Es muss jemand hier gewesen sein.«

»Wer soll das denn gewesen sein?«

»Keine Ahnung. Auf jeden Fall ist Watson weg, und wir müssen ihn finden.«

»Du bleibst hier«, raunte Martina ihm zu und verschwand, um im restlichen Gebäude nachzuschauen.

Schlaicher ging zum Warten in das Büro von Hanni Weber und begann aufgeregt, den zweiten Teil des abendlichen Raubzuges durchzuführen. Martina hatte ihm den Schlüssel für Hanni Webers Schrank gegeben. Sie würde Dr. Watson sicherlich finden. Da Schlaicher befürchtete, es würde vielleicht keine zweite Chance geben, den Vertrag von Dr. Frank einzusehen, konnte er die Wartezeit genauso gut stehlend verbringen.

Die rechte Hälfte des Schrankes war dicht gefüllt mit Aktenordnern. Die linke Seite hatte größere Fächer und eine hölzerne Abdeckung vor dem obersten Fünftel des Schrankes. Ein kleines Schlüsselloch zeigte, dass hier etwas Besonderes aufbewahrt werden konnte, und Schlaicher war sich sicher, dass das, was er suchte, in diesem Fach zu finden war. Aber es war abgeschlossen, und der Schlüssel in seiner Hand passte nicht.

Er hörte Martinas Stimme und schloss die Tür für den Fall, dass sie nicht allein war.

»Ja, komm, mein Schmausi. Du kleiner lieber Schatz.«

Als sich die Bürotür wieder geschlossen hatte, stürmte Schlaicher in den Nebenraum und lief dabei fast Martina in die Arme. Dr. Watson wedelte ihn an und grunzte, als wolle er ihm etwas erzählen.

»Ulli, der Nachtwächter, hat ihn gefunden«, sagte Martina und kniete sich zu Dr. Watson.

»Mist, dann ist alles vorbei?«

»Sei doch nicht so negativ. Ich hab es gradegebogen!«

»Was hast du ihm gesagt?« Schlaicher konnte es kaum glauben.

»Ulli hat heute Pallok bei der Abendtour geholfen. Weil der so geklagt hat wegen der Zwölfstundenschicht. Der ist dann gleich weg, nachdem er bei den Hallen gewesen war. Und Ulli hat hier die Räume kontrolliert.«

»Das hatten wir nicht eingeplant«, sagte Schlaicher. Martina nickte und streichelte dann weiter Dr. Watsons in die Luft gestreckten Bauch. Schlaicher kniete sich ebenfalls hin und streichelte mit, froh, dass seinem Hund nichts passiert war.

»Nein, war nicht eingeplant, dass jemand die Büros kontrolliert. Dem lieben Dr. Watson haben wir es zu verdanken, dass wir nicht aufgeflogen sind. Ulli hat nämlich nicht gewusst, was er machen soll, weil Watson gleich rausgerannt ist. Er hat ihn dann mitgenommen ins Pförtnerhäuschen, ohne sich hier genauer umzuschauen, was er sonst vielleicht gemacht hätte.«

Sie lachte, als sie bemerkte, dass Dr. Watson an den Pfoten kitzlig war. Er trat mit der entsprechenden Pfote aus und zog gleichzeitig seine Lefzen ein wenig hoch, was tatsächlich ein bisschen so aussah, als würde er grinsen.

»Ich habe ihm einfach gesagt, dass ich auf dem Klo war und dann Dr. Watson überall gesucht habe. Hat er mir abgenommen. Zum Glück mag mich Dr. Watson so, sonst hätte er mir vielleicht nicht geglaubt, dass er mein Hund ist. Eigentlich darf man hier keine Hunde haben, aber bei Überstunden freitagabends kann ja wohl keiner was dagegen haben, hab ich ihm gesagt. Ich glaube, Ulli findet mich süß.«

»Na super«, antwortete Schlaicher weniger enthusiastisch, als es hätte klingen können. Er führte Martina in Hanni Webers Büro zu dem Schrank.

»Wo ist der Schlüssel hierfür?«, flüsterte er und zeigte auf das verschlossene Fach.

»Den hatte sie immer in ihrem Portemonnaie.«

»Verdammt«, sagte Schlaicher und holte seine Tasche. Er nahm ein paar Dietriche an einem Schlüsselbund heraus.

»Schließvorlagen«, sagte er erklärend, »aber schon fast zwanzig Jahre alt. Ich hoffe, der Schrank ist so alt, wie er aussieht.«

Die nächsten fünf Minuten versuchte Schlaicher einen Schlüssel nach dem anderen, hatte aber keinen Erfolg. Schließlich gab er es auf und überlegte, wie er sonst an die Akte von Dr. Frank gelangen mochte.

Dann sprang Dr. Watson auf und schaute aufmerksam zur Tür in Martinas Büro. Schlaicher hörte jetzt auch Schritte. Martina reagierte blitzschnell. Zusammen mit Dr. Watson ging sie rüber in ihr Büro. Die Tür zu Hanni Webers Büro machte sie zu. Schlaicher blieb regungslos im Dunkeln stehen.

»N'oobe«, hörte er eine Männerstimme grüßen.

»N'oobe«, grüßte Martina zurück.

»Ich ha numme noonemool nochem Doggder luege wölle.«

»Das ist aber nett«, sagte Martina. Auch Watson schien sich zu freuen. »Dr. Watson geht es gut, wie du siehst. Willst du vielleicht ein Stück Kuchen?«, fragte sie.

Die Frau hat Nerven, dachte Schlaicher und war nicht sonderlich erbaut darüber.

»Do sag ich nid nai, aber numme schnell, ich muess jo uffem Boschte si.«

Aber sonderlich dringend schien er es dann doch nicht zu haben, zurück auf seinen Posten zu kommen. Der Nachtwächter brauchte bestimmt fünfzehn Minuten für den Marmorkuchen. Für Schlaicher bedeutete das fünfzehn Minuten absolute Regungslosigkeit hinter der Tür, während »d'r Ulli, die Wacht vom Dienscht«, mit Martina flirtete. Die wiederum klang so, als hätte sie vergessen, dass da jemand hinter der Tür stand, der langsam den Drang zur Toilette verspürte.

Endlich verabschiedete sich »d'r Ulli« wieder; ein paar Sekunden später öffnete sich die Tür und Martina kam mit Dr. Watson zu ihm rein.

»Super«, sagte Schlaicher gereizt.

»Das Beste, was passieren konnte«, fuhr ihm Martina schnell dazwischen, »jetzt haben wir erst mal Ruhe. Und nachher bekommen wir die Jacken ziemlich leicht raus. Wart es ab.«

Aber Schlaicher war schon wieder mit dem Schrankfach beschäftigt, das sich nicht öffnen lassen wollte. Aber er musste an die Papiere rankommen. Irgendwie hatte er das Gefühl, dass im so gut gehüteten Vertrag von Dr. Frank vielleicht die Lösung oder zumindest die nächste Spur zum Geheimnis um Hanni Webers Tod stecken konnte. Er zog und drückte an dem Schrank und bewegte ihn dabei leicht knarrend. Martina kam ihm zu Hilfe, und gemeinsam schafften sie es, den Schrank so weit vorzuziehen, dass Schlaicher bequem an die Rückwand kommen konnte. Vielleicht lag ja hier die Schwachstelle des Ganzen.

Tatsächlich, die Rückseite des Schrankes war nicht so hochwertig verarbeitet, wie man es sich als Käufer hätte wünschen können. Sie bestand aus einer dünnen Holzspanplatte, die in Metallschienen eingeschoben und mit kleinen Nägelchen im Holz der Seitenteile fixiert war. Schlaicher hatte eine Feinmechanikzange in seiner Tasche und begann, die Nägelchen zu ziehen, die direkt an der Rückseite des abgeschlossenen Faches angebracht waren. Währenddessen schob er mehrmals seinen Hund weg, der wohl meinte, sich ausgerechnet jetzt zu seinen Füßen zum Schlafen legen zu müssen. Es dauerte ziemlich lange, bis er alle Nägel gezogen hatte, zumal er leise sein musste, aber dann konnte er die Rückwand aus den Führungsschienen drücken und vorsichtig wegbiegen. So weit, dass er in den Schrank hineingreifen konnte, das Spanholz aber nicht brach. Das abgeschlossene Fach besaß keine separate Rückwand. Schlaicher fühlte ein paar Aktenordner und zog einen davon heraus.

Er hielt den Ordnerrücken in das schwache Licht, das von draußen hineinschien, und konnte die Aufschrift »Dr. Frank« erahnen.

»Gleich der Richtige«, freute er sich und nahm ihn mit rüber in Martinas Büro.

Etwa zweihundert Blatt Papier erwarteten ihn, und Schlaicher wusste, dass er keine Chance hatte, auf die Schnelle etwas zu finden. Er musste anders vorgehen. Es war Freitagabend und sehr unwahrscheinlich, dass ausgerechnet morgen jemand mit dem Schlüssel von Hanni Weber käme, um die Akte Dr. André Frank zu holen. Schlaicher beschloss, den Schrank von hinten notdürftig wieder zu verschließen und zurückzuschieben, ohne die Akte zurückzulegen.

»Martina, ich nehme die Akte mit und mache zu Hause Fotokopien. Vielleicht können wir sie morgen zurückbringen.«

»Muss ich bei dir auch samstags arbeiten?«, fragte sie und lachte.

Schlaicher und Martina schoben den Schrank wieder zurück an seinen alten Platz. Er hatte über die Zeit auf dem Teppich deutliche Abdrücke hinterlassen, und so fiel es nicht schwer, ihn wieder in seine exakte Position zu bringen.

Martina erklärte Schlaicher währenddessen, wie sie sich ihren Abgang vorstellte. Jetzt war alles ganz einfach. Damit »d'r Ulli« keinen Verdacht schöpfen würde, musste Dr. Watson mit Martina raus und Schlaicher separat. Draußen konnten sie sich dann treffen. Schlaicher ging in Hanni Webers Büro und wartete, während Martina die gefüllten Müllsäcke betont auffällig zu ihrem Wagen trug, den sie mit dem Kofferraum direkt an die Eingangstür gefahren hatte. Dr. Watson nahm sie gleich beim ersten Mal mit raus. Mit dem letzten Beutel, den sie hinaustrug, ging auch Schlaicher mit und hielt sich im Eingangsbereich in Deckung. Martina packte den Beutel in ihren Wagen, Dr. Watson saß auf dem Beifahrersitz, und dann ging Martina zum Pförtnerhäuschen. Schlaicher sah sie im Licht der Pforte mit dem Nachtwächter reden. Schließlich kam sie zurück, setzte sich in den Wagen und fuhr los.

Schlaicher schaute auf die Uhr. Es war Viertel vor zehn. Er wartete zwei Minuten, machte dann das Licht im Treppenhaus an und verließ kurz darauf das Gebäude. Mit seiner Tasche unter dem einen und Dr. Franks Personalakte unter dem anderen Arm ging er schnellen Schrittes auf das Pförtnerhäuschen zu.

»Guten Abend«, sagte er in Richtung des offenen Fensters.

»Guede Fiercobe«, wünschte »d'r Ulli«, ohne Schlaicher weiter zu beachten.

Er ging zu seinem Wagen, hinter dem Martina auf ihn wartete.

»Du bist echt eine Wucht«, lobte Schlaicher.

»Das erste Mal heute, dass du etwas Nettes zu mir sagst.«

»Kann nicht sein. Ich war die ganze Zeit nett zu dir.«

»Na ja, du warst nicht besonders nett, aber auch nicht besonders böse. Was sollen wir beiden denn jetzt noch machen mit dem angefangenen Abend?«

»Wir fahren zu mir, lagern die Jacken in der Garage, und dann lade ich dich noch auf einen Wein ein«, schlug Schlaicher vor.

Martina nickte selig.

ELF

Laura Weber trug nur ein durchscheinendes Tuch um ihre wohlgeformten Hüften geschlungen. Ihre Brüste wippten, als sie auf Schlaicher zulief, und ihr Lachen hallte tausendfach in seinem Kopf. Ihre langen blonden Haare wehten hinter ihr her wie ein Schleier. Schlaicher breitete die Arme aus, um sie zu empfangen. Sie war nur noch ein paar Meter entfernt, nur noch ein paar Schläge seines aufgeregten Herzens, dann war sie da, umschlang ihn und schmiegte sich an ihn, und Schlaicher hatte keine Angst mehr. Er wusste, sie beiden gehörten zusammen, auf immer und ewig, Ying und Yang ... Alpha und Omega ... (wenn da nur ihr Geruch nicht wäre) ... Ebony und Ivory ... Bonnie und Clyde ... (ihre Küsse waren viel zu feucht) ... Sherlock Holmes und ...

»Dr. Watson, lass dein Herrchen in Ruhe schlafen!«, hörte er eine Frauenstimme. Schlaicher öffnete die Augen und stemmte im gleichen Moment dreißig Kilogramm schlabbernden Hund von sich weg und vom Sofa hinunter. Mit einer Hand wischte er sich hektisch am Mund herum, wo Dr. Watson ihn abgeleckt hatte.

Warum liege ich auf dem Sofa, fragte sich Schlaicher. Eine Frauenstimme? Und die Frau war genauso wenig Laura, wie Dr. Watsons Zunge weibliche Leidenschaft bedeutete. Der legte sich jetzt vor das Sofa und schien nicht einmal ein schlechtes Gewissen zu haben.

Schlaicher zog die kratzige Wolldecke von sich und war nackt. Schockiert deckte er sich gleich wieder zu.

Langsam dämmerte ihm, was passiert war, langsam war er wach genug, um den gestrigen Abend zu rekonstruieren. Nachdem sie mit Dr. Watson draußen gewesen waren, hatten sie noch gefeiert. Eine Flasche Sekt und zwei oder drei Gläser Wein hatten sie getrunken. Den Auggener Schäf Regent, den Martina so mochte. Schlaicher hatte ihr sein Zimmer überlassen, um selbst auf der Couch zu übernachten. In seinem etwas desolaten Zustand hatte er, nachdem sie im Bett war, seine Kleider im Bad ausgezogen und gleich in den Wäschekorb gelegt, aber vergessen, sich neue mit hochzunehmen.

»Morgen!«, flötete Martina unten in der Küche.

»Morgen?«, kam eine fragende Antwort.

»Du musst Lars sein, stimmt's? Dein Vater hat schon eine Menge von dir erzählt. Willst du etwas frühstücken?«

»Ja, genau, Lars. Und wer bist du?«

»Martina. Dein Vater schläft noch, glaub ich. Magst du Rührei?«

»Hmm. Und Kaffee.«

Schlaicher schaute sich um, ob er nicht doch etwas zum Anziehen finden würde, aber da war nichts.

»Danke«, hörte er Lars sagen.

»Gern geschehen!«

Dann musste er sich wohl in die Decke einwickeln und nach unten gehen, durch die Küche, an Lars und Martina vorbei und dann etwas anziehen. Peinlich! Lassie aus dem Fernsehen würde von sich aus loslaufen und ihm etwas zum Anziehen bringen, aber Dr. Watson gehorchte ja nicht einmal bei Kommandos wie »Sitz«.

»Du willst aber nicht, dass ich jetzt Mama zu dir sage, oder?«, fragte Lars ironisch.

Martina lachte: »Nein, ich glaube, du verstehst da was falsch. Ich bin nur die neue Assistentin.«

»Ah so, Assistentin. Samstags früh in einem Hemd von Rainer. Und der schläft noch ...«

»Ja, klingt jetzt vielleicht ein bisschen seltsam, ist aber so.«

»Das stimmt!«, rief jetzt Schlaicher von oben. »Lars, komm mal bitte hoch.«

»Komm doch runter.«

»Nein, komm bitte hoch!« Schlaicher betonte das »bitte« mit einem entsprechenden Drängen.

»Guten Morgen, Rainer«, rief Martina von unten, als Lars die Treppe hochstapfte.

»Morgen«, antwortete Schlaicher und winkte seinen Sohn zu sich.

»Lars«, flüsterte er, »ich hab meine Klamotten unten in der Wäsche. Kannst du mir was hochbringen?«

Lars schaute ihn tadelnd an, ging dann aber nickend nach unten.

Als er zurückkam, trug er die Sachen aus dem Wäschekorb über dem Arm. Schlaicher hätte lieber etwas Frisches gehabt, aber darüber jetzt vor den Ohren Martinas mit Lars zu streiten, schien ihm dann doch zu viel. Er zog sich an, während Lars und Dr. Watson nach unten gingen, dem Duft von Kaffee und Rührei folgend, der jetzt auch Schlaicher erreichte.

»Wir haben gestern noch ein bisschen gefeiert«, sagte Martina, als auch Schlaicher an dem mit einer großen Kanne Kaffee, Orangensaft, einer Wurst- und Käseplatte und in kleine Schälchen gefüllten Marmeladen reich gedeckten Frühstückstisch saß. In der einzigen Vase, die er besaß, steckten rot-gelbe Dahlien. »Wir haben nämlich gestern einen großen Coup gelandet«, erklärte sie stolz.

Lars schaute auf und fragte kauend: »Du klaust auch?«

»Ja, zusammen mit deinem Vater. Aber nur noch beruflich!«, betonte sie, als sie Schlaichers mahnenden Blick bemerkte.

»Ich hätte schon bei dem Karstadt-Auftrag Hilfe brauchen können«, erklärte Schlaicher. »Martina ist perfekt für diesen Job, und wir werden ab jetzt probeweise zusammenarbeiten.«

»Ja, ja, schon klar«, antwortete Lars gelangweilt und trank einen Schluck Kaffee.

Plötzlich legte sich Martinas Hand auf Schlaichers Knie. Der hielt wie gelähmt in der Kaubewegung inne.

»Na, das fühlt sich gut an, mein Süßer, was?«, säuselte sie und bewegte ihren Arm. Aber das, was Schlaicher als ihre Hand auf seinem Knie identifiziert zu haben glaubte, blieb ruhig. Er schaute unter den Tisch und zog sein Bein weg, das Dr. Watson als Kopfstütze genutzt hatte, während Martina den Hund kraulte.

»Also«, sagte Martina und wandte sich wieder an Schlaicher, »was hast du mit der Akte von Dr. Frank vor?«

Lars aß scheinbar unbeteiligt weiter.

Schlaicher hatte gewusst, dass diese Frage kommen würde. Er kaute fertig, trank noch etwas Kaffee nach und lehnte sich dann zurück.

»Ich habe den Auftrag, herauszufinden, wer Hanni Weber getötet hat.«

»Aber wir sind keine Detektei«, bemerkte Martina sofort richtig.

»Nein, aber irgendwie denkt jeder, dass jemand, der Detektive schult, selbst auch einer sein muss. Und wenn es nur Kaufhausdetektive sind.«

»Und, wer war es?«, fragte Martina, sprach aber dann gleich weiter, als ihr etwas einfiel: »Hab ich dir noch gar nicht gesagt, oder? Gestern war der Kommissar da, der den Fall bearbeitet.«

»Schlageter? Der war bei dir?«

»In der Firma, nicht zum ersten Mal.

»Was wollte er?«

»Er hatte Termine bei den Chefs und war auch kurz bei mir unten. Wollte wissen, ob Hanni Weber in letzter Zeit besonders aufgeregt oder auch schon mal wütend auf jemanden gewesen sei.« Sie biss in ihr Nutellabrötchen.

»Ja und, was hast du gesagt?«, fragte Schlaicher ungeduldig.

»Dass sie sich sehr auf das Basset-Treffen gefreut hat und sich nach der Sache mit dem toten Hund eingeredet hat, es sei ein Hundemörder unterwegs.«

»Wie kam sie da eigentlich drauf?«, fragte Lars dazwischen.

»Was meinst du?«, fragte sein Vater.

»Na, wie kommt sie darauf, dass jemand Bassets umbringen will? Ist doch eigentlich ziemlich weit hergeholt.«

Schlaicher nickte, und auch Martina sah man an, dass sie nach einer Erklärung suchte.

»Stand doch in der Zeitung, oder?«, sagte Schlaicher halbherzig.

»Da stand, dass der Hund ertrunken ist, und Frau Palovecz glaubt, das hätte nicht von allein passieren können. Aber ihr Mann hat beim Basset-Treffen gesagt, dass die Hunde schon öfter mal die Abdeckung aufbekommen haben.«

Schlaicher und Martina schauten Lars an, der jetzt sein drittes Brötchen aufschnitt.

»Hanni Weber war eine alte Dame. Da hat man schnell mal irgendwelche seltsamen Ideen«, sagte Martina.

Lars schüttelte den Kopf, und Schlaicher sagte: »Eine so standfeste Frau, die ihren Neffen vor meinen Augen nach allen Regeln der Kunst runtergeputzt hat, die Königin von Weber Textilien? Also senil war sie nicht, und so weit ich sie kannte auch nicht außergewöhnlich sonderbar. Eher eine sehr realistische Person.«

»Du hast recht«, sagte Martina zu Schlaicher.

»Vielleicht hat ihr ja jemand eingeredet, dass ein Hundemörder unterwegs ist?« Lars belegte sein Brötchen mit Salami und biss dann herzhaft hinein, um sich gleich darauf noch Rührei auf seinen Teller zu schaufeln. Schlaicher staunte manchmal darüber, wie viel sein Sohn essen konnte, ohne ein Gramm zuzunehmen.

»Höchstens der Mörder hätte sie das glauben lassen können. Sozusagen als Vorbereitung ihres Herzens auf baldiges Ableben. Aber das hätte sie sicherlich jemandem erzählt.«

»Vielleicht Hermann Weber, ihrem Neffen«, tippte Martina.

»Oder dieser Laura, die ist doch auch mit ihr verwandt«, fügte Lars hinzu.

Schlaicher lehnte sich zurück. »Oder Frau von Enkstein. Die beiden sind zwar nicht verwandt, aber waren ein Paar«, ließ er nun die Katze aus dem Sack.

Mit dem letzten Satz hatte Schlaicher eine Lawine von Fragen losgetreten. Martina konnte sich nicht vorstellen, dass ihre Chefin lesbisch gewesen sein sollte, obwohl ihr die Idee irgendwie gefiel. Aber sie führte den Ehemann von Hanni Weber an.

Die Geschichte um ihn, den Bruder Johanna von Enksteins, und die Beziehung der drei, die Schlaicher daraufhin erzählte, fand insbesondere bei Lars großes Interesse.

»Wenn es ihr tatsächlich jemand eingeredet hat, dass ein Basset-Mörder unterwegs ist, dann hat sie bestimmt mit ihrer Freundin«, Martina betonte das Wort, »Johanna von Enkstein darüber gesprochen. Wir müssen sie fragen.«

»Das müssen wir, richtig. Und ich glaube, liebe Martina, das wird dein erster Job sein. Ich werde in der Zwischenzeit die Akte von Dr. Frank durchgehen.«

»Gut«, stimmte Martina zu, »aber zuerst sagst du mir noch, was Dr. Frank deiner Meinung nach mit dem Mord zu tun hat.«

»Das weiß ich erst mit Sicherheit, wenn ich die Akte durchgearbeitet habe.«

Keiner von ihnen kannte die Adresse Johanna von Enksteins. Bei Webers wollte Schlaicher nicht nachfragen, auch nicht bei den Schwalds, ihren Dienstboten. Stattdessen nahm er das Kärtchen aus dem Fotokopiererfach und ließ Martina bei Kurt Hoppendahl anrufen. Irgendwie hatte er es im Gefühl, dass auch bei Frau von Enkstein eine Maschine von Kurt stand und wahrscheinlich verstaubte oder, wie bei ihm, als Blumenbank diente.

»Du hattest recht, Rainer«, rief Martina von unten, als Schlaicher im oberen Stock gerade versuchte, sich auf die Akte von Dr. Frank zu konzentrieren, »er hat mir die Adresse gegeben. Der ist doch gar nicht so nervig, wie du sagst. Viele Grüße und so. Ich fahr jetzt.«

»Mach das, aber sei nett zu der alten Dame. Sie trauert.«

Schlaicher las zum dritten Mal ein Zeugnis, das ein früherer Arbeitgeber Dr. Frank ausgestellt hatte. Toller Mitarbeiter, blablabla, zu unserer vollsten Zufriedenheit, blablabla.

»Rainer?« Es war Lars' Stimme.

»Ja?«, fragte Schlaicher leicht genervt.

»Ich muss mit dir sprechen.«

Oh Gott, dachte Schlaicher, das klang, als sei etwas Schlimmes passiert. Er hoffte nur, dass das Schicksal ihn davor bewahrte, jetzt Großvater zu werden.

Lars kam nach oben und setzte sich auf den Sessel. Der vor ihm liegende Dr. Watson stemmte sich auf und ließ sich genau zwischen sie fallen. Dann schlief er erschöpft wieder ein. Sein Rudel war komplett, er war glücklich.

»Wann weiß man, ob man jemanden liebt?«

Schlaicher versuchte, äußerlich ruhig zu bleiben. Insgeheim bekam er gerade eine der schlimmsten Panikattacken, die er je gehabt hatte. Jetzt bloß nichts falsch machen, ermahnte er sich. Mein erstes Vater-Sohn-Gespräch.

»Also, Liebe«, begann er mit einem tiefen Seufzer, »man weiß, dass man jemanden liebt, wenn man zum Beispiel von der Person träumt.«

Er dachte an seinen heutigen Traum von Laura, der leider von Dr. Watson auf sehr unangenehme Art und Weise unterbrochen worden war.

Lars reichte das verständlicherweise noch nicht. Er wartete aufmerksam, während Schlaicher sich den nächsten Satz zurechtlegte: »Wenn man möchte, dass es einer bestimmten Person immer gut geht.«

Trat da bereits die erste Langeweile in den Blick seines Sohnes?

»Wenn man sich auch nach dem Sex nichts sehnlicher wünscht, als mit dieser Person für immer zusammen zu sein.«

Die Langeweile in Lars' Blick machte Aufmerksamkeit Platz.

»Aber«, fragte er, »muss Liebe immer für so lange sein? Für ewig?«

Schlaicher, glücklich und beruhigt, dass sich seine schlimmsten Befürchtungen nicht bewahrheiteten, schlug seine Beine übereinander und nahm sich vor, dieses Gespräch nicht krampfhaft zu einem Vater-Sohn-Gespräch zu machen, sondern es wie ein Gespräch unter Männern zu führen, von Freund zu Freund.

»Ja, es gibt auch Gefühle, die nicht für immer sind. Klar. Aber ob das wirklich Liebe ist? Vielleicht eher Verliebtheit«, sagte er und klopfte sich innerlich auf die Schulter für diesen klugen Satz.

»Gibt es denn so was wie ewige Liebe überhaupt?«

»Ach, Lars. Wenn ich das wüsste. Manche sagen, dass es sie gibt. So richtig für immer. Ganz alte Paare, die seit was weiß ich, seit fünfzig Jahren verheiratet sind und sagen, sie lieben sich wie am ersten Tag. Aber es weiß auch keiner, ob es wirklich immer nur Liebe war, weshalb sie zusammengeblieben sind. Vielleicht kann man ja auch aus Gewohnheit lieben?«

Lars nickte langsam und bereitete seine nächste Frage vor.

»Warum …« Er blickte zu Boden. Schlaicher ahnte, was folgen würde. Die Frage, die ihm am meisten Angst machte. Und tatsächlich. Lars fragte weiter: »Warum haben Mama und du, also … warum habt ihr euch getrennt?«

Schlaicher lachte nervös, riss sich aber schnell wieder zusammen.

»Das ist keine leichte Frage. Das ist sogar eine sehr schwere Frage, Lars. Deine Mutter … Nein, so will ich besser nicht anfangen.« Schlaicher fuhr sich mit der Hand übers Gesicht. »Neuer Anfang: Gegenfrage: Du kennst Romeo und Julia?«

»Ja, haben wir letztes Jahr in Englisch gelesen.«

»Und, wie fandest du es?«

»Ganz okay. Aber wir mussten zu viel analysieren. Das hat der Geschichte nicht gutgetan.«

»Romeo und Julia sind *das* große Liebespaar. Aber meiner Meinung nach sind sie es nur deshalb, weil sie am Ende tragisch sterben. Stell dir Romeo und Julia nach zehn Jahren Ehe vor. Sie haben zwei Kinder, sie ist ein bisschen aufgegangen nach den Kindern, und er trägt auch einen Bierbauch mit sich rum. Alles, was spannend war am anderen, kennt man schon, man schätzt viele der Eigenschaften, aber manche gehen einem auch auf den Geist. Sagen wir, Romeo zieht immer noch viel zu oft mit seinen Freunden um die Häuser, und Julia wird langsam eifersüchtig, ein richtiges Biest vielleicht …«

Schlaicher hatte sich richtig schön in Fahrt geredet, aber Lars brachte ihn zum Thema zurück.

»Rainer, was war bei Mama und dir?«

»Na ja, das, was ich gesagt habe. Ich bin zu viel um die Häuser gezogen, deine Mutter hatte auch ihre Interessen, aber wir sind mehr und mehr einzeln unseren Weg gegangen. Wir waren beide eifersüchtig und haben uns beide einen Fehltritt erlaubt. Und dann hatten wir die Basis verloren. Das Vertrauen.«

»Ich glaube, ich liebe Sarah nicht«, sagte Lars, ohne auf seinen Vater einzugehen.

»Sie ist ein hübsches Mädchen.«

»Sie ist sogar sehr hübsch. Ich wollte sie zeichnen, weißt du? Eigentlich wollte ich sie nur zeichnen.«

Schlaicher sagte nichts, und auch sein Sohn schwieg.

»Du bist nicht glücklich hier«, bemerkte Schlaicher schließlich, als die Pause zu lang zu werden drohte.

Lars schüttelte den Kopf. »Nicht wirklich«, sagte er leise.

»Das ist sehr schade. Ich hatte gehofft, dass dich das Mädchen glücklicher macht.«

»Macht sie ja auch, aber ich weiß nicht, ob ich gut bin für sie. Weißt du, Sarah ist super, aber sie ist so …«, er suchte nach dem richtigen Wort, »keine Ahnung, normal, lieb, treudoof. Ich weiß es nicht.«

»Das sind aber drei verdammt unterschiedliche Begriffe. Meinst du, du bist nicht gut für sie oder sie nicht gut genug für dich?«

»Keine Ahnung.«

»Was sagt sie dazu?«

»Ich hab nicht mit ihr gesprochen. Sie war ja krank. Ist auch, na ja, irgendwie unfair, oder?«

»Ich finde, du solltest mit ihr darüber sprechen. Eines habe ich aus der Ehe mit deiner Mutter gelernt: Nicht über etwas zu sprechen ist unfair. Miteinander zu reden allerdings finde ich ziemlich fair.«

»Danke. Du bist okay«, sagte Lars und stand auf.

»Du auch«, sagte Schlaicher. »Danke, dass du gekommen bist«, rief er ihm noch hinterher, aber sein Sohn reagierte nicht mehr darauf.

Schlaicher brauchte nicht lange, um die Akte von Dr. Frank durchzuarbeiten. Seine Zeugnisse, angefangen von seiner Hochschulreife

über seinen Magister und seine Promotion, zeigten, dass er ein mehr
als vorbildlicher Schüler und Student gewesen war. Weitere Zeugnisse, teilweise von namhaften Firmen und Konzernen, sprachen
immer von »großem Bedauern, den wertgewonnenen Mitarbeiter
zu verlieren«. Es war stets sein eigener Wunsch gewesen, wie Schlaicher feststellte, eine Firma zu verlassen. Und immer, um sich beruflich zu verbessern. So weit, so gut. Da steckte noch nichts wirklich
Interessantes drin. Schlaicher schaute sich die nächste Rubrik an,
den Vertrag.

Die Vergütungsstruktur des früheren Philosophiestudenten war
allerdings eine Überraschung. Fünfhunderttausend Deutsche Mark
waren als Jahresgehalt vereinbart worden, dazu ein Dienstwagen
und eine großzügige Firmenrente. Das war weit mehr, als Schlaicher
erwartet hatte. Fast schon ein Topmanagergehalt.

Sicherlich hatte es seit Vertragsbeginn noch Gehaltsanpassungen
gegeben. Und tatsächlich fand er weiter hinten die entsprechenden
Vereinbarungen, die alle von Hanni Weber unterschrieben worden
waren. Dass er so viel verdiente, sprach auf jeden Fall dagegen, dass
der gute André des Geldes wegen seine ganze Philosophie den Bach
runtergehen lassen würde, auch wenn eine Umstrukturierung der
Gesellschaftsform nicht sein Schaden sein würde. Es war vereinbart,
dass an der Struktur als Familienbetrieb zunächst aber festgehalten
werden sollte: »Die Unterzeichnenden stimmen zu, dass Weber
Textilien GmbH in Familienbesitz der Familie Weber verbleibt.
Dies wird bis zum Tod der Inhaberin gewährleistet. Sollte bereits
vorher die Gründung einer Aktiengesellschaft notwendig werden,
um die Unternehmung am Leben zu erhalten, kann die Umgestal-
tung mit Einverständnis der Inhaberin vorgezogen werden.« Aha,
also übersetzt: Solange Hanni Weber lebt, bleibt Weber Textilien als
GmbH in Familienbesitz. Nach ihrem Tod kann eine Umwandlung
stattfinden, wenn das Unternehmen Geld braucht. Aber solange sie
lebt, hat sie das letzte Wort.

Schlaicher las weiter. Erstaunlich oft für einen Arbeitsvertrag
tauchten Begriffe wie »Sanierung« oder »Strukturierungsauftrag«
auf. Es klang so, als sei die Firma Weber Textilien schon bei der Ein-
stellung Dr. Franks in Schwierigkeiten gewesen. Wie er aus anderen
Unterlagen ersehen konnte, war Dr. André Frank seinem Vorgänger-
unternehmen, ebenfalls einem Textilbetrieb, abgeworben worden.

Weber Textilien hatte sich sogar bereit erklärt, eine Konventional-strafe in Höhe von vier Monatslöhnen des neuen Geschäftsführers zu zahlen. Das waren immerhin über einhundertsechzigtausend Mark, ein heftiger Batzen Geld ... Aber für Schlaicher bedeuteten ja auch zweitausend Euro schon einen Batzen, das musste nicht viel heißen.

Dr. Frank sollte also den Laden wieder auf Vordermann bringen, durfte ihn allerdings nicht umwandeln. Erst nach dem Tod Hanni Webers war das erlaubt, aber nur mit dem Einverständnis von Hermann Weber. Die Anteile waren genau geregelt. Und der nächste Satz ließ Schlaicher erneut aufmerken: »Der Unterzeichnende verpflichtet sich, wie Herr Hermann Weber, die Stammaktien für mindestens fünf Jahre ruhen zu lassen. Dies bedeutet, dass kein Besitztransfer durch Verkauf, Schenkung, als Leihgabe oder sonstige Übertragung möglich ist.«

Schlaicher lehnte sich zurück. Er las diesen Satz noch einmal und noch einmal, und ganz allmählich wurde ihm dessen Tragweite klar. Fünf Jahre lang muss jeder nach der Umfirmierung zur AG seine Aktien behalten. Dann passte doch gar nicht, was Hermann Weber gesagt hatte, dann konnte er Laura gar nicht mit den Aktien ausbezahlen nach einer Scheidung ...

Aber da war noch etwas. Eine andere Klausel besagte, dass Dr. Frank verpflichtet war, aus einem Anteil seines Geschäftsführergehalts Rücklagen zu bilden, um damit seine Aktienoptionen kaufen zu können. Deswegen diese immense Summe, dachte Schlaicher, nach den Steuern, sonstigen Abgaben und der Rücklagenbildung kam so viel dann auch nicht mehr netto raus für den Doktor. Die Rücklagen mussten der Inhaberin, also Hanni Weber, jährlich nachgewiesen werden. Sollten bei diesen Überprüfungen Ungenauigkeiten auftreten, so hatte sich Dr. Frank Weber Textilien gegenüber zu einer Vertragsstrafe verpflichtet, die so hoch angesetzt war, dass zumindest Schlaicher dafür morden würde.

Das nannte Schlaicher Motivationssteigerung: Arbeite hart, verdiene viel Geld, aber du bekommst alles nur, wenn du abwartest und das tust, was die Königin als richtig ansieht. Dann arbeitest du als neuer König noch mal fünf Jahre hart und kannst dich dann zur Ruhe setzen.

Schlaicher klappte den Ordner zu. Auf der einen Seite hatte er

155

herausgefunden, dass Hermann Weber ihn belogen hatte. Denn so einfach, wie der es gesagt hatte, war es für Dr. Frank nicht, Weber Textilien zu einer AG umzuwandeln. Hermann Weber war nicht so ohnmächtig, wie er vorgegeben hatte. Auf jeden Fall machte es ihn verdächtig, dass er gelogen hatte.

Auf der anderen Seite war auch für Dr. Frank ein Motiv aufgetaucht. Vielleicht steckte er in finanziellen Problemen und war an die Rücklagen gegangen, hatte das Hanni Weber gegenüber aber nicht vertreten wollen. Oder er hatte keine Vertragsstrafe riskieren wollen. Mordet ein Doktor der Philosophie wegen Geld?

Als es klingelte, hob Dr. Watson, der sich mittlerweile wieder neben Schlaicher auf den Boden gelegt hatte und schnarchte, müde seinen Kopf, dann folgte er Schlaicher nach unten, um zu sehen, wer da kam.

Martina kann es noch nicht sein, dachte Schlaicher und nahm den Hörer der Sprechanlage ab.

»Ja?«

»Mach uff. Erwin.«

»Komm hoch.«

Erwin Trefzer trug wie meistens eine Jeans und ein Hemd. Das Hemd kannte Schlaicher, es hing auch bei ihm im Schrank, so ungetragen, wie es auch in zehn Jahren noch sein würde. Bunt war das Wort, das es am besten zu charakterisieren imstande war. Manch einer hätte vielleicht »schrill« zu dem orange-azurblauen Muster gesagt. Schlaicher wusste nicht mehr genau, wie viel er Trefzer dafür gezahlt hatte, aber es war jedenfalls eines der günstigeren »Schnäppchen« gewesen.

Etwas anderes war viel auffälliger an seinem Nachbarn.

»Komm rein«, sagte Schlaicher. Dr. Watson freute sich, wurde aber enttäuscht, als der nette Mann ihn nicht wie gewohnt streichelte. Stattdessen ging Trefzer in Richtung Küche und setzte sich an den Tisch.

»Was ist passiert?«, fragte Schlaicher und zeigte auf Trefzers rechte Hand, die in einem frischen Gipsverband steckte.

»Gottverdammi nomol, verreggte Schiißdreck«, fluchte Erwin Trefzer so laut, dass Dr. Watson sich aus der Küche verzog.

»Was ist denn los?«, insistierte Schlaicher erneut.

»Die hämmer d'Hand broche, die Sauhünd, die Huurebögg.«
Trefzer atmete tief durch. »Die haben mir die Hand gebrochen«,
wiederholte er gereizt auf Hochdeutsch.

»Was? Wer?«

»De Kärle, de mit em Romero do g'si isch, also der, der mit Romero da war. Häsch e Schnaps?«

Schlaicher hatte, obwohl er so starkes Zeug nicht gern trank.
Trefzer hatte ihm kurz nach seinem Einzug eine Flasche ange-
dreht ...

Schlaicher war so schockiert, dass er erst aufhörte einzugießen,
als schon etwas von dem Schwarzwälder Kirschwasser übergelau-
fen war. Trefzer kümmerte sich nicht darum, sondern nahm das
Glas und kippte es mit einem Schluck weg.

»Stinksauer bin ich«, schimpfte er, bevor er das leere Glas wieder
auf den Tisch schlug.

»Was genau ist passiert?«

»Der Messertyp«, begann Trefzer und versuchte, sich mit der
Linken noch einen Schnaps einzuschenken, »geschtern z'Obe isch
der nomol bi mir g'si.«

Die linke war seine falsche Hand. Auch er schüttete Schnaps daneben, sodass sich bereits eine ansehnliche Pfütze auf dem Tisch bildete.

»Diesmal war nicht der Romero dabei, sondern ein anderer.
Aber größer als der mit dem Messer. Und so breit wie der Romero
war der, du chennsch e jo.«

»Und?«

Trefzer trank sein Glas aus und knallte es erneut auf den Tisch.

»Nid viel. Die sind in die Scheune gekommen und haben mir
gleich ein Messer an den Hals gesetzt. ›Du vergisst die Jacken für
immer. Das ist die letzte Warnung‹, hat der mit dem Messer gesagt,
und der andere hat mich geknebelt. Und dann hatte der eine Stange
und hat die mir aufs Handgelenk gehauen. Damit ich mich ans Vergessen auch gut erinnere, hat er gsait.«

Trefzer schüttelte sich bei der Vorstellung und schaute auf seine
eingegipste Hand.

»Das gibt es doch nicht.« Schlaicher schüttelte fassungslos den
Kopf.

»Des han i au denkt. Und dann sind sie fort.«

»Oh Gott, das tut mir so leid, Erwin. Aber ich habe wirklich nicht gesagt, dass du mir Romero genannt hast.«

»Auf dich bin ich doch gar nicht böse«, sagte Trefzer noch ruhig, aber dann schrie er los: »Aber wenn ich die verwütsch', dann brich ich dene au öbbis! Ich schlaa sie grad abenand in die Middi!« Und damit schlug er mit seiner gesunden Hand auf den Tisch, dass die Schnapsflasche umfiel und am Boden zerschellte.

Diesmal verstand Schlaicher auch ohne Übersetzung, dass Trefzer wirklich mächtig sauer war.

»Was ist denn hier los?«, fragte Lars, der aus seinem Zimmer gelaufen kam.

»Nichts. Ist gut. Nur eine Flasche umgefallen«, sagte Schlaicher beschwichtigend und begann, die großen Scherben aufzusammeln.

»Hallo, Herr Trefzer«, sagte Lars vorsichtig.

»Die haben mir die Hand gebrochen!«, sagte Trefzer und hielt die Rechte als Beweis hoch. Dass die Flasche zu Boden gefallen war, schien ihn nicht zu stören.

»Was?«, fragte nun auch Lars ungläubig. »Wer?«

»Halt Dr. Watson fest. Der soll nicht in die Scherben treten!«, rief Schlaicher. Lars hielt den Hund, während sein Vater die Scherben und den Schnaps wegwischte und Trefzer seine Geschichte noch einmal erzählte.

»Ich glaube, ich hab die beiden gestern Abend gesehen«, sagte Lars. »Der eine war eher dünn, der andere so ein Bodybuildertyp. Die kamen aus Richtung Rathaus zu Fuß. Ich hab zum Fenster rausgeschaut. So gegen neun. Wenn die Polizei Zeugen braucht …«

Trefzer wackelte mit dem Kopf hin und her: »Nai, ich bin nid so für'd Bolizei, ich bi numme bim Dokt'r gsii.«

»Beim Arzt«, übersetzte Lars für Schlaicher, der das aber verstanden hatte.

»Hab dem gesagt, dass ich uff d'Schnuure gfloge bin. Hab ich meiner Frau auch gesagt, dass du dich nicht verschwätze sollsch. Die macht sich sonst nur noch mehr Sorgen, und das ist nicht gut für sie. Außerdem sind die Sauhünd sowieso aus der Schweiz. Da bringt die deutsche Polizei auch nicht so viel. Rainer, du musst vorsichtig sein. Ich hab nichts von dir gesagt, natürlich nicht, aber die Typen sind nicht lustig. Wenn du dene trotzdem in die Quere kommsch, dann gib acht. Und wenn du channsch, mach sie kaputt!«

»Aber wie kommt denn jemand auf die Idee, dir wegen ein paar Jacken die Hand zu brechen?«, fragte Schlaicher.

Die Hand zu brechen ... ging es Schlaicher durch den Kopf, die Hand zu brechen. Das kam ihm so bekannt vor. Weber! Hermann Weber hatte auch seine Hand gebrochen. War das Zufall?

Auch nachdem Trefzer wieder gegangen war, ließ die Sache Schlaicher keine Ruhe. Gab es da vielleicht einen Zusammenhang zwischen zwei gebrochenen Händen? Zumindest eine Verbindung war klar zu erkennen. Es ging um Weber Textilien, es ging um die gestohlenen Jacken. Hatte Weber etwa selbst etwas damit zu tun? Er hatte gewollt, dass Schlaicher die Sache fallen ließ. Aber er hatte auch einen guten Grund dafür, oder? Immerhin war seine Tante ermordet worden, und er wollte den Mord aufgeklärt sehen ...

Er würde der Sache weiter nachgehen.

Martina schaute Schlaicher skeptisch an, als sie von ihrem »ersten echten Auftrag« zurückkam, wie sie es stolz nannte. Sie rümpfte ihre kleine Nase.

»So früh so viel Schnaps?«, sagte sie, und Schlaicher musste erst einmal erklären, was passiert war.

»Jetzt erzähl endlich«, forderte Schlaicher sie auf. Auch Lars war wieder aus seinem Zimmer gekommen und saß bei ihnen am Tisch. Schlaicher genoss es, dass sein Sohn ihn offenbar allmählich als eine Art Freund akzeptierte.

Nachdem Martina endlich das richtige Haus in Zell gefunden hatte – »Villa« wäre ein passenderer Begriff für dieses Jugendstilgebäude gewesen, das allerdings schon etwas heruntergekommen wirkte –, hatte die Zugehfrau von Frau von Enkstein die Tür geöffnet und Martina zu der alten Dame gebracht.

Martina hatte sich Frau von Enkstein als Sekretärin von Hanni Weber vorgestellt, und sie hatten in einem großen, herrschaftlichen Raum, der sich über zwei Stockwerke zu erstrecken schien, eine Tasse Tee getrunken.

»Übrigens: Der zweite Hund von Hanni Weber ist jetzt bei Frau von Enkstein.«

»Echt? Wollten die Webers den nicht behalten?«, fragte Lars.

»Nein, außerdem ist es besser für Athene, mit anderen Hunden zusammenzusein. Ist trotzdem ganz abgemagert, das arme Hundchen.«

Johanna von Enkstein war zunächst sehr reserviert gewesen. Erst als Martina ihr einen Hinweis darauf gab, dass sie über ihre Beziehung zu Frau Weber Bescheid wusste, begann sie zu weinen, wie befreit von der Last des Geheimnisses.

»Und, hast du sie gefragt, ob Hanni Weber mit ihr darüber gesprochen hat, wer ihr das mit dem Basset-Mörder ins Ohr gesetzt hat?«, fragte Schlaicher ungeduldig.

»Ja, habe ich«, sagte Martina. »Sie hat gesagt, dass Hanni Weber sehr aufgeregt war deshalb. Aber sie wusste auch nicht, woher die Idee zuerst kam. Hanni hat wohl mehrfach zu Hause darüber mit ihrer Familie gesprochen. Sie hat den Schwalds auf einen Tipp von Laura Weber hin auftragen lassen, vorsichtig zu sein. Und Hermann Weber hat wohl öfter gesagt, dass man diese Basset-Mörder streng bestrafen müsse.«

»Seltsam ...«, überlegte Schlaicher laut. Offenbar hatten Hermann Weber und seine Frau Laura beide den doch eher abwegigen Gedanken bei Hanni vertieft. Bedeutete das, dass sie gemeinsame Sache machten? Hatten beide ihre Tante zu Tode erschrecken wollen?

Irgendwie ergab das alles keinen Sinn. Auch nicht zusammen mit Trefzer und seiner gebrochenen Hand. Und nicht mit dem Vertrag von Dr. Frank. Irgendwo musste noch ein Bolzen herumliegen, der alle diese Teile zusammenhalten konnte. Ohne diesen Bolzen jedoch hielt kein Teil am anderen.

»Hallo, Erde an Rainer«, sagte Martina, um Schlaichers Aufmerksamkeit wieder auf sich zu lenken.

»Ja?«

»Als wir gerade darüber gesprochen haben, hat es an der Tür geklingelt. Rate mal, wer kam!«

»Hermann Weber«, tippte Lars.

»Laura Weber«, tippte Schlaicher.

»Nein. Kommissar Schlageter und sein Assi. Du sollst dich aus dem Fall raushalten, lässt er dir ausrichten.«

»Du hast ihm gesagt, dass du jetzt für mich arbeitest?«

»Ja. Tue ich doch auch. Oder war das falsch?« Martina lächelte so unschuldig wie eine Klosterschülerin. »Er hat gemeint, du solltest dir bloß keine Hoffnung auf die Belohnung machen, die Weber Textilien ausgesetzt hat.«

»Belohnung?«, fragte Schlaicher erstaunt.

Zehntausend Euro für Hinweise, die zur Ergreifung des Täters führen, hat er gemeint. Aber das wüsstest du wahrscheinlich.«

»Gar nichts weiß ich. Was wollten die bei Frau von Enkstein?«

»Meinst du etwa, das hätten sie mir gesagt?«

»Nein, wahrscheinlich nicht.«

ZWÖLF

Der Anruf kam wie bestellt. Schlaicher verschwand mit dem Telefon in seinem Schlafzimmer, während Martina sich weiter mit Lars unterhielt. Er wollte mit Laura sprechen, ohne dass die beiden ihn hören konnten.

»Es tut mir leid, wenn ich störe«, sagte sie.

»Nein, das tun Sie nicht. Im Gegenteil. Ich freue mich sehr.«

»Es ist eine Schande.«

»Was?«, fragte er.

»Dass wir uns unter so unsagbaren Verhältnissen kennengelernt haben.« Ihre Stimme war weich und schmeichelnd. Trotzdem oder gerade deshalb zögerte Schlaicher. Er sah sie vor sich, grazil und verletzlich, die offenen langen Haare umflossen das göttliche Gesicht, die tiefen blauen Augen mit einem Blick so scharf wie ein Schwert und doch so sanft wie ewig währender Frieden. Schlaicher musste etwas sagen.

»Ja, äh, das ist richtig«, war alles, was er herausbrachte.

Sie lachte. »Ich mache Sie verlegen«, bemerkte sie.

»Äh, nein, nein. Also, vielleicht doch ein wenig.«

»Wir müssen uns treffen. Ich brauche jemanden. Ich brauche«, die Pause war genau von der richtigen Länge, um sexy zu wirken, »dich.«

»Wo sollen wir uns treffen?«, fragte Schlaicher verwirrt und dachte gleichzeitig: Nicht bei mir, nicht bei mir!

»Kommst du zu mir? Hermann ist mit André unterwegs und kommt erst in drei Stunden zurück. Und die Schwalds haben frei. Ich bin allein zu Hause.« Der letzte Satz klang wie ein Versprechen.

»Warten Sie auf mich.«

»Ich warte auf dich.«

Die Sonne war heute kaum zu sehen, dunkle Wolken türmten sich am Himmel, doch es blieb trocken. Die Temperaturen waren jedoch so weit gesunken, dass Schlaicher froh darüber war, seine Weber-Jacke angezogen zu haben. Er hatte sich auf der Fahrt ein paar Fragen zurechtgelegt, die er Laura stellen wollte. Aber als sie die Tür öffnete, vergaß er sie sofort wieder. Laura sah unbeschreiblich schön aus. Sie sah aus wie in seinen Träumen, so perfekt, wie nur ein Wunder sein konnte. Ihre Zunge fuhr über ihre Lippen, und das erregte Schlaicher dermaßen, dass er auf der Schwelle stolperte und ihr entgegenfiel.

Laura Weber lachte, und auch Schlaicher musste anfangen zu lachen.

»Du, äh, Sie wollten mit mir reden«, sagte er, nachdem er seinen Frontera in die Garage gestellt hatte, wie Laura es von ihm gewünscht hatte. Er versuchte, so sachlich wie möglich zu klingen, und sich nicht anmerken zu lassen, wie aufregend er ihr Dekolletee fand.

»Sag ruhig du. Kannst du dir nicht vorstellen, was ich von dir will?«

Schlaicher hatte eine mehr als konkrete Vorstellung davon, was Laura von ihm wollen könnte, eine Vorstellung, die ihm auf der Fahrt hierher bereits zu schaffen gemacht hatte. Sein Herz schlug schneller, und er spürte seine Hände feucht werden.

»Sag es mir«, insistierte Laura und stand plötzlich ganz nahe an ihm. Ihre rechte Brust berührte seinen Arm. Schlaicher wollte etwas erwidern, brachte aber kein Wort hervor. Seine Lippen waren bedeckt von ihren, und ihre Münder verschmolzen miteinander. Sie umarmten sich, und Schlaicher spürte ihren Körper jetzt an seinem.

Lauras Lippen wanderten zu seinem Nacken, bissen ihn sanft und näherten sich seinem Ohr. Seine Hände fanden ihren Weg unter den Pullover Lauras und streichelten ihren geschmeidigen Rücken. Sie trug keinen BH.

»Du bist ein guter Dieb«, hauchte sie in sein Ohr, und der warme Hauch ließ ihn erzittern, »du hast mein Herz gestohlen.«

Damit war es um Schlaicher geschehen. Wellen der Lust trieben sie in den ersten Stock. Als sie oben ankamen, waren sie beide nackt. Das große Himmelbett war nicht gemacht. Sie warfen sich darauf, und Schlaicher wünschte sich, mehr Hände zu haben. Auch ihre Hände waren überall und ihre langen Beine hielten ihn gefangen in einem Käfig, bei dem Schlaicher nicht an Flucht denken wollte.

Das Telefon auf Lauras Nachttisch läutete, aber sie ignorierten

163

es. Ihre Beine umschlangen ihn fester und drückten ihn tiefer in sich. Und dann war es passiert.

Schlaicher öffnete die Augen, Laura hatte den Kopf zur Seite gedreht, schaute in Richtung des Telefons. Da redete jemand, bemerkte Schlaicher. Anrufbeantworter.

»... bin in fünf Minuten da. Wo steckst du denn? Okay. Dann bis gleich.«

Schlaicher sah Laura erschrocken an, und sie wand sich aus seiner Umarmung, stand auf und begann, sich anzuziehen.

»Mist, was machen wir jetzt?«, sagte er und sprang auf.

»Sammle die Klamotten ein und komm wieder her.«

Schlaicher stürmte raus; überall im Flur und auf der Treppe fand er Kleidungsstücke von Laura und sich. Er klaubte alles auf, was er fand. Als er, fast oben, Lauras Strümpfe aufheben wollte, fielen ihm die anderen Sachen wieder zu Boden. Laura kam aus dem Zimmer, halb nackt, und zog gerade eine frische Bluse über.

»Mach schnell«, hetzte sie ihn, was dazu führte, dass er wieder die Hälfte verlor.

Ein Auto. Schlaicher hörte es kommen. Er packte den Rest; Laura half ihm, die Sachen ins Schlafzimmer zu bringen.

»Bleib hier. Und rühr dich nicht!«

»Okay, okay.«

Laura, nun ganz angezogen, schloss die Tür und ging die Treppe hinunter. Schlaicher hörte, wie sich die Haustür öffnete.

Schlaicher zog seine Unterhose an und lauschte nach unten, aber er konnte nur hören, dass gesprochen wurde, was genau, bekam er nicht mit.

Er zog seinen linken Socken an. Die Ferse war vorne, und er zog ihn hastig wieder vom Fuß.

Was waren das für Geräusche, fragte er sich. Kam da jemand die Treppe hoch?

»Lass uns doch hierbleiben. Auf der Treppe«, sagte Lauras Stimme laut.

Schlaicher ließ den Socken. Er nahm alle seine Sachen und schob sie unter das Bett. Ein Körper stieß gegen die Tür.

Schlaicher schmiss sich zu Boden und quetschte sich bäuchlings unter das Bett. Nur eine Sekunde später öffnete sich die Tür. Schlaicher lag auf seinem Schuh.

»Lass mich«, sagte Laura, und Schlaicher betete, dass Hermann Weber auf seine Frau hören würde. Stoff riss. Laura stöhnte, aber es klang so, als würde es ihr gefallen.

»Du sollst wissen, wem du gehörst«, sagte Weber mit tiefer Stimme. »Mach dich fertig für mich!«

Das Bett quietschte leise, als sich Laura darauf setzte. Schlaicher sah ein Bein, aber die herabhängende Bettdecke verdeckte jede weitere Sicht. Der Schuh schmerzte ihn. Schlaicher spürte den Lattenrost über sich und hörte Laura stöhnen. Am liebsten wäre Schlaicher jetzt einfach gestorben.

Irgendwann, während der Lattenrost ihn von oben in regelmäßigem Rhythmus an der Schulter traf, schaffte er es, den Schuh unter seiner Brust hervorzuziehen. So hoffte er, den einen Zentimeter Abstand zu gewinnen, der bei den wildesten Bewegungen, die sicherlich gleich kommen würden, notwendig war.

Laura stöhnte und schrie. Bei ihm war sie so still gewesen, dachte er sich. Hermann Weber arbeitete, und das Bett quietschte seinen monotonen Rhythmus über Schlaicher. Der betete, dass das Bett halten würde.

Es hielt. Etwa zwanzig Minuten später schrie Hermann Weber laut auf, und Laura jubelte, während Schlaicher eine Spinne beobachtete, die vor ihm auf dem Teppich saß, genauso regungslos wie er.

»Warum hast du mit mir geschlafen?«, fragte Laura, nachdem die Bewegung des Bettes aufgehört hatte.

»Darf ein Mann nicht mit seiner Ehefrau schlafen?«

»Du fährst heute zu ihr, stimmt's?«

»Ich habe einen Termin mit einem Kunden. Sonst nichts.« Weber klang böse.

»Dann fahr jetzt. André wird sicher schon warten.«

»Soll er doch. Wir haben sowieso nicht lange zu tun. Ich gehe dann noch ins Büro und fahr von da sofort nach Basel.«

Webers Füße berührten den Boden, und er stand auf. Als er sich bückte, hielt Schlaicher die Luft an, aber Weber nahm nur seine Kleidung auf und zog sich umständlich an.

»Hilf mir mal mit der Hose«, sagte er, und Laura stand auch auf.

»Hoffentlich ist deine blöde Hand bald wieder richtig gesund. Ich bin es leid, ständig deine Hemden und Hosen zuzumachen.«

»Und ich bin es leid, ständig von dir angemotzt zu werden.«

»Hau doch ab!«, schrie sie jetzt.

»Dann mach endlich die Hose zu!«

Unter weiterem Streit und teils deftigen Beschimpfungen verließ Weber das Schlafzimmer.

Schlaicher blieb liegen, auch nachdem beide den Raum verlassen hatten, er draußen einen Wagen starten hörte und die Tür sich wieder öffnete.

»Komm schon raus«, sagte Laura.

Schlaicher versuchte, sich zu bewegen, aber er war völlig steif geworden. Schließlich hatte er sich unter dem Bett hervorgekämpft und stand dann vor Laura, die einen blauen Morgenmantel trug.

»Hab ich mir gedacht, dass du da warst.« Sie lachte, als sei nichts Außergewöhnliches passiert. Schlaicher stand in der Unterhose vor ihr, und als Stück für Stück die Anspannung von ihm gefallen war, lachte auch er, obwohl er gleichzeitig das Bedürfnis verspürte, Laura zu ohrfeigen.

»Wir haben seit drei Monaten nicht mehr miteinander geschlafen. Ausgerechnet heute muss er vorbeikommen. Es tut mir so leid, dass du das mitbekommen musstest.«

»Es scheint dir gefallen zu haben«, bemerkte Schlaicher kühl.

»Ich wollte nur nicht, dass er dich entdeckt! Ich dachte, das wäre auch in deinem Sinn!« Ihre Stimme war schärfer geworden.

Verdammter Mist, worauf habe ich mich hier eingelassen, dachte Schlaicher und zog schnell seine Socken an, während Laura ihn beobachtete.

Sie öffnete ihren Morgenmantel ein Stück, und ihre Brust blitzte hervor, aber Schlaicher war alles andere als in lustvoller Stimmung.

»Ich muss gehen!«, sagte er nur und drehte sich von ihr weg.

»Willst du nicht noch bleiben? Dein Besuch war so kurz, ich dachte, ich bekäme noch eine Zugabe.«

Warum wurde ihm schlecht? Warum fand er Laura gar nicht mehr so unwiderstehlich wie noch vor einer Stunde?

Als er endlich alles angezogen hatte und die Treppe hinunterging, lief sie ihm nach. Noch immer mit dem offenen Morgenmantel. Ihre Brüste wippten bei jeder Stufe.

»Ich mag dich wirklich«, hauchte Laura und fasste ihn am Arm.

»Ja«, sagte Schlaicher.

»Es ist schade, dass es so gelaufen ist. Ich brauche dich. Ich ...«

»Sag es jetzt nicht!«, fiel Schlaicher ihr ins Wort.

»Doch. Ich liebe dich.«

»Scheiße«, brachte Schlaicher nur hervor und ging hinaus zur Garage.

Dr. Watson begrüßte ihn stürmisch, und auch Martina und Lars waren beide noch da.

»Was machst du denn noch hier?«, fragte er Martina.

»Wieso bist du denn so schlecht drauf?«, fragte sie.

»Bin ich nicht«, blaffte Schlaicher und warf seine Jacke in die Ecke, wo Dr. Watson an ihr herumsabberte, sodass er sie doch schnell wieder aufhob und schimpfend an die Garderobe hängte.

»Ich hab dir die Akte schon mal kopiert.« Martina hielt einen dicken Batzen Papier hoch.

»Danke«, knurrte Schlaicher und setzte sich in die Küche.

Gleich würden sie fragen.

»Und, was hast du bei Laura Weber aufgedeckt?«

»Aufgedeckt? Gar nichts.«

»Aber du warst doch bei ihr?«

Schlaicher nickte. »Ich glaube, wir müssen heute Abend Hermann Weber überwachen. Er hat gerade noch einen Termin mit Dr. Frank, fährt dann in die Firma und von dort zu einem Geschäftstermin in Basel. Seine Frau denkt, dass er sie da betrügt.«

»Ist auch eine seltsame Zeit für einen Geschäftstermin, oder?«, fragte Lars, der in einem Sessel saß und zeichnete.

»Richtig. Entschuldige, Martina, dass ich eben unfreundlich war. Es ist perfekt, dass du die Kopien schon gemacht hast, dann können wir die Akte jetzt zurückbringen. Dabei können wir Weber im Büro abpassen und ihm dann nach Basel nachfahren. Mal sehen, was der Mann da so treibt ...«

Nachdem Lars sein Telefonat mit Sarah beendet hatte, legte er die Zeichnung, mit der er gerade beschäftigt gewesen war, neben das Telefon. Das Gespräch über die Liebe schien vergessen zu sein. Oder er hatte daraus gelernt, Schlaicher wusste es nicht. Auf jeden

167

Fall sah der Junge sehr verliebt aus, zog sich seine besten Sachen an und ging zur Tür.

»Hast du nicht etwas vergessen? Vielleicht darfst du gar nicht weg?«, rief Schlaicher ihm hinterher.

»Ich habe schon Martina gefragt. Die hat gesagt, das geht klar.«

Damit schlug er die Tür hinter sich zu, und Schlaichers Mund klappte nach unten.

»Stell dich doch nicht so an. Dein Sohn ist verliebt, da soll er doch ruhig weggehen. Es ist Samstag, morgen ist keine Schule, und wir gehen ja auch noch. Soll er etwa allein hier sitzen?«

»Nein, du hast ja recht. Aber trotzdem kannst du ihm nicht sagen, was er darf und was nicht.«

»Aber er hätte doch auch von dir aus gedurft, oder?«

»Ja, schon«, fühlte sich Schlaicher zu sagen genötigt.

»Siehst du«, sagte sie kess, zog sich ihre Jacke an und nahm ihren Autoschlüssel.

Schlaicher tat es ihr nach, der Schlüssel lag am Telefon, neben der Zeichnung von Lars.

»Habt ihr denn auch ausgemacht, wann er zurück sein muss?«, fragte er, aber er bekam die Antwort nicht mehr mit.

Schlaicher schaute auf die Bleistiftzeichnung seines Sohnes. Auf dem Blatt waren zwei Gesichter zu sehen. Eines zeigte einen grobschlächtigen Kerl von etwa fünfunddreißig Jahren. Das Gesicht war von Aknenarben entstellt, die dunklen Augenbrauen zusammengewachsen. Schlaicher betrachtete das zweite Gesicht, das er schon einmal kurz gesehen hatte. Es war der Messermann. Obwohl er nur einen kurzen Blick erhascht hatte, bevor er die Verfolgung aufgenommen hatte, erkannte Schlaicher ihn sofort wieder. Auch hier hatte Lars alle Einzelheiten des Gesichtes ausgearbeitet, die leicht gekrümmte schmale Nase, die zu weit auseinanderstehenden Augen, das schmale Kinn. Und wie bei dem anderen ein Blick, der finster war und böse.

»Du hörst mir überhaupt nicht zu!«, beschwerte sich Martina.

Schlaicher nahm die Zeichnung, steckte seinen Schlüssel ein und zog Martina aus der Wohnung.

Heute war es kein Problem, bei Weber Textilien rein- oder rauszukommen. Pallok hatte wohl endlich mal frei, und der andere Pförtner, ein Schnurrbartträger namens Bernaier, nahm die Kontrolle der einfahrenden Fahrzeuge offenbar nicht ganz so ernst wie sein übereifriger Kollege. Er fragte kurz, was sie wollten, und begnügte sich mit dem Firmenausweis, den Martina bei sich hatte.

Schlaicher und Martina stellten den Frontera ab und schauten, ob sie Webers Wagen finden konnten, doch der schien noch nicht angekommen zu sein. Sie hatten also noch Zeit. Genug Zeit, um den Schrank in Hanni Webers Büro wieder vorzuziehen und die Personalakte des Geschäftsführers zurückzustellen, die Schlaicher vorher mit einem weichen Tuch ordentlich abgewischt hatte. Schlaicher verschloss die Rückseite des Schrankes wieder, befestigte die gezogenen Nägelchen, die er selbstverständlich aufbewahrt hatte, wischte noch einmal mit seinem Tuch darüber und schob endlich mit Martinas Hilfe den Schrank zurück auf seinen alten Platz. Als habe nie jemand die Akte in der Hand gehabt ...

Als sie das nächste Mal auf den Parkplatz schauten, stand der BMW von Hermann Weber unter einer Buche. Schlaicher und seine neue Assistentin setzten sich in den Frontera und verließen das Gelände. Allerdings fuhren sie nicht weit, sondern nur ein Stück die Straße entlang, sodass sie den Pfortenbereich gut einsehen konnten. Dann begann das große Warten.

Die erste Stunde war noch recht witzig. Sie lachten viel miteinander und unterhielten sich angeregt. Schlaicher erklärte Martina, welches seiner Meinung nach das deutlichste Zeichen war, dass die Alemannen ein anderes Volk als die Hessen waren. »In Frankfurt«, beschrieb er, »sagst du in einem Geschäft ›Tschüss‹, und der Verkäufer sagt ›Tschüss‹. Sagst du ›Tschö‹, sagt der gleiche Verkäufer auch ›Tschö‹. Hier sagst du ›Ade‹ und bekommst als Antwort ein ›Adieu‹, und wenn du ›Adieu‹ sagst, kriegst du ein ›Ade‹ zurück. Hauptsache, du bekommst gezeigt, dass du ein Auswärtiger bist.«

Martina lachte, konnte Schlaichers Erfahrungen aber nicht bestätigen.

Mit der Zeit wuchs die Anspannung jedoch immer mehr, und die Unterhaltung versiegte. Schließlich starrten beide nur noch auf die Pforte des Werksgeländes und warteten, dass ein Auto auftauchte.

Auf dem Hinweg hatten sie an einer Tankstelle gehalten und etwas zum Trinken und Naschen besorgt. Schlaicher hatte außerdem eine Autobahnvignette für die Schweiz gekauft, die er voll bezahlen musste, obwohl es schon Herbst und das Jahr bald abgelaufen war. Die Vignette klebte jetzt auf der Innenseite der Windschutzscheibe, die Schokoriegel und die Limonade waren längst in ihren Mägen verschwunden.

Martina stieg aus, um näher an die Pforte zu gehen und von da aus den Parkplatz einsehen zu können. Sie fürchtete, dass sie Hermann Weber trotz ihrer Aufmerksamkeit verpasst haben könnten, aber sie fand seinen BMW an gleicher Stelle vor.

Sie warteten noch bis zehn nach sechs. Mittlerweile waren sie sehr unleidig, genervt vom langen Sitzen und den immer gleichen Liedern und Nachrichten im Radio, als endlich die Schranke nach oben ruckelte und der dunkelblaue BMW das Gelände in Richtung Schnellstraße verließ.

Schlaicher ließ den Wagen an, und Martina jubelte vergnügt, als würde sie sonntags nach langem Warten in der Schlange eines Freizeitparks endlich mit der Geisterbahn fahren können.

Wie erwartet fuhr Weber in Richtung B317 nach Basel. Er schien es nicht besonders eilig zu haben. Schlaicher achtete darauf, immer mindestens fünfhundert Meter zwischen sich und dem BMW zu lassen, auch wenn Martina befürchtete, sie könnten ihn verlieren. Aber Schlaicher war sich so sicher, dass der Weg nach Basel führte, zuerst zur Autobahn und dann zur Grenze, dass er lieber genug Platz zwischen sich und Hermann Weber wissen wollte. Jetzt erkannt zu werden, wäre das Blödeste, was ihnen passieren konnte nach der langen Wartezeit.

Auf der Autobahn ließ Schlaicher zwei Wagen zwischen sich und Hermann Weber, der auch hier noch relativ langsam fuhr. An der Grenze wurden sowohl der BMW als auch der Opel durchgewinkt, während auf der Seite gegenüber eine längere Schlange darauf wartete, von den deutschen Beamten abgefertigt zu werden. Weber blieb nicht lange auf der Autobahn, sondern fuhr bald ab und durchquerte die Innenstadt von Basel. Schlaicher hatte seine Mühe, bei den aggressiv fahrenden Baslern mit Weber Schritt zu halten. Zweimal verlor er ihn fast, und nur wegen seines gemächlichen Tempos blieb Weber im Visier der beiden Insassen des Opels.

Allmählich wandelte sich die Gegend zu einem Wohngebiet. Hier standen helle Sandsteinvillen mit großen Balkonen, die auf schlanken Säulen ruhten. Die Bäume waren alt, und auf der engen Straße parkten nur wenige Wagen. Automatische Tore schlossen den Grundbesitz von der Straße ab, schmiedeeisern meist.

»Weißt du, warum es schlecht ist, ganz reich zu sein?«, fragte Martina.

Schlaicher verneinte.

»Weil du dann nur hinter Gittern sitzt. Also ich wollte nicht jedes Fenster vergittert haben aus Angst vor Einbrechern.«

Martina hatte recht. Die Fenster der meisten Gebäude waren mit verzierten Gittern gesichert. Schlaicher wusste, dass sich echte Profis nicht von Gittern aussperren ließen. Im Gegenteil, wo Menschen Geld ausgaben, um sich hinter Gittern abzuschotten, steckte meist so viel Geld, dass es sich lohnte, eben diese Häuser zu bearbeiten. Aber das war vorbei, ermahnte sich Schlaicher, das war früher einmal gewesen.

Der BMW blinkte vor einem Tor, das sehr kunstfertig gestaltet war. Die Stäbe waren keine einfachen Gitterstäbe, sondern antike Speere, deren Spitzen nach oben zeigten. Das Haus hatte eine Auffahrt und eine von zwei Seiten begehbare Treppe, die zu der unter einem Balkon liegenden mächtige Eingangstür führte. Vor der Treppe stand eine etwa zwei Meter hohe Plastik, Schlaicher vermutete Granit, die den Kopf Tutenchamuns zeigte.

Nachdem sich das Tor hinter Webers BMW geschlossen hatte, parkte Schlaicher hinter einem Porsche und betrachtete das Haus. Das Erdgeschoss war unbeleuchtet, aber im ersten Stock waren hinter bereits geschlossenen Fensterläden mehrere Lichter zu erkennen.

»Lass uns etwas spazieren gehen«, schlug Schlaicher vor und stieg mit Martina aus.

Ein Mann mit einem Afghanen kam in ihre Richtung. Er trug einen schwarzen Anzug und ein weißes Hemd. Sein Gesicht war so spitz wie das seines Hundes, nur was die Haare anging, gab es einen gewaltigen Unterschied. Während der Hund ein langes beigebraunes, gepflegtes Fellkleid trug, war der Mann vollkommen haarlos. Nicht einmal Augenbrauen waren in seinem rotwangigen Gesicht zu sehen.

»Entschuldigen Sie bitte, Guten Tag«, sagte Schlaicher. »Ich habe eine Frage. Vielleicht können Sie mir helfen.«

»Guten Tag«, entgegnete der etwa Fünfzigjährige und sah Schlaicher und Martina abschätzend an. Der Afghane schaute beinahe pikiert in die andere Richtung. »Bitte, fragen Sie.«

»Können Sie mir sagen, wem dieses Haus gehört?« Schlaicher zeigte auf die Villa, in die Hermann Weber gegangen war.

»Pfui«, sagte der Mann, und Schlaicher schaute nach, ob der Hund vielleicht etwas Verbotenes tat, aber der war nicht gemeint.

»Bitte?«, fragte er deshalb.

»Das Haus gehört einer Frau Faraone. Diese Dame führt dort ein ›Etablissement‹. Ein Schandfleck.«

»Sie sind Engländer?«, fragte Martina, der sein britischer Akzent aufgefallen war.

»Tatsächlich. Ich diene als Butler.«

Schlaicher war überrascht. »Als Butler?«

»*Indeed*. Kann ich den Herrschaften sonst noch behilflich sein?«

»Sie sagten, es sei ein Etablissement. Dass wir uns richtig verstehen: In dem Haus ist ein Bordell?«

»Ich denke, ja. Ich hatte bislang nicht die fragwürdige Ehre, die Herrschaften oder das Personal kennenzulernen. Aber ich gehe fünfmal am Tag mit Sharif«, der Hund schaute auf, »und sehe viele Damen und Herren. Wie ich hörte, nennt sich das Haus ›Pharao-Escort-Service‹.«

»Deswegen die Tutenchamun-Statue«, sagte Martina.

»Und wie gesagt, die Hausherrin heißt Faraone, allerdings keine Ägypterin, wie man denken mag, sondern vielmehr *Italian*. Bitte entschuldigen Sie mich, ich habe noch einige Pflichten zu erledigen.«

»Nur noch eine Frage«, bat Schlaicher und kramte die Zeichnung von Lars hervor, die er instinktiv mitgenommen hatte und nun dem Butler zeigte: »Kennen Sie diese Männer?«

»Sind die Herrschaften von der hiesigen Polizei?«, fragte der Haarlose zurück und zog sanft an der Hundeleine. Sharif, der Afghane, setzte sich sofort in Bewegung.

»Nein, sind wir nicht«, antwortete Martina.

»Aha.« Der Butler wandte sich zum Gehen, aber Schlaicher hielt ihn auf: »Ich bitte Sie, es geht um den Mord an einem Hund.«

Der Butler blieb stehen und schaute Schlaicher entsetzt an.

»Ein Basset Hound wurde kaltblütig abgeschlachtet.«

Der Afghane wollte weiter, aber ein heftiger Ruck mit der Leine und ein scharfes »*Stay!*« brachten das Tier sofort zum Stehen.

»Afghanen können nicht gut sitzen, *you know*«, erklärte der Butler. »Die Beine sind zum Laufen gemacht, nicht zum Sitzen.«

»Kennen Sie nun die beiden Männer?« Schlaicher hielt die Zeichnung wieder hoch, und der Butler schaute sie sich konzentriert an.

»Sie haben Talent, mein Herr«, sagte der Butler. »*Actually*, ich kenne die beiden Herrschaften. Sie gehen eben dort im Hause ein und aus. Nicht als Gäste, wenn meine Meinung für Sie von Interesse sein sollte.«

»Es sind Zuhälter?«, fragte Martina geschockt.

»*Madam*, bitte haben Sie Verständnis, dass ich darüber keine definitive Aussage treffen kann, da ich einen anderen Umgang pflege. Sie sagen, dass diese Männer einen Basset Hound getötet haben? Warum sollte jemand so etwas tun?«

»Wir wissen nicht, ob diese Männer damit zu tun haben. Das versuchen wir herauszufinden. Wir sind Privatdetektive«, sagte Martina stolz, aber Schlaicher zuckte zusammen.

»Ich verstehe«, sagte der Butler und ging weiter. Ohne sich umzudrehen sagte er: »*Good-bye*. Und zeigen Sie es den *bloody bastards*!«

Martina grinste Schlaicher an.

»Ein Bordell«, sagte Schlaicher, als sie wieder im Wagen saßen und sich auf eine weitere Runde Warten einstellten.

»Ein Escort-Service«, verbesserte Martina und fummelte an ihren Schnürsenkeln herum.

Nach langer Zeit des Schweigens tauchte ein weiterer Wagen vor dem Tor der Farzone-Villa auf. Ein dunkler Audi A6 Kombi mit Schweizer Kennzeichen. BS für Basel-Stadt. Schlaicher kannte den Wagen. Es war tatsächlich erst gestern früh gewesen, da hatte er das Fahrzeug an der Grenze verloren. Ansonsten wäre er ihm wohl bis hierher gefolgt. Wie Hermann Webers BMW fuhr auch dieser Wagen hinter das Haus. Dann kamen zwei Männer, einer klein, der andere groß und grobschlächtig, um die Ecke zum Portal, das sie öffneten, ohne zu klingeln. Das Bild, das Lars gezeichnet hatte, war wirklich vortrefflich, staunte Schlaicher.

»Also«, resümierte er, »Hermann Weber geht in ein Nobelbordell. Er scheint öfter hierherzukommen. So oft, dass seine Frau denkt, er hätte in Basel ein Verhältnis. Vielleicht kann er seine vielen

Besuche nicht bezahlen und stiehlt seine eigenen Jacken, die er dann verkauft. Aus irgendeinem Grund brechen die Hehler ihm die Hand. Vielleicht, um ihre Forderungen zu unterstreichen.«

»Aber die Jacken bringen nicht genug. Hermann Weber braucht mehr Geld«, setzte Martina Schlaichers Überlegungen fort. »Er hat die Idee, seine Tante umzubringen, um zu erben und seine Rechnung bezahlen zu können, damit ihm nicht noch etwas ganz anderes gebrochen wird, zum Beispiel sein Genick.«

»Damit hätten wir ein Motiv für Hermann Weber gefunden, zwar etwas konstruiert, aber es passt dazu, dass er mich von dem Jacken-Fall abziehen wollte und auf die Fährte seiner Frau gejagt hat.«

Martina gähnte. »Entschuldigung. Das viele Warten macht mich total müde. Wie lange müssen wir noch bleiben?«

»Bis er wieder rauskommt.«

»Na, das dürfte ja eigentlich nicht so lange dauern. Fünf Minuten? Zehn Minuten? Dann seid ihr doch fertig ...« Sie grinste.

Schlaicher gab keine Antwort.

Tatsächlich dauerte es über eine Stunde, bis in mittlerweile völliger Dunkelheit der Vertriebsleiter von Weber Textilien das Haus wieder verließ. Aber er war nicht allein. Im Licht des Eingangs konnten sie eine junge Frau erkennen, die aussah wie ein Klon von Laura Weber. Eine sehr weibliche Figur, die gleiche Größe, das gleiche lange blonde Haar und ein schönes Gesicht. Allerdings war diese Frau höchstens fünfundzwanzig.

Sie gingen Arm in Arm wie ein verliebtes Pärchen hinter das Haus. Kurz darauf fuhr Webers Wagen zum Tor und verließ das Grundstück. Er kam an Schlaichers Frontera vorbei, und Martina und Schlaicher duckten sich in der Hoffnung, nicht gesehen zu werden. Eine Hoffnung, die sich zum Glück erfüllte.

»Los, lass den Wagen an!«, forderte Martina, und Schlaicher tat wie geheißen. Mit Abstand folgten sie dem BMW, der sich in Richtung City bewegte. Schlaicher ließ wieder einen Wagen zwischen sie, als sie auf eine größere Straße bogen.

»Wer ist das Mädchen?«, fragte Martina aufgeregt.

»Na, wohl eine Prostituierte, oder?«, entgegnete Schlaicher.

»Und wo fahren die jetzt hin?«

»Genau das müssen wir rausfinden!«

Der Seat mit Solothurner Kennzeichen, der zwischen dem BMW und Schlaichers Opel fuhr, hing ziemlich dicht an Webers Wagen. Ein idealer Sichtschutz, dachte Schlaicher. Womit er allerdings nicht gerechnet hatte, war, dass der Fahrer des Wagens sich in Basel offenbar noch unsicherer fühlte als Schlaicher selbst. Während Webers BMW über die kreuzenden Tramschienen vor ihnen fuhr, hielt der Seat an.

»Los, fahr schon!«, rief Martina.

Von rechts kam zwar eine Tram, die war allerdings noch so weit entfernt, dass selbst der hinter Schlaicher fahrende Wagen noch über die Kreuzung gekonnt hätte. Schlaichers ungeduldiges Hupen zeitigte nicht die gewünschte Reaktion. Der Seat-Fahrer blieb stoisch stehen. Und stand dabei so blöde, dass man nicht einmal an ihm vorbeifahren konnte.

»Warum sind die Schweizer immer so lahm?«, schimpfte Martina weiter. »Wir verlieren ihn!«

Schlaicher sah, dass der BMW nach rechts bog. Dann versperrte ihnen die Tram den Blick. Als sie vorbeigefahren war, zögerte der Seat-Fahrer noch immer, dann fuhr er endlich los. Schlaicher hing ihm direkt an der Stoßstange, aber das führte nicht dazu, dass er schneller fuhr.

Die Straße, in die Hermann Weber eingebogen war, gabelte sich nach zehn Metern um einen Kiosk in zwei Straßen. Sie befanden sich in einem Wohnviertel und fuhren noch zehn Minuten durch die Straßen in der Hoffnung, den BMW wiederzufinden, vielleicht geparkt vor einem Haus. Sie sahen zwar auch BMWs, aber keinen mit dem richtigen Kennzeichen, geschweige denn den richtigen Insassen.

»Lass uns nach Hause fahren. Es hat keinen Sinn«, sagte Schlaicher schließlich resignierend.

»Nur noch eine Runde«, drängte Martina.

»Na gut, eine Runde noch, aber dann fahren wir.«

Die Runde brachte kein neues Ergebnis. Weber hatte sie unwissentlich abgehängt. Vielleicht war er in diesem Viertel, aber dann stand sein Wagen in einer Garage. Oder, viel wahrscheinlicher, er war hier nur durchgefahren und längst weit weg. Schlaicher bog wieder auf eine größere Straße und fand bald ein Schild zur Autobahn.

Er bat Martina heute nicht mehr nach oben oder zu einem Abendspaziergang mit Dr. Watson. Stattdessen verfrachtete er sie in ihren Wagen.

Dr. Watson heulte vor Wiedersehensfreude und wurde erst wieder still, als Schlaicher sich neben ihn auf den Boden legte, seinen Hals kraulte und beruhigend auf ihn einredete.

Schlaicher legte ihm das Halsband um und ging die Treppen hinunter. Dann spazierte er allerdings nicht mit ihm los, sondern ließ Dr. Watson in den Wagen springen und fuhr seinem Gefühl folgend in Richtung Schopfheim.

Hinter dem Haus der Webers, dort, wo die Straße nach einer Kurve endete und die Wiesen begannen, hielt er an. Schlaicher hatte viel Zeit gehabt zu überlegen, ob er noch einmal bei Laura vorbeischauen sollte. Sie hatte gesagt, dass sie ihn liebe, und dieser Satz ließ ihm trotz der mehr als peinlichen und unglücklichen Situation, die sie miteinander durchlebt hatten, keine Ruhe. War das, was er für sie empfand, ebenfalls Liebe? Warum ließ diese Frau ihn so besinnungslos werden, wenn er nur an sie dachte? Wieso schmerzte es ihn so, über sie und das mit ihr Erlebte nachzudenken? Spielte sie nur mit ihm? Oder benutzte sie ihn sogar? Er musste sich Klarheit verschaffen, und der beste Weg dazu war, mit ihr zu sprechen. Natürlich nur, wenn Hermann Weber noch nicht zurück war. Doch jetzt war er nicht sicher, ob er es wirklich tun sollte. Also ging er zuerst mit Dr. Watson ein paar Schritte den am Ende der Straße beginnenden Feldweg entlang, der von einem schwachen Mond nur sehr spärlich beleuchtet wurde.

Er sollte gleich einfach wieder in den Wagen steigen und fahren. Wahrscheinlich war das das Beste. Obwohl, wenn diese wunderschöne Frau ihn wirklich liebte … Unter anderen Umständen vielleicht, wenn all das hinter ihnen läge … Vielleicht konnten sie eine gemeinsame Basis aufbauen …

Er zerrte Dr. Watson zurück, der sich sträubte, weil er seiner Meinung nach noch nicht genug geschnüffelt hatte. So traurig, wie nur ein Basset gehen kann, den Kopf gerade so über dem Boden und dabei ständig über seine eigenen Pfoten stolpernd, tapste er hinter Schlaicher her.

Als sie wieder am Grundstück der Webers angekommen waren, öffnete sich die Tür der Villa. Schlaicher blieb im Schatten der Hecken stehen und linste durch eine Lücke zwischen den Ästen. Dort stand Laura, nur bekleidet mit einem Negligé, das mehr zeigte als verdeckte. Sie hielt jemanden in ihren Armen. Konnte es sein …

Schlaichers Mund wurde ganz trocken. Alle Feuchtigkeit seines Körpers schien sich nun an seinen Handflächen zu befinden. Gebannt schaute er sich die Szene an, beobachtete wie ein Voyeur, wie sich das Paar innig küsste. Die Hand des Mannes wanderte zu den Brüsten, die Schlaicher heute auch schon gestreichelt hatte. Laura stieß den Mann lachend von sich und verabschiedete ihn mit einem letzten Kuss auf den Mund.

Dr. Watson war erstaunt über die Verzögerung. Eben noch musste er schnell mitkommen, jetzt sollte er warten. Er versuchte es mit leichtem Ziehen, aber sein Herrchen blieb stehen. Dr. Watson fand das langweilig und zog noch einmal, viel fester diesmal. Schlaicher wurde so weit weggezogen, dass er nichts mehr sehen konnte.

»Bleib!«, hauchte Schlaicher so befehlend, wie er nur konnte, und das half. Dr. Watson setzte sich hin und blieb auch sitzen.

Schlaicher schaute wieder durch die Lücke in den Büschen und sah gerade noch, wie Dr. André Frank in der Garage verschwand und kurz darauf mit seinem Auto wegfuhr.

»Komm!«, befahl Schlaicher flüsternd und rannte in Richtung seines Wagens. In seinem Kopf explodierten Gedanken und Gefühle. Nur nicht entdeckt werden jetzt, dachte er, und als sich das Tor öffnete, war er mit Dr. Watson schon hinter der Kurve. Dr. Frank fuhr in die andere Richtung. Er hatte ihn nicht gesehen.

DREIZEHN

Es klingelte Sturm. Schlaicher kämpfte sich unter der Decke hervor und schaute auf den Wecker: acht Uhr dreiundfünfzig. Es war Sonntag.

Während er aufsprang und sich eine Unterhose anzog, klingelte es weiter. Wütend ging er auf den Flur und rief in die Gegensprechanlage: »Verdammt! Es ist Sonntag und noch nicht mal neun!«

»Hier ist Schlageter, Kriminalpolizei Lörrach. Lassen Sie mich rein. Und nehmen Sie den Köter weg.«

Schlageter, der Kommissar? Um neun Uhr. Sonntags? Schlaicher drückte auf und schob einen müden Dr. Watson, der sich zur Tür geschleppt hatte, in sein Schlafzimmer.

Schon klopfte es. Schlaicher öffnete, und Schlageter und sein Assistent drängten sich schnell durch die Tür. Der dicke Kommissar stützte sich an die Garderobe und holte schnaufend ein paar Mal tief Luft.

»Das ist ja wohl die verdammt beschissenste Zeit, zu der man zu jemandem kommen kann!«, schimpfte Schlaicher nun.

»Halten Sie sich zurück, das ist eine dienstliche Untersuchung«, sagte Helbach, der Assistent.

»Der Hund ist weg?«, fragte Schlageter noch außer Atem.

»Der Hund ist weg«, antwortete Schlaicher resignierend, als sich Schlageter und sein Assistent Helbach durch die Tür drängten und zielstrebig in Richtung Küche gingen. Schlaicher folgte ihnen schlaftrunken.

Er machte Kaffee und versuchte, sich auf das zu konzentrieren, was Schlageter ihm sagen wollte.

»Deshalb vermuten wir, dass Sie mehr wissen, als Sie uns sagen«, brachte der gerade hervor, wozu sein Assistent eifrig nickte.

»Mögen Sie den Kaffee stark?«, fragte Schlaicher, ohne auf das Gesagte einzugehen.

»Ja, bitte«, sagte Schlageter höflich, und sein Assistent fügte hinzu: »Aber bitte keine unnötige Bitterkeit.«

»Keine unnötige Bitterkeit, wie Sie meinen«, sagte Schlaicher und lud noch einen vollen Löffel Kaffeepulver in die Maschine.

»Also, was haben Sie uns zu sagen?«, fragte Schlageter, nachdem Schlaicher die Kaffeemaschine angeworfen und sich in Ermangelung einer anderen Tätigkeit an den Tisch gesetzt hatte. Dr. Watson winselte im Schlafzimmer.

»Ist es wirklich nötig mit Dr. Watson? Er tut doch niemandem etwas.«

»Hauptkommissar Schlageter schilderte das Tier als gefährlich.«

»Das ist ein Basset. Die freundlichsten Tiere überhaupt!«, erklärte Schlaicher und fuhr fort: »Hören Sie, der Hund weckt noch alle im Haus. Ich nehme ihn auch an die Leine.«

Natürlich hatte Dr. Watson die Zeit in Schlaichers Schlafzimmer genutzt, um seinen Protest gegen die Haft erneut mittels einer gelben Pfütze auf dem Teppich zu bekräftigen. An genau derselben Stelle wie bei Schlageters letztem Besuch.

»Vor dem hatten Sie Angst, Chef?«, lachte Helbach, als er Dr. Watson sah. »Riesiger Hund?«

»Helbach, Schluss!«

Und Helbach hörte sofort auf zu lachen, prustete aber noch zweimal kurz, was Schlageter mit bösen Seitenblicken quittierte.

»Also los jetzt! Was wissen Sie wirklich.«

Schlaicher legte gerade Toilettenpapier auf die nasse Stelle und saugte damit die noch warme Flüssigkeit vom Teppich.

»Wo fangen wir an …«, fragte er sich selbst und beschloss, den beiden Polizisten etwas zum Denken zu geben. »Okay. Hermann Weber hat mich bezahlt, damit ich seine Frau überführe.«

Das schlug ein wie eine Bombe. Schlageters Augen verengten sich zu schmalen Schlitzen, sein ganzer Körper spannte sich, als wolle er jeden Moment seine Beute anspringen. Helbach blätterte hastig in seinem Kalender.

»Aber Herr Weber versucht doch, seine Frau zu schützen!«, sagte Schlageter. »Immerhin hat er versucht, ihr ein falsches Alibi zu verschaffen. Helbach!«

Helbach blätterte weiter und sagte: »Herr Weber hat zuerst ausgesagt, mit seiner Frau aus gewesen zu sein. Nachdem dies einer Überprüfung nicht standhielt, haben wir herausgefunden, dass die beiden nur telefoniert haben. Weber war mit Dr. Frank, dem Geschäftsführer der Weber Textilien allein aus. Das Telefonat hat vor der Tötung des Bassets stattgefunden, bevor sie in die Küche verschwunden war. Das ergab die Überprüfung der Telefondaten.«

»Und jetzt«, triumphierte Schlageter, »soll Hermann Weber Sie bezahlen, seine Frau zu überführen?«

»Zweitausend Euro. Als Anzahlung. Der Rest nach Überführung. Und außerdem steht ja noch das Geld auf die Ergreifung des Täters aus, das Weber Textilien ausgeschrieben hat.«

»Das wären zehntausend Euro.« Schlageter pfiff durch die Zähne.

»Was ich mich natürlich frage«, sagte Schlaicher und packte den letzten Batzen Papier in die Plastiktüte, die er fest verknotete, »warum verdächtigt ein Mann seine Frau und stellt sogar einen Detektiv dafür an, sie zu überführen?«

»Und?«

»Vielleicht will er sie loswerden?«

»Hmmm.« Schlageter nickte überlegend. »Vielleicht ist da etwas dran.« Er schaute zu seinem Assistenten.

»Wir sind gekommen, Herr Schlaicher, um Ihnen eine Form der Zusammenarbeit anzubieten.«

Jetzt war Schlaicher überrascht. »Was für eine Art der Zusammenarbeit stellen Sie sich vor?«

»Wir wollen, dass Sie uns alles erzählen, was Sie wissen!«, forderte Schlageter.

»Was soll denn das für eine Zusammenarbeit sein?«, fragte Schlaicher. »Wo ist denn da Ihre Leistung?«

»Wir werden den Mörder fangen und seiner Bestrafung zuführen«, sagte Helbach und verzog sein Gesicht, als er den zu starken Kaffee probierte.

»Dann würde ich sagen, dass Sie zuerst einmal anfangen, mir zu erzählen, was Sie bereits wissen.«

»Frau Laura Weber hat einen Liebhaber. Laut Frau von Enkstein wusste Hannelore Weber davon und hatte noch am Tag ihrer Ermordung gedroht, ihren Neffen davon in Kenntnis zu setzen. Frau Weber wollte auf ihren Liebhaber nicht verzichten«, sagte Helbach.

»Herrn Dr. Frank«, bestätigte Schlaicher.

»Herrn Dr. Frank?«, fragten Schlageter und Helbach aus einem Mund. »Was hat der damit zu tun?«

»Der Liebhaber«, sagte Schlaicher.

180

»Nein. Sie!«

»Wer hat Ihnen das erzählt?«

»Laura Weber selbst.«

Dieses Miststück, dachte sich Schlaicher. Was hatte sie vor? Wie kam sie darauf, der Polizei solch eine Lüge aufzutischen?

Helbach erklärte, Laura Weber habe gestern Nacht zugegeben, ein Verhältnis mit Schlaicher zu haben. Sie hatte angegeben, seit einigen Wochen mit ihm verbandelt zu sein.

»Das wüsste ich aber«, sagte Schlaicher.

»Haben Sie Herrn Weber mit seiner Frau betrogen oder nicht?«, fragte Schlageter und beugte sich vor.

»Nein. Also …« Schlaichers kurzes Zögern bewirkte, dass sich Schlageter entspannt wieder zurücklehnte.

»Also doch!«, triumphierte er.

»Ja, verdammt«, stieß Schlaicher vor, »ich habe einmal mit ihr geschlafen. Gestern. Aber wir haben uns wirklich erst bei dem Basset-Treffen kennengelernt. Sie hat ein Verhältnis mit Dr. Frank!«

»Sie ist also verheiratet, hat ein Verhältnis mit dem Chef ihres Mannes, und gestern hatten Sie Sex mit ihr. Ist das nicht ein bisschen übertrieben? Schmeckt übrigens genau richtig, der Kaffee!«

Schlaicher ließ Dr. Watsons Leine los und stand auf. Er war wütend. »Ich sage die Wahrheit!«, insistierte er.

»Setzen Sie sich wieder, Herr Schlaicher, setzen Sie sich wieder«, beschwichtigte Schlageter, und Helbach kritzelte wild in seinen Block.

Schlaicher setzte sich wieder.

»Haben Sie Beweise dafür, dass Sie Laura Weber vor dem Bassett-Treffen noch nicht kannten?«, fragte Schlageter nun leise.

»Was für Beweise soll ich haben? Nein. Aber ich bin mir sicher, dass es auch keine Beweise dafür gibt, dass ich sie *vorher* schon kannte.«

»Da haben Sie recht. Wir haben einige der anderen Teilnehmer des Basset-Treffens befragt. Keiner sagte aus, dass es den Anschein gehabt hätte, als würden Sie sich kennen. Aber das will nicht viel heißen.«

»Sagen Sie mir: Werde ich jetzt etwa wieder beschuldigt?«

»Sie meinen verdächtigt, der Mittäter von Laura Weber zu sein?«, fragte Schlageter und antwortete selbst: »Ja. Werden Sie.«

Als Schlaicher wieder aufstand, fügte er hinzu: »Zumindest gehören Sie zum Kreis derjenigen, die verdächtigt werden, den Mord mit ihr geplant zu haben. Aber ich glaube nicht, dass Sie maßgeblich damit zu tun haben. Dafür stellen Sie sich viel zu blöde an.«

»Das ist ja beruhigend«, sagte Schlaicher sarkastisch und setzte sich wieder. Dr. Watson wurde allmählich nervös durch das ständige Auf und Ab seines Herrchens und wollte den Platz wechseln, aber sobald der Hund aufstand, sprang auch Schlageter auf und drückte sich in die hinterste Ecke der Küche. Schlaicher hatte Dr. Watson allerdings schon wieder an der Leine und befahl ihm zu sitzen. Der Basset leistete diesem Befehl außergewöhnlich schnell Folge. Helbach konnte ein Lachen nicht mehr unterdrücken, und Schlageter schrie: »Ruhe jetzt!«

»Was ist denn hier los?«, fragte Lars, der nur mit Boxershorts bekleidet in die Küche kam.

»Die beiden Herren sind von der Polizei«, erklärte Schlaicher. »Am besten lässt du uns noch ein bisschen allein.«

»Moment«, sagte Schlageter. »Du bist Lars, mein Junge?«

»Lars, ja, Ihr Junge, nein«, antwortete der, und Schlaicher freute sich über die Schlagfertigkeit seines Sohnes.

»Äh, ja. Ich bin Hauptkommissar Schlageter vom Morddezernat der Kriminalpolizei Lörrach. Das ist mein Kollege Helbach. Darf ich dir eine Frage stellen?«

»Eigentlich nicht, aber Sie werden es wohl trotzdem tun.«

»Ja, werde ich. Kennst du Laura Weber?«

»Ja, von unserem Basset-Treffen.«

»Wollen Sie jetzt meinen Sohn verhören?«, ging Schlaicher dazwischen.

»Haben Sie Angst, meine Fragen könnten etwas ans Licht bringen?«, fragte Schlageter zurück, und Schlaicher musste innerlich zugeben, dass ein paar Fragen an Lars seine momentane Situation nur verbessern konnten.

»Dann mache ich weiter. Lars, weißt du, ob dein Vater und Laura Weber sich schon länger kennen?«

»Nein, wie kommen Sie denn darauf? Wir haben sie beim Basset-Treffen zum ersten Mal gesehen.«

Schlageter nickte und schaute zu Helbach. Der schrieb das eben Gehörte auf.

»Siehst du, das war es schon. Danke für deine Mithilfe.«

»Sie verdächtigen doch nicht meinen Vater?«

»Nein, keine Sorge. Das ist nur eine Routinebefragung. Müssen wir machen. Ob wir wollen oder nicht.«

»Danke, Lars«, sagte Schlaicher, und sein Sohn verstand sofort, dass dieses Danke auch eine Verabschiedung war. Er verschwand wieder in sein Zimmer.

Vorher drehte er sich allerdings noch einmal um und fragte: »Wie lange soll das noch dauern? Meine Freundin und ich würden gern gleich frühstücken.«

»Höchstens noch eine halbe Stunde, denke ich«, sagte Schlageter.

Als Lars' Zimmertür ins Schloss fiel, brachte Schlaicher vor: »Herr Kommissar, Sie haben doch mein Alibi schon überprüfen lassen. Ich habe mit meiner Exfrau telefoniert. Ich kann es gar nicht gewesen sein.«

»Deswegen glaube ich Ihnen ja auch. Natürlich könnten Sie jemanden dazu gebracht haben, den Hund für Ihre Freundin Laura zu töten ...«

»Habe ich aber nicht. Wollen wir jetzt nicht lieber ernsthaft werden?«

»Sie verkennen die Ernsthaftigkeit dessen, worüber wir gerade reden.«

»Nein, aber ich denke, wir sollten uns über die Sache unterhalten, ohne dass Sie mir dauernd einen Mord unterstellen. Und Sie hören bitte verdammt noch mal auf, ständig Notizen zu machen!« Schlaicher war jetzt lauter geworden. Helbach legte den Block zur Seite, sein Vorgesetzter wuchtete sich nach vorn und sagte: »Warum so aufbrausend?«

»Weil Sie mich nerven. Ganz einfach.«

»Sehen Sie«, sagte Schlageter, »wir sind beide ganz ruhig und freundlich. Der Einzige, der hier laut und nervend wird, sind Sie. Und ich bitte Sie, das jetzt gefälligst einzustellen und etwas Kooperationsbereitschaft zu zeigen!«

»Nichts, was ich lieber täte!«

»Na gut, dann erzählen Sie mir doch bitte einmal, wie es dazu kommt, dass Sie und Laura Weber zufällig seit gestern ein Liebespaar sind.«

»Ich habe mich nach dem Tod ihrer Tante zwei-, dreimal mit ihr getroffen. Ich hatte das Gefühl, dass es dabei wohl gefunkt hat zwischen ihr und mir. Gestern haben wir miteinander geschlafen.«

»Und dabei hat es dann doch nicht gefunkt?«

Schlaicher stand auf und öffnete die Balkontür, um etwas frische Luft reinzulassen. Im Gegenteil. Viel zu früh war sein Funke übergesprungen, aber das ging die beiden Polizisten nichts an.

»Nein. Hat es nicht. Laura Weber hat eben noch einen Geliebten. Dr. André Frank, der Geschäftsführer von Weber Textilien. Sie war schon einmal mit ihm zusammen und ist es jetzt wieder.«

Schlaicher drehte sich zu den beiden Polizisten. »Jetzt möchte ich Ihnen auch einmal eine Frage stellen. Wieso verdächtigen Sie nicht auch Hermann Weber?«

»Das tun wir«, antwortete Schlageter, »wir sind dazu verpflichtet. Wir haben bereits einige Ermittlungen angestellt. Er hat ein Kind in Basel, von dem seine Tante nichts wusste. Und seine Frau auch nichts weiß. Aber das ist ein Geheimnis, kein Motiv.«

Schlaicher staunte nicht schlecht. »Ein Kind?«

»Davon haben Sie also nichts gewusst!«, triumphierte Schlageter, und Helbach kicherte, während er wie süchtig wieder nach seinem Block griff.

»Wer ist denn die Mutter?«

»Eine Basler Prostituierte. Ein Mädchen noch.«

»Und sie arbeitet beim Pharao-Escort-Service«, riet Schlaicher und zauberte damit zwei Grimassen der Verwunderung auf die Gesichter der Beamten.

»Woher wissen Sie das?«

»Ich habe meine eigenen Nachforschungen angestellt«, antwortete Schlaicher und kam sich vor wie ein echter Detektiv.

»Sie kennen Frau Ruetli also schon?«

Aha, Ruetli hieß sie mit Nachnamen, dachte Schlaicher. »Nur ihren Vornamen«, sagte er in der Hoffnung, dass Schlageter darauf reinfallen würde, und er tat es auch: »Tanja.«

Tanja Ruetli hieß sie also. »Wir scheinen tatsächlich einiges an Wissen austauschen zu können«, bot Schlaicher an, in dem eine Idee reifte, was er als Nächstes tun wollte, ohne Polizei.

»Deswegen sind wir ja da«, sagte Schlageter. »Sie sagen uns alles, was Sie wissen, und wir lösen den Fall. Mein Vorschlag: Sie bekommen nach der Ergreifung des Täters die Belohnung, die Weber Textilien ausgesetzt hat. Ich verbürge mich dafür.«

»Sie wissen sicherlich noch nicht über die Aktien Bescheid?«

»Was für Aktien?« Schlageters Kinn waberte aufgeregt.

»Ich sehe schon, Sie wissen nichts davon.«

»Was ist mit diesen Aktien?«, fragte Schlageter beleidigt. Helbach hielt seinen Stift bereit.

»Sie werden bei Weber Textilien im Schrank von Hanni Weber die Personalakte von Herrn Dr. Frank finden. Schauen Sie sich die mal ganz genau an und überlegen Sie, wie die restlichen Aktien wohl verteilt werden könnten. Vielleicht finden Sie dann doch noch ein Motiv ...«

Schlaicher grinste, als er die Tür hinter den beiden Polizisten schloss, die es plötzlich sehr eilig zu haben schienen, obwohl Schlageter etwas kritisch war. Vielleicht hatte er Sorge, auf eine falsche Spur gelenkt zu werden. Ob sie es am heutigen Sonntag noch schaffen würden, jemanden zu finden, der sie bei Weber Textilien in das Büro der Chefin ließ und den Schrank aufschließen konnte? Schlaicher bezweifelte es, nahm aber zur Sicherheit das Telefon und wählte Martinas Nummer. Sicherlich würden die Herren versuchen, sich an sie zu wenden. Sie musste Schlaicher die Zeit verschaffen, die er benötigte.

Martina war zunächst misstrauisch und wollte Genaueres wissen, aber Schlaicher sagte nur, dass sie unter keinen Umständen heute noch für die Kommissare erreichbar sein durfte.

»Fahr weg, unternimm was Nettes.«

»Warum kann ich nicht mit dir mitkommen?«, fragte sie neugierig, und Schlaicher antwortete: »Weil du da, wo ich hinwill, besser nicht sein solltest. Und fahr gleich los. Ich weiß nicht, wie schnell die rausfinden, wo du wohnst.«

Das Mädchen, das mit Lars aus dessen Zimmer kam, sah wirklich genauso aus wie auf der Zeichnung. Sarah war ungefähr genauso groß wie Lars und hatte dunkelbraune Haare, die über ihre Schultern fielen.

»Guten Morgen, Herr Schlaicher«, sagte sie.

»Guten Morgen. Du musst Sarah sein.«

»Sarah?« Sie schaute Schlaicher entgeistert an. Der trat unwillkürlich einen Schritt zurück. Dann drehte sich das Mädchen zu Lars. »Du Schwein!« Die Ohrfeige, die Lars traf, schallte so laut, dass Dr. Watson sich unter dem Tisch verkroch.

»Warte doch!«, sagte Lars, seine Wange haltend, aber das Mädchen verschwand in seinem Zimmer und schmiss die Tür zu. »Scheiße!«, fluchte Lars und warf seinem Vater einen Blick zu, der töten sollte. Dann ging er zu seinem Zimmer und klopfte leise.

Schlaicher nahm sich noch eine Tasse von dem viel zu bitteren Kaffee. Das war nicht Sarah? Aber es war doch das Mädchen von dem Bild. Auf jeden Fall hatte sich Lars da eine schöne Suppe eingebrockt. Mit Schlaichers Hilfe zwar, das gab er zu, aber hauptsächlich war es doch die Sache seines Sohnes.

Nach einigem Schreien und Beschimpfungen kam das Mädchen wieder aus dem Zimmer. Sie trug eine leichte Jacke und eine Tasche, die sehr hektisch gepackt schien, da noch ein Fetzen Stoff herausschaute.

»Entschuldigen Sie bitte«, sagte sie zu Schlaicher und wandte sich zum Gehen.

Lars stand hilflos neben ihr, wurde aber keines Blickes gewürdigt.

»Ich muss mich entschuldigen. Ich glaube, ich habe da etwas durcheinandergebracht«, versuchte Schlaicher sie zu beruhigen.

»Ich glaube eher, dass Ihr Sohn etwas durcheinandergebracht hat.«

»Willst du nicht doch erst einen Kaffee? Und etwas essen? Dann können wir über alles reden.«

»Lass das«, fuhr Lars Schlaicher an.

»Genau das ist dein größtes Problem«, sagte die junge Frau. »Du solltest ein bisschen mehr reden.«

Das saß. Sie schien Lars ganz gut im Griff zu haben, denn er blieb jetzt still.

Schlaicher fragte: »Wie heißt du denn wirklich?«

Lars verdrehte die Augen, schien aber froh zu sein, dass sie nicht gleich verschwand.

»Anja«, antwortete sie und drehte sich dann zu Lars um. »Du hast mir gesagt, du hättest nichts mit Sarah gehabt.«

»Moment, ich habe gesagt, dass ich nicht in sie verliebt bin«, brachte Lars vor.

»Das ist mir ziemlich egal, ob du mit ihr rumgemacht hast, weil oder weil du nicht in sie verknallt bist. Aber ich bin nicht dein Spielzeug.«

Lars blieb still.

»Ganz sicher kein Spielzeug«, versuchte Schlaicher die Situation zu entspannen. »Kennt sie das Bild?«

Lars schüttelte schnell den Kopf.

»Was für ein Bild?«, fragte Anja.

»Nur so ein Bild. Nicht besonders gut«, untertrieb Lars.

»Lars kann sehr gut zeichnen«, sagte Schlaicher. »Komm, hol es!«

»Lass mich bloß in Ruhe.«

»Nein. Hol das Bild.«

»Bitte zeig es mir. Ich will wissen, worum es geht.« Anja war wieder freundlicher geworden, und das half umgehend, Lars zu bewegen, in sein Zimmer zu gehen.

Als er weg war, sagte Schlaicher: »Gib ihm noch eine Chance. Es ist im Moment alles ein bisschen schwer für ihn. Aber ich weiß, dass er dich wirklich mag.«

Anja lächelte ihn an.

Als Lars zurückkam und Anja die Zeichnung zeigte, die zweifelsfrei sie darstellte – vielleicht in der Verliebtheit etwas überhöht, aber welche Frau mag das nicht –, schien ihre Wut fast ganz verflogen. Schlaicher stand auf und ging nach oben, um den Versöhnungskuss nicht zu stören. Wie schnell diese ersten Lieben entstehen, verloren gehen und wiedergefunden werden, dachte Schlaicher. Ab fünfundzwanzig wurde das alles viel, viel schwieriger.

Schlaicher dachte viel nach am restlichen Vormittag und Mittag. Zwar kam er nicht zu dem endgültigen Schluss, zu dem er gerne gekommen wäre, aber es gab nur einen Weg, sich diesem doch noch anzunähern. Auch der wollte durchdacht sein. Schlaicher nahm sich ein Blatt Papier und warf wild ein paar Worte darauf. Dann zerknüllte er es und fing wieder von vorn an.

Den Nachmittagsspaziergang mit Dr. Watson bekam Schlaicher gar nicht richtig mit, weil er immer noch versuchte, alle Möglichkeiten, die eintreten mochten, zu durchdenken. Nachdem er schließlich wieder zu Hause angekommen war, wo er Anja und

Lars in erneuter Eintracht vorfand, er zeichnend, sie als stolzes Modell, ging er hoch und begann einen Brief zu schreiben. Zwei Seiten schrieb er voll, faltete beide sorgfältig und steckte sie in zwei unterschiedliche Umschläge. Auf den einen klebte er eine Briefmarke und adressierte ihn an Hauptkommissar Schlageter, Kriminalpolizei Lörrach. Die Postleitzahl wusste er nicht, aber er bezweifelte, dass die Post den Brief als unzustellbar zurücksenden würde. Den zweiten Umschlag klebte er ebenfalls zu, ließ aber die Briefmarke weg. Statt einer Adresse schrieb er: »Bitte am Montag vor der Schule öffnen!«

Es war gar nicht so leicht, die Straße wiederzufinden, in der der Pharao-Escort-Service seinen Sitz hatte. Schlaicher brauchte einige Anläufe, und schließlich war es der haarlose Butler mit dem Windhund, der ihm durch seine Anwesenheit anzeigte, dass er hier richtig war.

Schlaichers Herz schlug ihm bis zum Hals, als er an dem schmiedeeisernen Tor anhielt, die Scheibe runterließ und eine Klingel suchte. Noch bevor er sie fand, fragte eine Frauenstimme aus einem kleinen Lautsprecher: »Guten Tag. Was wünschen Sie?«

Ob es hier so etwas wie ein Losungswort gab?, fragte sich Schlaicher. So cool wie möglich antwortete er: »Mein Name ist Nerbacher. Ihr Haus wurde mir von einem Geschäftsfreund empfohlen.«

»Herzlich willkommen! Kommen Sie bitte herein! Sie können Ihren Wagen hinter dem Haus parkieren.«

Ein Summen, und die beiden Torhälften teilten sich, um Schlaicher durchzulassen. Er fuhr nach hinten zu einer herrschaftlich großen Terrasse, auf der sechs Parkplätze angelegt waren. Webers Wagen war wie erwartet nicht da, und das war gut. Außer seinem Frontera parkten hier noch zwei andere Wagen, die, das musste Schlaicher zugeben, definitiv mehr hermachten. Ein Jaguar S-Type und ein Mercedes Sportcabrio, beide mit Basler Kennzeichen.

Schlaicher überprüfte den Sitz seiner Krawatte und stieg aus.

Die vielleicht fünfundzwanzigjährige Frau, die die Tür öffnete, trug ein klassisches Kostüm in einem warmen Rot-Ton. Sie lächelte ihn an und begrüßte ihn mit drei Wangenküsschen.

»Ich bin Elvira«, sagte sie mit einem leichten osteuropäischen Akzent.

»Johannes Nerbacher, sehr erfreut«, antwortete Schlaicher und folgte der Frau in die Villa. Die große Eingangshalle mit zwei halbrunden Treppen, die sich im ersten Stock vor einer Tür vereinigten, war in altägyptischer Dekoration gehalten. Schlaicher fragte sich, ob der aufrechtstehende Mumiensarkophag wohl echt war. Sie schien seine Gedanken lesen zu können und sagte:»Der Sarkophag ist aus dem Jahr 1300 vor Christus. Die Mumie von Ratschnepah ist in Kairo ausgestellt. Der Sarkophag steht hier. Kommen Sie bitte.«

Elvira führte den staunenden Schlaicher über die Treppe in den ersten Stock. Eine Tür führte in einen breiten Flur, von dem drei weitere Türen abgingen. An den Wänden hingen kitschige Gemälde von halb nackten Ägypterinnen, die ihrem Pharao so manchen Wunsch erfüllten. Zwei rote Cocktailsessel und ein kleiner, runder Holztisch mit einem Aschenbecher und bereitliegenden Zigaretten waren die einzigen Möbelstücke.

Elvira bat ihn, sich kurz zu setzen, und verschwand durch die rechte Tür. Es dauerte nicht lange, vielleicht zwei, drei Minuten, bis sich die Tür wieder öffnete und eine kleine alte Frau mit schwarzen, zu einem Dutt gesteckten Haaren und einem ebenso schwarzen, aber sichtlich edlen Kostüm auf ihn zutrippelte.

»*Buon giorno*, herzeliche willkommen bei Pharao-Escort«, sagte sie lächelnd mit einer Mischung aus schweizerischem und italienischem Dialekt. Schlaicher musste sich zwingen, nicht auf die Warze rechts über ihrer Lippe zu starren.

»Meine Name ist Marietta Faraone. Ich bine die Inhaberin des Unternehmens.«

»Johannes Nerbacher. Sehr erfreut.«

»Darf ich Sie bitten, mir zu folgen, Signore Nerbacher?«

Marietta Faraone ging durch die Tür an der Stirnseite, und Schlaicher folgte ihr in einen großen lichtdurchfluteten Raum mit einem gewaltigen roten Sofa, das direkt unter den hohen Fenstern thronte. Davor stand ein ebenfalls riesiger Tisch mit gedrechselten Holzbeinen und einer Marmorplatte. Auch hier gab es den offenbar obligatorischen Aschenbecher und eine silberne Schale, die mit ordentlich zu einem Kreis zurechtgelegten Zigaretten gefüllt war. Vor dem Tisch lag ein flauschiger weißer Flokati, an den Wänden zu beiden Seiten der Fenster standen antike Holzschränke.

»Bitte, nehmen Sie doch Platz«, forderte die alte Dame Schlaicher auf. »Woher Sie kennen unsere Haus?«, fragte sie, als sie sich neben Schlaicher setzte.

»Sie wurden mir empfohlen«, sagte Schlaicher ausweichend.

»Darf ich fragen, wer uns empfohlen hat? Wissen Sie, unsere Klientel ist sehr übersichtlich.«

Schlaicher war vorbereitet. Ohne zu zögern sagte er: »Ich bin im Textilhandel. Strümpfe und Strumpfhosen. Wir arbeiten momentan sehr eng mit Weber Textilien zusammen.«

»Und wer hat uns empfohlen?«

»Gibt es denn so viele Gäste, die bei Weber Textilien arbeiten? Ich dachte, Ihre Klientel sei so übersichtlich.«

Marietta Faraone lächelte noch immer, aber ihre Augen funkelten nun.

»Bitte entschuldigen Sie«, sagte Schlaicher, »ich wollte nicht unhöflich sein. Herr Weber selbst hat Sie mir empfohlen.«

»Soso«, sagte sie, aber das Funkeln in ihren Augen verschwand nicht. »Was können wir für Sie tun?«, fuhr sie fort.

»Ich bin nur noch heute in Basel …« Schlaicher zögerte.

»… und Sie suchen eine Begleitung für die Oper? ›La Traviata‹, eine Variation über die Liebe. Verdi. Der Größte!«

»Ehrlich gesagt bin ich kein großer Freund der Oper. Ich bin sozusagen eher auf der Suche nach einer netten Begleitung für die nächsten ein, zwei Stunden. Um zehn erwartet meine Frau einen Anruf.«

»Ach so, Ihre Frau. Nun gut, dann wollen wir einmal schauen, was wir können für Sie tun. Zuerst allerdings muss ich Ihnen sagen, dass wir eine sehr exklusive Haus sind. Unsere Mitarbeiterinnen sind äußerst sorgfältig ausgewählt, und unsere Ambiente werden Sie in die ganzen Schweiz und in Italia vergeblich suchen.«

»Und Sie haben Ihren Preis. Ich weiß«, sagte Schlaicher. »Ich habe allerdings nur Euro dabei.«

»Euro nehmen wir gerne. Nun, dann kommen wir zu Ihren Wünschen. Was für eine Dame haben Sie sich denn vorgestellt?«

»Am liebsten eine Blondine. Jung. Ich liebe lange Haare. Haben Sie eine entsprechende Dame da?«

»Sicher. Ich muss allerdings noch wissen, ob Sie haben besondere Vorlieben.«

»Was meinen Sie?«

»Haben Sie etwas Bestimmtes vor mit die Dame?«

Schlaicher lachte und sagte: »Nein. Ich bin ganz normal. Glauben Sie mir.«

»Wie Sie wollen.«

Marietta Faraone beugte sich vor und berührte die Unterseite der Tischplatte, dann sagte sie: »Bitte Saskia und Tanja.« Sie ließ die Tischplatte kurz los. »Und eine Mädchen ist nicht blond, aber vielleicht gefällt sie Ihnen doch. Und Mary«, sagte sie nach einem erneuten Druck auf die unsichtbar angebrachte Gegensprechanlage. »Die Damen machen sich fertig. Darf ich Ihnen ein Glas Champagner bringen lassen?«

»Gerne«, antwortete Schlaicher.

Elvira kam herein; sie trug ein Silbertablett mit zwei Gläsern Champagner und stellte es so auf den Tisch, dass Schlaicher unwillkürlich in ihren tiefen Ausschnitt schauen musste.

»Danke. Sind die Mädchen fertig?«

»Ja, Frau Faraone. Ihr Sohn bittet darum, Sie sprechen zu können.«

»Ich kann jetzt nicht«, fauchte sie. »Sagen Sie ihm das. *Subito.* Fangen wir an mit Saskia.«

Die Tür öffnete sich wieder, und eine atemberaubende Schönheit trat ein. Sie war bestimmt einen halben Kopf größer als Schlaicher selbst und damit wahrscheinlich doppelt so groß wie die warzige Alte, die neben ihm auf dem Sofa saß. Sie trug ein durchsichtiges weißes Babydoll und darunter Spitzenunterwäsche, die ihre braun gebrannte Haut betonte. Ihre Augen waren mandelförmig, und sie lächelte Schlaicher an, als wollte sie ihr Leben mit ihm teilen. Schlaicher blieb der Atem weg.

»Darf ich vorstellen, Herr Nerbacher, Saskia.«

Das Mädchen schaute ihm tief in die Augen, aber Schlaicher schüttelte mit bedauerndem Gestus den Kopf.

»Selbstverständlich«, sagte Marietta Faraone, und auf einen Wink verschwand Saskia wieder, um eine weitere Frau einzulassen, die ebenfalls sehr knapp bekleidet war. Diese Frau war so schwarz, wie Schlaicher noch nie eine Frau gesehen hatte.

»Mary aus Uganda.«

Die Schwarze war kleiner und trug einen Leopardenstring, der ihren runden Hintern perfekt zur Geltung kommen ließ. Ihre Haut schimmerte samten, ihre großen Brüste wurden von dem abgeschnittenen Spaghettiträger-Shirt nur knapp bedeckt.

»Wunderschön, aber ich würde lieber eine Blondine kennenlernen«, sagte Schlaicher.

»Es war nur eine Versuch«, sagte Marietta Faraone reserviert und klatschte in die kleinen dicken Hände.

Mary warf Schlaicher noch eine Kusshand zu, dann verließ sie den Raum. Die nächste Frau, die eintrat, war blond. Sie hatte unfassbar blaue Augen, und ihr Gesicht war dem Lauras sehr ähnlich. Sie trug High Heels, die ihre Beine noch länger erscheinen ließen, einen sehr kurzen weißen Rock und eine offene weiße Bluse, die so fiel, dass ihr wunderschönes Dekolletee sichtbar war.

»Darf ich Ihnen Tanja vorstellen?«

»Hallo«, sagte Tanja mit sanfter Stimme.

»Hallo«, war alles, was Schlaicher vorbrachte.

Das war sie. Das war die Frau, mit der Schlaicher Hermann Weber gesehen hatte.

»Soll ich dich verwöhnen?«, fragte sie lasziv.

»Ich glaube, wir beide werden eine Menge Spaß haben«, antwortete Schlaicher heiser und zauberte Marietta Faraone damit ein zufriedenes Lächeln ins Gesicht.

»Ich wusste, dass wir die Richtige für Sie haben. Tanja, du kannst gehen. Elvira bringt Herrn Nerbacher gleich zu dir.«

»Ich freue mich«, sagte die junge Frau und lächelte verführerisch. Als Tanja die Tür hinter sich geschlossen hatte, trank die Chefin des Hauses noch einen Schluck Champagner und reichte Schlaicher ein gerahmtes Dokument. »Speisekarte«, stand darauf, was Schlaicher verwirrte. Innen waren unterschiedliche »Dienstleistungen« aufgeführt, die wie bei einer Speisekarte mit Preisen versehen waren.

»Die Verwöhnstunde hätte ich gerne«, sagte Schlaicher unsicher. »Achthundert Franken« stand dahinter.

»Trinkgelder für die Mädchen gehen separat. Für gewöhnlich gehen wir bei einem einstündigen Besuch von zweihundert Franken aus.«

»Dann wollen wir mal«, sagte Schlaicher. Ich habe aber nur Euro dabei.«

»Wir akzeptieren Franken, Euro und Dollar«, sagte Marietta Faraone. »Das macht dann fünfhundert Euro.«

Schlaicher zählte fünfhundert der eintausend vorbereiteten Euro aus seinem Geldbeutel. Dass er so viel Geld brauchen würde, hatte er eigentlich nicht gedacht. Weber musste wirklich ganz schön tief in die Tasche greifen, wenn er regelmäßig kam.

Marietta Faraone griff wieder unter die Tischplatte. »Elvira, bringst du Herrn Nerbacher bitte zu Tanja aufs Zimmer, *si*?

VIERZEHN

Schlaicher wurde in den zweiten Stock geführt, dessen Flur eindeutige Wandmalereien in ägyptischem Stil zierten.

»Das sind aber keine Originale«, scherzte Schlaicher nervös. Elvira lächelte nur, ohne darauf zu antworten.

Die zweite Tür auf der rechten Seite führte in einen salonartigen Raum, der in warmes gedimmtes Licht getaucht war. Ein offener, mit dunklem Holz abgesetzter Rundbogen bot freie Sicht nach links, rechts war eine Tür aus dem gleichen Holz. Schwere Samtvorhänge in Weinrot verdeckten die Fenster.

Auf einem kleinen Tisch vor einem majestätischen Sofa, das mit dem gleichen weinroten Stoff wie die Vorhänge bezogen war, standen zwei Gläser Champagner. Die Ölgemälde mit mondänen, goldverzierten Rahmen zeigten hier keine Eindeutigkeiten, sondern waren ausgewählte Stillleben. Wie in einem Museum alter Meister, dachte Schlaicher, der die auf dunklem Tuch angebotenen Speisen und die sich in später Blüte befindlichen Blumen mit dem angeschnittenen Apfel bewunderte.

Echte Blumen gab es auch. Auf einer antiken Anrichte stand eine Messingvase mit einem großen Strauß edler Blumen, die Schlaicher nicht kannte.

Elvira schloss die Tür hinter sich und ließ Schlaicher allein zurück. Er schaute sich nach Tanja um und fragte unsicher: »Hallo?«

Die Tür zum Nebenraum öffnete sich einen kleinen Spalt, nicht genug, dass er etwas sehen konnte, aber genug, um eine junge Stimme zu vernehmen. »Einen Moment noch!«, flötete Tanja. »Setz dich schon mal.«

Schlaicher tat, wie ihm geheißen. Er spürte, wie er immer aufgeregter wurde, und begann im Kopf das kleine Einmaleins aufzusagen. Aber es wirkte nicht. Seine Handflächen fühlten sich kalt und nass an.

Der Parkettboden war zum größten Teil von einem königlichen Perserteppich bedeckt. Eine Brücke lenkte seinen Blick durch den Rundbogen in das Nebenzimmer, in dem ein großes rundes Bett in der Mitte des Raumes thronte, bedeckt von einem weinroten Plumeau. Das Licht der Lampen, die wie Fackeln an den Wänden befestigt waren, war noch gedämpfter als im Salon.

Schließlich öffnete sich die Tür und ließ Schlaicher für einen kurzen Moment in ein sehr viel heller beleuchtetes, luxuriös eingerichtetes Badezimmer schauen. Aber sein Blick blieb an der jungen Frau hängen, die wie die personifizierte Jugend durch die Tür schritt.

Tanja hatte sich umgezogen. Der weiße Rock und die offenherzige Bluse waren einem eng anliegenden, knöchellangen Kleid gewichen, das ihre bezaubernden Rundungen betonte. Es war von einem hellen Beige, an der Seite prangte eine überdimensionale rosarote Blüte. Zwei schmale Träger hielten es auf ihren zarten Schultern. Sie war barfuß.

»Gefalle ich dir?«, fragte sie und drehte sich tänzelnd um sich selbst. Ihr Lächeln war betörend, und ihre Augen glänzten.

»Du siehst umwerfend aus«, sagte Schlaicher beim Aufstehen. Er war nicht imstande, den Blick von ihr zu lassen.

Sie ging lächelnd auf ihn zu, legte die Hände auf seine Schultern und hauchte ihm einen Kuss auf die Wange. Schlaicher atmete ihren frischen Duft ein. Das lange Haar roch nach Limone.

»Setz dich doch«, lachte sie den rot gewordenen Schlaicher mit spielerischer Leichtigkeit in der Stimme an und ließ sich selbst in die Polster fallen. Schlaicher setzte sich so, dass noch eine weitere Person zwischen ihnen Platz gefunden hätte. Tanja rückte näher, nahm ihre Füße hoch und umfasste die Knie mädchenhaft mit den Armen.

»Du heißt also Johannes?«, fragte sie.

»Ja«, brachte Schlaicher hervor.

»Schön.« Jetzt lächelte sie und wartete, ob Schlaicher die Initiative ergreifen würde. Aber der saß nur verkrampft da, sodass sie sagte: »Wir haben nur eine Stunde. Vielleicht fangen wir damit an, uns ein bisschen besser kennenzulernen.«

»Ich bin gekommen, um mich mit Ihnen zu unterhalten«, sagte er beherrscht und fühlte sich plötzlich sehr sicher.

Ihr Lächeln zeigte ihm, dass sie ihn noch nicht richtig verstanden hatte.

»Gut«, sagte sie, »reden wir doch darüber, was wir gleich machen wollen. Aber lass uns zuerst anstoßen.«

Schlaicher schüttelte ernst den Kopf, und nun verstand sie, dass hier etwas anders lief, als sie es gewohnt war.

»Du willst reden?«, fragte sie unsicher. »Worüber?«

»Über einen gemeinsamen Bekannten«, sagte Schlaicher. »Über Hermann Weber.«

Tanja zog ihre Beine näher an ihren Körper. Eine kleine Zornesfalte zwischen den Augen zerstörte das Bild der Göttin der unvergänglichen Jugend.

»Ich wüsste nicht, was es da zu reden gäbe. Vielleicht ist es besser, wenn wir das gemeinsam mit der Signora klären.«

»Ich glaube kaum, dass Sie das mit ihr besprechen wollen. Vor allem nicht, wenn Sie die Folgen für sich selbst bedenken.«

Sie zögerte.

»Es geht um den Mord an Hermann Webers Tante.«

»Mord?«, fragte sie entsetzt. »Sind Sie von der Polizei?«

»Nicht direkt«, log Schlaicher. »Ich gehöre einer Sonderkommission an und ermittle verdeckt. Und ich bin mir sicher, dass Sie als Geliebte von Hermann Weber ...«

»Geliebte?«, fiel sie ihm ins Wort. »Hat er das gesagt?«

»Stimmt es etwa nicht, dass Sie ein Kind mit ihm haben?«

»Ich werde jetzt gehen«, sagte sie bestimmt. »Und für Sie ist es am besten, wenn Sie ebenfalls verschwinden, glauben Sie mir. Wir sagen einfach, dass Sie schon fertig sind, und niemandem passiert etwas.«

Tanja stand bei diesen Worten auf und ging zur Tür. Schlaicher lief ihr nach und hielt sie am Arm zurück. »Hören Sie. Ich will Ihnen und Ihrem Kind nichts. Ich will nur, dass der Mörder von Hanni Weber hinter Gitter kommt.«

»Ich weiß nichts davon. Hermann hat nicht oft von seiner Familie erzählt. Außerdem ...«, sie stockte, »... ist er wahrscheinlich gar nicht der Vater von meinem Kind. Ich weiß es nicht ...«

»Sie wissen es nicht?« Schlaicher sah sie fassungslos an. »Wie kann das sein?«

»Sie haben wohl nicht oft im Milieu zu tun. Nur Weichlinge wollen es mit Gummi. Und die Pille kann auch versagen.«

Schlaicher ließ Tanjas Arm los; sie ging zum Sofa und setzte sich wieder. Schlaicher blieb vor ihr stehen.

»Wir machen einmal im Monat einen Test und auch sonst alle

möglichen Untersuchungen. Vor einem Jahr wurde dabei festgestellt, dass ich schwanger bin. Trotz Pille.«

»Und Sie wollten das Kind?«

Tanjas Augen füllten sich mit Tränen, die sie mit dem Handrücken wegwischte. »Was habe ich davon, wenn ich Ihnen das erzähle?«

»Wenn Sie mir die Wahrheit sagen, werde ich Sie und Ihr Kind aus der Sache so weit wie möglich raushalten. Wenn Sie mit dem Mord nichts zu tun haben, brauchen Sie auch nichts zu befürchten.«

»Haben Sie eine Ahnung«, sagte sie und zeigte mit dem Finger nach unten.

»Frau Faraone?«, riet Schlaicher.

»Ja«, sagte Tanja. »Und natürlich ihre ›Mitarbeiter‹. Hermann Weber ist seit anderthalb Jahren mein Stammfreier. Er denkt, dass ich ihn liebe.« Ihre Stimme klang brüchig, und ihr stolzer Körper wirkte zusammengesunken. Frau Faraone wollte, dass ich ihm meine Liebe auch außerhalb des Bettes vorspiele. Als ich dann schwanger wurde, ging es um mehr, als ihn nur jede Woche mehrmals herzulocken. Er sollte mich freikaufen.«

Das Sprechen fiel ihr sichtlich schwer. Kleine Schweißperlen hatten sich auf ihrer Stirn gebildet, obwohl es nicht übermäßig warm war im Salon.

»Sie wollte nicht, dass ich abtreibe. Sie hat gemeint, wir werden beide reich, und ich kann aufhören und mit meinem Kind den Rest meines Lebens in Luxus verbringen.«

»Und Sie haben zugestimmt.«

»Sagen Sie da mal nein. Franco, Mariettas Sohn, hat immer ganz gute Argumente, wenn ein Mädchen nicht das machen will, was seine Mutter sich wünscht.« Sie hob dabei die Faust.

»Und Hermann Weber haben Sie im Glauben gelassen, dass Sie ihn lieben und ein Kind von ihm bekommen. Um ihn finanziell auszunehmen.«

Tanja nickte traurig: »Es war nicht meine Idee. Er ist kein schlechter Mensch. Er hat sich täuschen lassen, *wollte* sich auch täuschen lassen und hat alles getan, um mich und ›sein‹ Kind zu retten. Er wollte, dass wir nach seiner Scheidung ein neues Leben anfangen. Sogar von heiraten hat er gesprochen.«

»Aber Hermann Weber hat kein Geld mehr«, sagte Schlaicher ernst.

»Aber er hat die Firma. Und die will er sowieso nicht. Er sollte sie verkaufen.«

»Sie gehört ihm aber nicht. Es war die Firma seiner Tante. Und eine Firma zu verkaufen geht nicht so einfach. Und er hat auch keine Anstalten gemacht, sich von seiner Frau scheiden zu lassen, obwohl sie ihn betrügt ...«

Schlaicher stoppte, weil ihm eine Idee gekommen war, die alles in ein neues, anderes Licht tauchte. Plötzlich begannen einige Sachen Sinn zu ergeben.

»Glauben Sie, dass er Sie hier freikaufen wollte?«

Tanja schaute zu Boden und nickte. »Sie hätten sehen sollen, wie er sich gestern Abend um Elli gekümmert hat. Er denkt wirklich, dass Sie seine Tochter ist. Vielleicht ist sie es ja auch. Ich weiß es nicht.«

Etwas schlug gegen die Tür. Sie wurde aufgestoßen, und ein großer, breit gebauter Mann stand in der Öffnung, in der Hand einen Baseballschläger. Tanja schrie auf. Der kleine Messermann stürmte ins Zimmer und packte Tanja an den Haaren. Der Hüne kam schlägerschwingend näher. Schlaicher sprang einen Schritt nach hinten, kam aber nicht weit genug. Der Schlag in den Bauch nahm ihm die Luft. Er flog zu Boden und schaffte es kaum, in seinen Hosenbund zu greifen. Wieder sauste der Knüppel auf ihn zu, und mit letzter Kraft riss er den Kopf zur Seite. Dann hatte er die Pistole herausgeholt, zielte dem Riesen in das hässliche Gesicht und drückte ab.

Der Knüppel lag jetzt neben ihm, ein zuckender Fuß in Slippern trat ihm gegen die Schultern. Schlaicher rappelte sich hoch und nahm den Baseballschläger. Er war noch warm von seinem Vorträger. Der Knüppel raste auf den Rücken des Messermannes zu. Schlaichers Oberarm fühlte sich an, als würde er bei dem unerwartet heftigen Aufprall aufgerissen.

»Schnell, raus!«, sagte er und konnte seine Stimme selbst kaum hören. Er warf den Schläger zur Seite und nahm Tanja am Arm. Sie blutete aus dem Mund, und ihr Kleid war oben aufgerissen.

Der Mann mit dem Messer bewegte sich nicht, der andere rollte noch immer wimmernd über den Boden. Das Gas ließ jetzt auch

Schlaichers Augen schmerzen. Schnell zog er die apathische Tanja auf den Flur.

Zwei Frauen verschwanden in ihren Zimmern, als sie die Pistole in Schlaichers Händen sahen. Im ersten Stock stand Elvira und schrie entsetzt auf, als Schlaicher mit Tanja die Treppe hinuntereilte. Sie flüchtete nach hinten in den Flur.

Schlaicher öffnete die große Tür, die zu den Treppen zum Erdgeschoss führte, und blieb wie eingefroren stehen.

Marietta Faraone hielt eine fast lächerlich winzige Damenpistole in Händen. Die Mündung zielte genau auf Schlaichers Kopf.

»*Porco dio!*«, schrie sie schrill auf und drückte ab. Schlaicher hörte den Knall der Explosion, die die Kugel aus dem Lauf presste, er spürte den Luftzug, als die Kugel nur wenige Zentimeter neben seinem Kopf vorbeiflog und in die Holzvertäfelung einschlug. Marietta Faraone schien selbst nicht glauben zu können, dass sie abgedrückt hatte. Sie schaute mit großen Augen auf die Waffe. Schlaicher reagierte automatisch. Er sprang vor und schlug mit der Gaspistole zu. Die Chefin fiel ohnmächtig zu Boden, die Waffe blieb neben ihr liegen.

»Nein!«, sagte Tanja und wehrte sich gegen Schlaicher, der sie mit nach unten ziehen wollte. »Ich bleibe hier.«

»Du kommst mit. Oder willst du etwa hier sein, wenn die aufwachen?«

»Ich muss Elli holen!«, bettelte Tanja, als sie im Frontera saß und Schlaicher das Tor manuell öffnete.

»Wo ist sie?«, fragte er und sprang wieder in den Wagen.

»Bei einer Freundin. Ich muss sie holen!« Ihr Schrei war so grell, dass sich ein Mann in etwa zweihundert Metern Entfernung umdrehte. Es war der glatzköpfige Butler. Schlaicher fuhr in seine Richtung und hielt neben ihm an.

»Hören Sie bitte«, sagte er durch die offene Scheibe, »das ist ein Notfall. Rufen Sie einen Arzt und die Polizei. Ich glaube, das Haus war Ihnen lange genug ein Ärgernis.«

Der Butler schaute genauso pikiert wie sein Windhund, aber dann dämmerte ihm, was Schlaicher gesagt hatte, und er antwortete: »Es wird mir ein Vergnügen sein, Sir.«

Schlaicher gab Gas und fuhr davon.

Tanjas Stimmung wechselte zwischen euphorischer Freude und tiefer Angst. Sie lotste Schlaicher durch Basel in ein Quartier mit sechsstöckigen Mietskasernen und zeigte auf eines der Häuser. Drinnen nahmen sie den Aufzug und klingelten Sturm an einer grauen Tür mit Guckloch.

Eine etwa vierzigjährige Frau in Bademantel und mit Zigarette in der Hand öffnete, und Tanja stürzte in die Wohnung. Die Frau lief ihr fragend nach.

»Was soll das, Tanja?«, fragte sie. »Was ist los?«

»Ich muss weg. Ich hab Ärger mit Faraones. Und du solltest auch besser für eine Zeit bei Mario untertauchen.«

»Was ist denn passiert?«

»Kann ich dir jetzt nicht erklären. Ich ruf dich morgen bei Mario an. Um zehn.«

Der Säugling, den Tanja aus dem Kinderbett hob, gluckste vor Glück. Tanja drückte ihn Schlaicher in den Arm und packte die Sachen, die auf dem Wickeltisch standen, in eine Tasche und zog sich hastig um. Schlaicher hielt das Kind verkrampft und mit schmerzendem Bauch, aber die Kleine schien sich wohlzufühlen.

»Danke, Iris. Bis morgen!«, sagte Tanja noch, und dann waren sie wieder im Auto und fuhren in Richtung Grenze. Da Tanja keine Papiere bei sich hatte – die lagen bei Marietta Faraone –, fuhren sie nicht über die Autobahn, sondern wählten die Grenze bei Inzlingen, ein fast mitten im Ort gelegener Posten, der oft unbesetzt war. So auch heute.

Tanja war die Fahrt über erstaunlich ruhig, drückte Elli liebevoll an sich und flüsterte ihr beruhigende Worte zu. Schlaicher nahm sie fast gar nicht wahr. Fieberhaft nutzte er die Zeit, darüber nachzudenken, was er jetzt tun konnte. Und kam nur auf eine Möglichkeit. Aber das musste er zuerst abklären.

Zu Hause brachte Schlaicher Tanja und Elli in die Küche, die immer noch nicht aufgeräumt war, und bat sie, sich zu setzen. Dann nahm er das Telefon, verzog sich in sein Zimmer und wählte Martinas Nummer.

»Hallo. Ihr seid bei Martina Holzhausen. Ich bin nicht da, aber wenn ihr mir etwas draufsprecht, dann rufe ich zurück. Ciao.«

»Hallo, Martina, hier ist Rainer Maria. Wenn du zurückkommst, dann ruf mich bitte dringend an.«

Kaum hatte er aufgelegt, klingelte es an der Tür.

Schlaicher verließ sein Zimmer und traf auf Lars, der ihn fragend ansah.

»Es ist Martina«, sagte Lars und fragte dann: »Und die?«

»Tanja, sei nett zu ihr.«

»Okay. Kein Problem.«

Martina kam lachend oben an. »Damit hast du nicht gerechnet, oder?«

»Ich habe gerade bei dir angerufen«, antwortete Schlaicher ernst und schloss die Tür. Dr. Watson ließ sich von Martina am Hals streicheln, und schnell hatte sie die Stelle gefunden, die dem Basset ein so wohliges Gefühl verschaffte, dass er vor Verzückung mit der Hinterpfote eine kratzende Bewegung machen musste.

Sie hörte in dem Moment auf, als Elli anfing zu schreien.

»Genau das wollte ich dir sagen.« Schlaicher führte Martina in die Küche.

»Das sind Tanja und Elli«, stellte Schlaicher vor. »Das ist Martina.« Tanja schaute kurz auf, und Schlaicher sah, dass sie Tränen in den Augen hatte. »Tanja arbeitet beim Pharao-Escort-Service. Wir sind zusammen abgehauen.«

»Du warst da?« Martina schaute ihn entsetzt an.

»Ja. Wir müssen überlegen, wie wir die beiden unterbringen.«

»Komm mal mit«, bestimmte Martina und ging schnurstracks in Schlaichers Schlafzimmer. Der folgte ihr.

»Was ist los? Und was ist mit dir, du siehst ziemlich mies aus.«

»Ich hab mich bei dieser Faraone als Freier ausgegeben, um mit Tanja zu sprechen«, berichtete Schlaicher. »Ich bin mit ihr auf ihr Zimmer gegangen und habe sie dazu bekommen, mir von sich und Hermann Weber zu erzählen. Das Kind ist vielleicht von ihm.«

»Vielleicht«, nickte Martina verstehend.

»Ja. Die Chefin des Bordells hatte die Idee, dass Tanja Hermann Weber in dem Glauben lassen solle, es sei sein Kind. Und ihm gefiel die Vorstellung wohl, ein Kind zu haben. Vielleicht kann Laura Weber keine Kinder bekommen oder wollte nicht.«

Martina nickte wieder. »Und wieso hast du sie mitgebracht?«

»Mitten im Gespräch sind die beiden Typen reingekommen und

wollten mich fertigmachen. Wahrscheinlich sind die Zimmer video-
überwacht oder so was. Ich hatte vorher eine Tränengaspistole von
Erwin ausgeliehen und konnte die beiden außer Gefecht setzen.
Aber sie wussten ja, dass Tanja mit mir gesprochen hat. Hätte ich sie
dalassen sollen?«

»Wir müssen zur Polizei.«

Schlaicher ging nicht darauf ein. »Du musst sie für eine Weile bei
dir aufnehmen. Bis Dienstag. Bis zur Beerdigung von Hanni Weber.«

FÜNFZEHN

Schlaicher trug seinen schwarzen Anzug, ein schwarzes Hemd und schwarze Schuhe. Auf den Dachfenstern seiner Wohnung sah er kleine Regentropfen, die unregelmäßige Muster bildeten. Lars hatte sich schon den einzigen Schirm genommen und wartete darauf, dass sein Vater fertig werden würde. Schlaicher packte als Regenschutz seine immer noch kaputte Weber-Jacke unter den Arm.

Draußen trafen sie Erwin Trefzer, der in dunkler Jeans, schwarzem Pullover und dunkelgrauem Sakko wartete. Seine Hand war verbunden und er hielt sie aufmerksamkeitsheischend in die Luft.

Die Straße von Gündenhausen zum Friedhof Schopfheim war schon viele Meter vor dem Friedhof mit parkenden Autos zugestellt. Viele schwarz gekleidete Grüppchen näherten sich dem Friedhof zu Fuß, und Schlaicher musste schließlich auf den Hieber-Parkplatz fahren, um den Frontera abzustellen. Dr. Watson sollte im Wagen warten, aber da es immer noch leicht nieselte, würde es ihm nichts ausmachen. Heute war kein Tag, um über Hitze zu klagen.

Schlaicher entdeckte einige bekannte Gesichter. Ein paar Leuten, die er seit der Zeit bei Weber Textilien zumindest vom Sehen kannte, nickte er zu, andere begrüßte er mit Handschlag, wie Kurt Hoppendahl, der mit seiner Frau da war und sich erkundigte, ob Schlaicher mit dem Kopierer zufrieden sei. Vorne konnte er Dr. Frank sehen, der einen maßgeschneiderten schwarzen Anzug trug.

In einer Traube von Schwarzgekleideten ragte Laura Weber heraus, ihr langes blondes Haar leuchtete. Sie stand bei ihrem Mann und unterhielt sich mit einigen Umstehenden. Sie sah ihn nicht. Etwas abseits, zusammen mit den Schwalds, sah Schlaicher Frau von Enkstein. Die alte Dame wirkte sehr mitgenommen.

Alle warteten auf den Beginn der Beerdigung. Die Totenfeier im engsten Kreis hatte bereits in der Leichenhalle stattgefunden, die Beisetzung wurde nun öffentlich zelebriert.

Schlaicher schätzte, dass es mindestens dreihundert Trauergäste waren, und fragte sich, wie viele wohl tatsächlich deshalb gekommen waren, um Hanni Weber die letzte Ehre zu erweisen und wie viele, um bei einem solchen gesellschaftlichen Ereignis gesehen zu werden. Zudem waren mindestens zwei Personen deswegen da, weil die alte Dame einem Verbrechen zum Opfer gefallen war. Schlaicher sah sie in der Nähe von Frau von Enkstein und schüttelte unweigerlich den Kopf, als er die Aufmachung Kommissar Schlageters sah. Sein Anzug war sicherlich älter als Lars, und Schlageters Körperumfang war sichtlich gewachsen, seitdem er den Anzug besaß. Die Hose war, wie alle Hosen, die Schlaicher bisher an dem dicken Mann gesehen hatte, kariert. Das Karo war recht dezent, aber unübersehbar. Graue Karos auf schwarzem Untergrund. Das Sakko ließ sich offensichtlich nicht mehr schließen; Schlageters Bauch quoll über den Hosenbund.

Schlaicher ging auf den Kommissar und seinen Assistenten Helbach zu. Der Mann mit dem fotografischen Gedächtnis war angemessener gekleidet, wenn auch die blaue Krawatte nur schlecht zum schwarzen Anzug und dunklen Hemd passte.

»Guten Morgen, Herr Schlageter«, begrüßte Schlaicher zunächst den Höherrangigen und nickte dann Helbach zu.

»Morgen«, knurrte Schlageter und schaute Schlaicher bösartig an.

»Und, hat Ihnen mein Tipp weitergeholfen?«, fragte Schlaicher.

»Danke der Nachfrage«, sagte Schlageter, »sehr interessant, die Akte. Wobei vielleicht noch interessanter war, mit welchem Enthusiasmus man versuchte, uns die Einsichtnahme zu verweigern.«

Schlaicher wusste nicht, ob Schlageter auf Martina anspielte oder ob er die Proteste meinte, mit denen wahrscheinlich Dr. Frank selbst die Einsichtnahme zu verhindern gehofft hatte. Von Martina wusste er, dass die beiden Polizisten die Akte des Geschäftsführers von Weber Textilien eingängig studiert hatten.

»Ich hoffe, Sie konnten weiterkommen mit Ihrem Fall«, sagte Schlaicher.

»Sicherlich, sicherlich«, sagte Schlageter betont beiläufig. »Es war sozusagen einer der Mosaiksteine, die uns noch gefehlt hatten. Aber nachdem wir gestern herausgefunden haben, wer die Tabletten von Frau Weber vertauscht hat, waren Ihre Akten keine Überraschung mehr für uns.«

Schlaicher schaute ihn mit großen Augen an.

»Laura Weber hat die falschen Medikamente besorgt. Vorsätzlich«, sagte Schlageter in einem Habe-ich-doch-gleich-gesagt-Tonfall.

Aber Schlaicher kam nicht mehr dazu, etwas zu antworten. Helbach zeigte hinter ihn, und er drehte sich in die Richtung, in die nun die meisten der Trauernden schauten. Vier Männer in Schwarz trugen den Sarg von Hanni Weber, ihnen voran gingen der bärtige, etwas hungrig wirkende Priester und sechs Messdiener in Zweierreihe, die nach Geschlecht und Größe aufgeteilt waren. Rechts die Jungs und links die Mädchen.

Schnell bildete sich eine Gasse, um die Träger durchzulassen. Als sie an Schlaicher vorbeigingen, sah er den Sarg aus dunklem Hartholz, in das helle Intarsien eingelassen waren. Die Beschläge waren offenbar vergoldet. Schlaicher hatte noch nie einen so demonstrativ teuren Sarg gesehen.

Laura und Hermann Weber machten sich hinter dem Sarg auf den Weg, der Hanni Webers letzter sein sollte; danach begannen die ersten Leute schon, die Gasse hinter dem Sarg wieder zu schließen.

Schlaicher, Lars und Trefzer ließen etwa zwei Drittel der Trauergemeinde den Vortritt, bevor sie sich zusammen mit Schlageter und Helbach der Prozession anschlossen. Schlaicher schaute sich noch einmal um, ob er zwischen den mächtigen Baumstämmen hindurch Martina irgendwo sah, aber sie schien sich zu verspäten.

»Was haben Sie denn mit Ihrer Hand gemacht?«, fragte Helbach Trefzer. Der schaute sie sich an und murmelte dann: »Ich bin verletzt«, was dem Polizisten als Antwort zu genügen schien.

»Liebe Trauergemeinde. Wir haben uns hier eingefunden, um uns von einer Frau zu verabschieden, wie es sie im ganzen Wiesental kein zweites Mal gegeben hat«, begann der Pfarrer, als sie das ausgehobene Grab erreicht hatten und etwas Ruhe in die Gemeinde eingekehrt war. Etwa ein Meter hohe Hecken trennten diesen Bereich des Friedhofes vom Rest; leichter Nieselregen setzte ein.

»Hannelore Weber, ›unsere Hanni‹, war all das, was man als guten Menschen bezeichnen kann. Sie war warmherzig und gütig, großzügig und dachte mehr an andere als an sich selbst. Ihr Leben lang galt ihr Denken und Tun ihren Lieben. Ihrer Familie, ihren Angestellten, ihren Freunden und Bekannten. Und sie trug Sorge, dass auch ihre Kirche in einem würdigen Glanz erscheinen konnte. Ich möchte noch einmal besonders an die Dachstuhlerneuerung des Pfarrhauses erinnern, die nicht unmaßgeblich mit Hanni Webers Hilfe finanziert werden konnte.«

Schlaicher schaute sich verwirrt um, aber sonst schien die Rede niemanden zu verwundern.

»Hanni Weber wurde am 17.10.1922 in Schopfheim geboren als Tochter des Julius Weber, der hier begonnen hatte, Textilien herzustellen. Ihre Kindheit war geprägt von Freude und Lernen, aber sie endete jäh mit der Machtergreifung der Nazis. Sie half ihrem Vater, verfolgte Juden zu retten, was ihr nach dem Krieg und dem Tod ihres Vaters viele Ehren, aber von manchen Engstirnigen auch Hass und Unverständnis einbrachte.«

Der Priester schaute auf seinen Zettel und fuhr fort: »Unter ihrer starken Führung wurde der Betrieb ihres Vaters, Weber Textilien, ein Wirtschaftsfaktor im Wiesental, der viele der Ansässigen beschäftigte und weit über die Grenzen hinaus zum Ruhm Schopfheims, des Wiesentals, ja, des Schwarzwaldes beitrug.«

Wieder schaute er auf den Zettel und las etwas nach. Lars flüsterte seinem Vater zu: »Gleich fängt er mit einem Werbeslogan an.« Schlaicher musste grinsen.

»Nun wurde Hanni Weber das Opfer eines heimtückischen Verbrechens.«

Schlaicher blickte in Richtung der Webers, konnte sie aber wegen der vielen Leute, die im Blickfeld standen, nicht erkennen. Wen er allerdings sah, war ein Mann, der mit einer teuren Kamera fotografierte. Der junge Pallok hielt recht unverfroren auf die Trauergemeinde.

»Wir dürfen nicht richten über den, der diese Tat begangen hat«, fuhr der Priester fort, ohne sich von der Knipserei stören zu lassen. »Gerichtet wird diese Person von unseren Gesetzen, wenn die Polizei sie ergriffen hat. Aber dieses Gericht ist noch nicht das des Herrn. Vor ihm kann nichts verborgen werden. Er, der alles ist, kann nicht getäuscht werden.«

Schlaicher hatte sich von Schlageter wegbewegt, sodass er endlich Laura und Hermann Webers Gesichter sehen konnte. Beide wirkten sehr gefasst. Ab und zu tupfte sich Laura Weber mit einem schwarzen Spitzentaschentuch Tränen aus den Augenwinkeln. Hermann Weber hielt die Hand seiner Frau und wirkte abwesend.

Der Priester hob die Arme und sprach: »Dann sah ich einen großen weißen Thron und den, der auf ihm saß; vor seinem Anblick flohen Erde und Himmel, und es gab keinen Platz mehr für sie. Ich sah die Toten vor dem Thron stehen, die Großen und die Kleinen. Und Bücher wurden aufgeschlagen; auch das Buch des Lebens wurde aufgeschlagen. Die Toten wurden nach ihren Werken gerichtet, nach dem, was in den Büchern aufgeschrieben war.«

Und der Priester erhob seine Stimme, die fast den ganzen Friedhof erfüllte: »Und das Meer gab die Toten heraus, die in ihm waren; und der Tod und die Unterwelt gaben ihre Toten heraus, die in ihnen waren. Sie wurden gerichtet, jeder nach seinen Werken!«

Die Trauergemeinde war mucksmäuschenstill. Selbst der junge Pallok hatte aufgehört zu fotografieren. Irgendwo hinter sich hörte Schlaicher das Schluchzen einer Frau.

»Der Mörder wird seinem Gericht nicht entgehen«, fuhr der Priester nach einer kurzen Pause fort, »und doch wollen wir auch ihn in unser Gebet aufnehmen, denn es ist nicht an uns, den ersten Stein zu werfen. Aber hauptsächlich gilt unser Gebet Hanni Weber, der Frau, die durch ihre guten Werke aufrecht vor den Herrn treten kann. Lasset uns beten.«

Während alle die Hände falteten und mit dem Priester zusammen das Vaterunser sprachen, bewegte sich Schlaicher weiter nach hinten in die Menge, bis die Begrenzungshecke ihn stoppte. Er spähte darüber. Immer noch keine Spur von Martina. Langsam konnte sie wirklich mal auftauchen, verdammt.

Schlaicher stockte. Hinten am Eingang standen drei Personen, die in Richtung des Begräbnisses schauten. Eine kleine, alte Frau mit einem Verband um den Kopf, komplett in Schwarz gekleidet und von zwei Männern flankiert. Einer groß und plump, der andere klein und drahtig. Die Faraones waren also auch gekommen. Vielleicht war Martina deshalb noch nicht hier.

Schlaicher beschloss, Schlageter einen weiteren »Tipp« zu geben. Er ging zurück zu den beiden Polizisten und flüsterte dem Kommissar etwas zu, was diesen veranlasste, sich hastig umzudrehen, dann seinen Assistenten am Arm zu packen und den Kreis der Trauernden zu verlassen.

»… nein, der Richter ist Gott; den einen erniedrigt er, den anderen erhöht er. Ja, in der Hand des Herrn ist ein Becher; herben, gärenden Wein reicht er dar; ihn müssen alle Frevler der Erde trinken, müssen ihn samt der Hefe schlürfen.«

Schlaicher bewegte sich wieder in Richtung Hecke und sah gerade noch, wie Kommissar Schlageter die drei Basler ansprach. Marietta Faraone drehte sich hastig um, sah aber, dass hinter ihr zwei weitere Polizisten in Uniform standen. Nach einem kurzen Gespräch ging sie zusammen mit ihrer Begleitung und flankiert von den Uniformierten in Richtung Ausgang des Friedhofs. Schlageter und Helbach wandten sich wieder der Trauergemeinde zu.

Wenn die Faraones der Grund dafür waren, dass Martina noch nicht da war, dann sollte sie jetzt gleich auftauchen.

Und tatsächlich erschien sie, als die vier Helfer den Sarg anhoben, um ihn in das Grab hinabzulassen.

Das Schluchzen und Schnäuzen wurde lauter. Schlaicher sah in vielen Gesichtern Tränen. Aber Martina sah zufrieden aus.

»Hi«, flüsterte sie lächelnd, »alles so gelaufen, wie du es wolltest. Tanja wartet im Wagen und kommt, wenn wir sie anrufen.«

»Gut. Ich hatte schon Sorge, ihr würdet gar nicht mehr kommen.«

Schlaicher hatte in seinem Kopf immer noch nicht alles in die Ordnung bekommen, die er sich wünschte. Er hoffte, dass die Reaktion auf Tanja der Katalysator sein würde, der die Sache beschleunigen und die Beteiligten zu einem Geständnis bringen würde.

Hermann Weber trat als Erster ans Grab, nahm die langstielige Kelle und warf eine Portion Erde auf den blumengeschmückten Sarg. Dann folgte Laura, die die kleine Schaufel etwas ungeschickt hielt, es aber ebenfalls schaffte, die Erde in das Grab zu werfen.

»Ruf sie jetzt an. Sie soll in zehn Minuten kommen«, sagte Schlaicher zu Martina, die sich gleich nach hinten absetzte und mit ihrem Handy telefonierte, während Frau von Enkstein ihrer Geliebten verzweifelt die letzte Ehre erwies. Es folgte Dr. Frank.

»Sie kommt gleich.«

»Gut.« Schlaicher spürte, wie die Aufregung wuchs. Jetzt konnte sich alles entscheiden, aber es konnte auch sein, dass er sich vor versammelter Mannschaft, vor der ganzen Trauergemeinde, vor der Polizei und der Presse und damit vor dem ganzen Wiesental, zum Affen machten.

»Sag Lars und Erwin Bescheid, ich übernehme Schlageter.«
Martina und Schlaicher bewegten sich in unterschiedliche Richtungen. Schlageter stand nicht weit weg, hatte sich in die Reihe derjenigen gestellt, die darauf warteten, zum Grab zu gehen und danach der trauernden Familie ihr Beileid auszusprechen. Schlaicher war sich sicher, dass er Laura Weber damit verunsichern wollte. Und er war sich sicher, dass Schlageter mit dem, was nun passieren würde, nicht rechnete.

»Herr Schlageter, ich habe noch eine Überraschung für Sie.«

»Was kommt denn jetzt noch? Ich hoffe nur, Sie halten vor mir keine Informationen zurück.«

»Nein, das tue ich nicht. Ich werde Ihnen heute alle Informationen offenlegen, die ich bisher gesammelt habe. Und vielleicht noch etwas mehr. Gleich kommt eine junge Frau mit schwarzem Samthut und einem Kind auf dem Arm. Sie wird sich vor Sie in die Reihe stellen. Wenn sie bei den Webers ist, achten Sie auf die Reaktionen.«

»Wer ist das?«

»Sie werden es noch erfahren.«

Schlaicher ließ Schlageter allein zurück und ging in Richtung Ausgang. An der Leichenhalle wartete er. Bald darauf kam Tanja, ihre kleine Tochter als eingewickeltes Bündel auf dem Arm. Tanja trug ein dunkles Kleid, das Martina ihr geliehen hatte und das an der großen jungen Frau wie ein Minikleid aussah.

»Ich habe Angst«, sagte sie.

»Ich weiß«, entgegnete Schlaicher und streichelte ihren Oberarm, während die kleine Elli ihn mit großen Augen anschaute. »Mach einfach alles wie besprochen. Lars und Erwin stehen bereit, falls irgendetwas sein sollte, und ich bleibe auch in der Nähe. Außerdem habe ich Kommissar Schlageter informiert. Er wird direkt hinter dir stehen. Ich bin mir sicher, dass nichts passieren kann.«

Sie gingen in Richtung der Beisetzung. Schlageter war in der Reihe schon deutlich vorgerückt. Schlaicher spürte, wie Tanja zitterte, und eigenartigerweise drosselte das seine eigene Nervosität.

Schlageter schaute die junge Frau, die von Schlaicher zu ihm geführt wurde, unverhohlen an. Die beiden Webers und Frau von Enkstein waren so mit den Kondolierenden beschäftigt, dass sie nicht auf die Menschen achteten, die noch kommen würden. Perfekt.

Aber Schlaicher achtete auf die Gäste. Er sah Michael Pallok, der an der Seite stand und mit seinem Onkel sprach. Schlaicher ging zu ihm.

»Der Herr Schlaicher«, sagte der alte Pallok zur Begrüßung.

»Guten Tag«, entgegnete Schlaicher und ließ ihn ansonsten unbeachtet. Zu dem Journalist gewandten sagte er: »Ich brauche Sie für ein Foto. Sie werden sicherlich froh sein, es gemacht zu haben.«

Michael Palloks Augen leuchteten gierig. »Sie haben mich ganz schön verschaukelt neulich. Na gut, was soll ich knipsen?«

Langsam, aber sicher fühlte sich Schlaicher wohler in seiner Haut. Jetzt war es nicht mehr aufzuhalten. Lars und Erwin waren als Wachen aufgestellt für den Fall, dass Tanjas Erscheinen ein zu großer Schock werden würde. Schlageter stand ebenfalls bereit, Pallok hatte sich so postiert, dass er mit seiner Kamera freie Sicht auf die Webers hatte. Martina und er standen nun nebeneinander und warteten auf das, was jeden Moment unweigerlich passieren musste, denn Tanja war fast am Kopf der Schlange angekommen. Vor ihr standen zwei Mitarbeiter von Weber Textilien, die Schlaicher schon einmal gesehen hatte. Die beiden älteren Männer traten gemeinsam nach vorne und schaufelten zusammen eine Ladung Erde auf den Sarg. Dann gingen sie zu der kurzen Schlange Menschen, die der Trauerfamilie ihr Beileid ausdrücken wollten, und versperrten damit die Sicht auf Tanja.

Schlaicher ließ den Blick nun nicht mehr von Hermann Weber, der gerade mit gesenktem Kopf die Beileidsbekundungen der beiden Männer empfing. Tanja war bei Frau von Enkstein angekommen. Die alte Dame weinte nicht mehr, sie reagierte aber auch nicht auf Tanja, sondern starrte apathisch ins Leere. Ihre linke Hand tastete in der Luft herum, als suche sie die Hand der Geliebten.

Tanja reichte nun Laura die Hand, die das nur mit einem kurzen Nicken quittierte.

Schlaicher fühlte sich, als gäbe es nur noch ihn und die Menschen, die er gerade beobachtete. Er konnte sogar hören, wie Tanja zu Laura sagte: »Mein Beileid. Ich kannte sie kaum.«

Das war der Moment, in dem Hermann Weber zusammenzuckte und zu Tanja schaute. Das war der Moment, in dem sich seine Augen weit öffneten, als er gewahr wurde, wer da vor ihm stand und mit seiner Frau sprach. Das war der Moment, in dem sich die Emotionen in seinem Gesicht blitzschnell abwechselten. Erkennen, Erschrecken, Angst. Er gefror. Und das war der Moment, in dem ein Blitzlicht aufleuchtete und seinen Gesichtsausdruck verewigte. Schlaicher ging auf Hermann Weber zu, stieß Menschen zur Seite, die nicht wussten, was vor sich ging. Martina folgte ihm. Schlaichers Blick war auf Hermann Weber fokussiert, der sichtlich versuchte, seine Überraschung zu überspielen.

»Hallo«, sagte Tanja.

»Ich danke Ihnen«, sagte Hermann Weber, der die Kontrolle über sein Gesicht zurückgewonnen hatte. Lars und Erwin flankierten die Trauerfamilie, bereit, sich jeden Moment auf Hermann Weber zu stürzen, aber Schlaicher spürte, dass die Situation nicht eskalieren würde. Weber hatte sich im Griff. Er streichelte dem kleinen Mädchen, von dem er annehmen musste, dass es seine Tochter war, kurz über den Kopf und sagte dann: »Vielen Dank für Ihr Mitgefühl.«

Aber Tanja ging nicht weiter. Sie blieb vor Hermann stehen und schaute ihn an. Schlaicher bemerkte, wie Webers Unruhe wuchs.

Schlaicher war jetzt bei den Trauernden angekommen und stellte sich neben Tanja, um ihr Unterstützung zu bieten. Laura schaute ihn überrascht an. Ihre Augen waren feucht, aber sie weinte nicht.

»Es tut mir leid«, sagte Tanja nun, »ich muss mich bei dir entschuldigen. Es wäre sehr traurig, wenn du es meinetwegen getan hättest.«

Hermann Weber antwortete nicht. Stattdessen leuchteten erneut Blitzlichter auf und hielten sein Gesicht in resignierender Erstarrung fest.

»Wer ist diese Frau?«, bellte Laura zuerst in Richtung Schlaicher, dann schaute sie ihren Mann an, der in sich zusammensank. Schlaicher hatte erwartet, dass Hermann Weber aggressiv werden würde, aber das Gegenteil war der Fall. Er weinte.

Es war eine denkwürdige Beerdigung gewesen. Hanni Weber hatte alle Ehrungen erhalten, die ihr zustanden. Schlaicher hatte sie nur sehr kurz gekannt, aber sofort gespürt, dass sie ein ganz besonderer Mensch gewesen war. Das war auch die Erinnerung, in der sie die meisten Trauergäste halten würden.

Natürlich hatten ein paar Menschen die seltsamen Vorkommnisse mitbekommen, die sich bei den Beileidsbekundungen abgespielt hatten. Sie hatten eine junge Frau mit Kind gesehen, begleitet von einem Mann mit Bauchansatz, der einen beginnenden Streit mit ein paar geflüsterten Worten geschlichtet hatte. Natürlich wurde darüber spekuliert, warum diese Frau die Webers derart aufgewühlt hatte, natürlich wurde kurz darüber getratscht, aber jetzt, bei Kaffee und Kuchen im Gasthaus Löwen, sprach man bereits wieder über andere Themen. Zumindest bis morgen, dachte Schlaicher.

Im zweiten Hinterzimmer der Gaststube hatte sich eine recht bunt gemischte Schar von Menschen unter der aufwendig holzverkleideten Decke eingestellt. Einige von ihnen waren freiwillig hier, andere hatten mit ihrem Erscheinen den Anweisungen Kommissar Schlageters Folge geleistet.

Schlaicher stand mit dem Kommissar und Helbach in der Nähe der Tür, sodass sie den ganzen Raum einsehen konnten. Rechts von Schlaicher saßen Lars, Erwin, Martina und Tanja mit ihrer Tochter. Die kleine Elli schlief friedlich. Auf der linken Seite saßen Hermann Weber samt Gattin und Dr. Frank. Der Tisch in der Mitte war besetzt von drei sehr düster dreinschauenden Gestalten: Marietta Faraone, ihrem Sohn und dem Messermann. Mit ihnen am Tisch saßen die beiden uniformierten Polizisten, die ein strenges Auge auf die drei warfen. Hinten, allein am vierten Tisch, saß Michael Pallok, die Kamera auf dem Tisch und einen Block und Stift schreibbereit vor sich.

Schlaicher war aufgeregt. Er kannte das Gefühl, vor vielen Menschen zu sprechen, aber in einer so angespannten Situation war es ihm neu.

»Vielleicht wundern Sie sich, warum wir«, begann er und machte eine Geste, die ihn selbst und die beiden Kommissare einschloss, »Sie unter diesen Umständen hergebeten haben.«

»Das ist eine Unverschämtheit!«, polterte Dr. Frank, der schon die ganze Zeit über gegrollt hatte und sich sichtlich nicht wohl fühlte in diesem Raum.

»Ruhe!«, rief Schlageter. »Jetzt redet nur einer!«

Schlageter hatte Erfolg. Alle, die sich Dr. Franks Protest angeschlossen hatten, verstummten. Laura lächelte Schlaicher an, aber er lächelte nicht zurück.

Stattdessen fuhr er fort: »Wir haben heute Hanni Weber zu Grabe getragen. Und jetzt sind wir hier, um den Mord an ihr aufzuklären.«

»Jaja, legen Sie los.« Schlageter war wahrscheinlich noch nervöser als Schlaicher. Dies mochte an Dr. Watson liegen, der von Lars an der Leine gehalten wurde und immer wieder versuchte, in Richtung seines Herrchens zu ziehen. Vielleicht aber war der Kommissar einfach nur ebenso ratlos wie die meisten hier im Raum und fürchtete, durch sein Vertrauen in einen Kaufhaustestdieb womöglich seine Pension aufs Spiel zu setzen.

»Hanni Weber war eine bewundernswerte alte Dame. Sie war körperlich und geistig auf der Höhe, eine intelligente Frau, die so viel erlebt hatte in ihrem Leben, dass ihr wohl niemand so schnell etwas vormachen konnte. Aber sie hatte Probleme mit dem Herzen und war auf Medikamente angewiesen, die sie regelmäßig nehmen musste. Hanni Weber liebte ihre Hunde, ihre Familie und ihre Firma. Aber sie war auch eine ängstliche Frau. Sie sorgte sich, dass jemand ihren Hunden Böses tun könnte. Sie sorgte sich um ihre Lieben und opferte sich auf für ihre Firma, die sie in Familienbesitz sehen wollte.«

»Hören Sie, was soll das alles?«, ging Dr. Frank wieder dazwischen.

»Das werde ich Ihnen erklären!« Schlaichers Stimme war scharf geworden und brachte den Geschäftsführer von Weber Textilien schnell zur Ruhe.

Doch Schlaicher schwieg zunächst. In seinem Kopf sortierte sich etwas. Da war ein Gedanke, der sich bilden wollte, den er fassen musste, der nicht verloren gehen durfte. Erwin Trefzer, der immer wieder bösartig zum Faraone-Tisch schaute, drehte sich zu Schlaicher und forderte ihn mit einer Geste dazu auf, weiterzusprechen.

»Hanni Weber wurde auf eine besonders perfide Art und Weise umgebracht«, fuhr er fort, ohne seine Idee gepackt zu haben. »Nicht direkt nämlich, nicht offen. Dafür war der Mörder zu feige. Stattdessen wurde ihr Hund getötet, sozusagen vor ihren Augen. Und der tote Hund löste einen Herzinfarkt, der bei ihrem angeschlagenen Herzen tödlich wirkte. So weit die Fakten.

Ich habe lange überlegt, wer überhaupt auf so eine Idee kommen konnte. Wer einem Menschen so etwas antun kann und warum. Wer ein armes Tier grauenvoll abschlachtet. Ich bin zu folgendem Ergebnis gekommen.«

Den letzten Satz ließ Schlaicher im Raum stehen. Bis hierhin hatte er in den wachen Stunden der letzten Nacht seine Rede vorbereitet und sie hier und jetzt, das dachte er zumindest, sehr überzeugend rübergebracht. Ab jetzt musste er improvisieren.

Hermann Weber rutschte nervös auf seinem Stuhl herum. Laura war ruhig und schaute Schlaicher immer noch lächelnd an. Dr. Frank hatte die Arme vor der Brust verschränkt und stierte grimmig vor sich hin. Vom Tisch der Faraones schauten drei finstere Gesichter in Richtung Schlaicher, und ab und zu hörte man die drei etwas auf Italienisch flüstern, ihrem Tonfall zufolge sicherlich keine Freundlichkeiten.

»Der Mord ist passiert, als Laura Weber«, Schlaicher zeigte auf sie, und sie nickte, »mit Zeugen zusammen im Haus war. Sie war sogar mit Hanni Weber zusammen.«

»Moment«, unterbrach Schlageter, »sie war nicht mit Zeugen zusammen.«

»Richtig. Sie ging nach einem Anruf ihres Mannes, Hermann Weber, in die Küche, wo sie auf dem Boden die gesäuberte Tatwaffe fand und sie zurück in den Messerblock stecken wollte. Das Messer passte aber nicht, denn es war keines aus ihrem Haushalt. Aber ihre Fingerabdrücke waren damit auf der Tatwaffe. Und zwar nur ihre Fingerabdrücke. Aber wieso sollte sie das Messer zuerst abwischen, es aber danach anfassen und ihre Fingerabdrücke darauf lassen?«

»Genau!«, bestätigte Laura Weber selbstbewusst.

»Hermann Weber war an dem Abend unterwegs mit Dr. Frank. Das ist richtig, Herr Dr. Frank, oder?«

»Korrekt«, bestätigte dieser mürrisch, die Arme noch immer verschränkt.

»Hermann Weber war in letzter Zeit häufig unterwegs, nicht nur mit Dr. Frank. Seine Tante sagte etwas in diese Richtung, als wir bei dem Basset-Treffen über die gestohlenen Jacken sprachen.«

»Was tut das zur Sache?«, fragte Weber, aber seine Stimme klang eher resignierend als trotzig.

»Einiges. Es geht nämlich um den Grund, warum Sie so oft weg waren. Wie lange kennen Sie Tanja Ruetli schon?«

»Ich sage gar nichts mehr ohne meinen Anwalt.«

»Wer ist diese Frau überhaupt?«, fragte Laura Weber.

»Das kann ich Ihnen erklären. Tanja ist seit über einem Jahr die Frau, zu der Ihr Mann regelmäßig geht.«

»Zu der?«, rief Laura, aber Dr. Frank hielt sie davon ab, aufzustehen und Weber zu ohrfeigen.

»Ich denke, Sie brauchen sich gar nicht zu beschweren. Sie sind immerhin wieder einmal mit Herrn Dr. Frank zusammen.«

»Was?« Diesmal hielt Helbach Hermann Weber zurück, der aufspringen wollte, es aber dann doch sein ließ und gequält zu Boden starrte.

»Folgen Sie mir bitte«, befahl Helbach und führte Hermann Weber zu einem freien Tisch und schaffte so etwas Abstand zwischen die sich gegenseitig betrügenden Eheleute.

Schlaicher redete währenddessen weiter: »Glücklicherweise haben wir noch drei Gäste, die Frau Ruetli ebenfalls kennen. Frau Faraone da hinten und ihre Gehilfen betreiben in Basel ein gehobenes Bordell mit ein paar ganz besonderen Spezialangeboten.«

»Bei uns ist alles legal, *porco dio*!«, wetterte Marietta Faraone.

»Das werden wir noch sehen«, sagte Schlageter und fügte hinzu: »Die Kollegen aus Basel werden uns sicherlich gleich anrufen und mit weiteren Informationen versorgen.«

»Und selbst wenn bei Ihnen sonst alles legal zugeht, dann haben wir noch ein paar Punkte, die Ihnen trotzdem gefährlich werden können. Erwin, du kennst die beiden Herren?« Schlaicher zeigte auf den großen Faraone und seinen Gehilfen.

»Drecksäck sin das. Die hämmer d'Hand broche.«

»Die Hand gebrochen. In Deutschland. Das ist ja wohl schon einmal ein Delikt, oder?«

Schlageter und Helbach nickten ebenso wie die beiden Polizisten, die am Faraone-Tisch saßen.

»Herr Weber, auch Sie haben eine gebrochene Hand. Ist das nicht ein komischer Zufall, dass hier zwei Personen mit gebrochener Hand sitzen, einer von beiden von Faraones überfallen und verletzt und der andere, nämlich Sie, ein in einen Mordfall verwickelter Mann, der im Haus der Faraones ein und aus geht?«

»Ich bin gestürzt«, knurrte Hermann Weber.

»Ich glaube eher, Ihnen wurde von den Herren überzeugend beigebracht, Geld aufzutreiben, um Ihre Besuche bei Ihrer vermeintli-

215

chen Geliebten zu bezahlen und sie freizukaufen, weil man Ihnen perfiderweise vorgespielt hat, Elli wäre Ihre Tochter.«

Ein Raunen ging durch den Saal, Hermann Weber sank in sich zusammen und schüttelte ungläubig den Kopf. Er sah aus wie ein Mann, dem nicht nur das Handgelenk und das Herz, sondern auch das Rückgrat gebrochen worden war.

Während Tanja aufstand und mit Elli zu ihm ging, fluchte Marietta Faraone auf Italienisch. Die Blicke, die sie der jungen Prostituierten zuwarf, hätten Marmor aus einem Steinbruch treiben können. Laura Weber flüsterte mit Dr. Frank und sah äußerst verwirrt aus. Michael Pallok fummelte an seiner Kamera herum, und nur am Tisch von Schlaichers Getreuen blieb es ruhig. Selbst Trefzer, der sich noch immer an den Faraones körperlich rächen wollte, hielt sich zurück und schaute abwechselnd zu Lars und zu Martina.

»Stimmt das?«, fragte Schlageter flüsternd.

»Kein Bluff«, gab Schlaicher zurück und rief dann die Gesellschaft zur Ruhe. »Herr Weber. Ich weiß, dass man Ihnen übel mitgespielt hat. Ich weiß, wie schmerzhaft es ist, wenn auf Gefühlen herumgetrampelt wird. Zuerst von Ihrer Frau, dann von der Frau, die Sie lieben.«

Tanja stand jetzt ganz dicht bei ihm. Hermann Weber war ebenfalls aufgestanden; in seinen Augen schimmerten Tränen.

»Es tut mir leid«, sagte Tanja leise, »ich weiß nicht, ob Elli deine Tochter ist. Es kann sein.«

Weber starrte schweigend auf das Kind, das ihn vom Arm seiner Mutter anlächelte. Er schüttelte den Kopf, erst langsam, dann immer heftiger. Sein erstes »Nein« war noch kaum zu hören, aber dann schrie er es, immer wieder, so laut, dass Martina Tanja von ihm wegzog und die beiden Beamten ihn an den Armen packen mussten.

Schlageter und Helbach eilten zur Hilfe, als Hermann Webers Gegenwehr immer stärker wurde. Sein Gesicht hatte sich zu einer Fratze verzogen, von Pallok mit Blitzlicht fotografiert. Das war der Moment, in dem ein Stuhl umstürzte. Franco Faraone, der hünenhafte Sohn von Marietta, war aufgesprungen und hechtete in Richtung Ausgang. Die Polizisten waren zu sehr mit dem wütenden Weber beschäftigt, um schnell genug reagieren zu können. Schlaicher nahm die Verfolgung auf, als ihm klar wurde, was passierte, konnte

Faraone vor der Tür aber nicht mehr erreichen. Doch Faraone drehte in letzter Sekunde ab und stürzte sich auf Lars.

Schlaicher war wie gelähmt. Der riesige Mann packte den Jungen am Hals.

In dem Moment sprang Dr. Watson auf Faraone los. Sein langer Körper schnellte wie von einer Sprungfeder abgeschossenen auf den Italiener zu. Der versuchte, dem Hund auszuweichen, aber Dr. Watson rammte ihn an der Seite. Der Aufprall des dreißig Kilo schweren Hundes brachte Faraone aus dem Gleichgewicht. Er fiel und schlug mit der Schulter gegen die Kante eines schweren Eichentisches. Lars stürzte auf ihn und konnte sich aus dem Griff des Riesen befreien.

»Nicht schießen!«, schrie Schlaicher, als der größere Polizist mit gezogener Waffe auf den am Boden liegenden Mann zuging.

Dr. Watson war nach seiner Attacke sofort wieder auf den Beinen und knurrte Faraone an, wie Schlaicher noch nie einen Basset hatte knurren hören. Er war im Schussfeld des Polizisten, aber der blieb ruhig, da Faraone nur noch vor Schmerzen wimmerte und sichtlich nicht mehr versuchen konnte zu fliehen oder eine weitere Geisel zu nehmen. Seine Schulter stand in einem eigenartigen Winkel nach vorne ab.

Der Polizist kniete sich neben Faraone und sagte: »Die Schulter ist wahrscheinlich gebrochen.«

Schlaicher war das egal. Er lief zu seinem Sohn, der ein Stück von Faraone entfernt saß und sich den Hals rieb. Er war bleich und wirkte abwesend. Schlaicher rüttelte ihn an den Schultern, bis sein Blick in die Wirklichkeit wiederkehrte.

Faraone wurde sehr unsanft zu seinem Tisch zurückgebracht. Die Behandlung war sicherlich nicht förderlich für seine Schulter, zumindest klangen seine Flüche so.

Hermann Weber war von den anderen Polizisten ruhiggestellt worden, trug nun Handschellen und saß eingesunken an seinem Tisch. Dr. Watson schaute in die Runde und kam zu Schlaicher, Lars und Martina. Alle kraulten und küssten den Hund, und Dr. Watson wedelte und leckte vor allem Lars über das Gesicht. Er würde in nächster Zeit ziemlich viel Leberwurst bekommen, da war sich Schlaicher sicher.

Helbach schickte einen Polizisten in die Wirtsstube, um einen

Notarzt rufen zu lassen und gleichzeitig die Wirtin zu beruhigen, die den Lärm aus dem Hinterzimmer zusammen mit der Trauergemeinde mitbekommen hatte. Schlageter kam zurück zu Schlaicher und sagte: »Den Rest machen wir im Präsidium. Helbach, rufen Sie uns einen Transport.«

»Nein, Herr Schlageter. Noch nicht. Wir sind noch nicht ganz fertig«, sagte Schlaicher schnell und wandte sich an Hermann Weber: »Herr Weber, geben Sie es zu, dass Sie Geld beschaffen mussten. Dass Sie sogar Jacken aus der Firma Ihrer Tante gestohlen haben, um die Forderungen der Faraones zu erfüllen. Aber es war nicht genug Geld. Sie mussten eine viel höhere Summe beschaffen, und die Angst Ihrer Tante vor einem geheimnisvollen Basset-Mörder, eine Angst, die Sie geschürt haben, hat Sie auf die Idee dieses perfiden Mordes gebracht. Sie haben den Hund umbringen lassen. Wahrscheinlich von diesen beiden.« Er zeigte auf den Messermann und den stöhnenden Franco Faraone. Schlaicher war jetzt in Fahrt: »Sie haben ihnen gesagt, wie sie mit dem Messer verfahren sollten, weil Sie wollten, dass Ihre Frau verdächtigt wird. Sie haben alles getan, um Ihre Frau zu belasten, damit Sie erben und sich gleichzeitig von Ihrer Frau scheiden lassen können, ohne ihr die Hälfte Ihrer Aktien übergeben zu müssen. Sie sind der Mörder Ihrer Tante. Geben Sie es zu!«

Hermann Weber schaute auf, und Schweißperlen rannen ihm die Stirn herab. Zuerst war seine Kopfbewegung kaum zu erkennen, dann wurde sie deutlicher. Er nickte.

Schlageter konnte es kaum fassen. »Sie waren es also wirklich? Das ist ein Geständnis vor Zeugen!«

»Ja«, gab Hermann Weber leise zu. »Und es tut mir leid.«

»Du Schwein«, rief Laura Weber, aber ihr Mann fuhr unbeirrt fort.

»Ich habe wirklich gedacht, du liebst mich«, sagte er zu Tanja, die versuchte, die weinende Elli durch Streicheln zu trösten.

»Ich habe dich geliebt, und ich habe Elli geliebt. Ich habe das alles nur gemacht, um uns eine Zukunft zu schaffen. Aber es ist gut, dass Elli nicht meine Tochter ist. Sie ist ein zu wunderbares Wesen, als dass sie einen Mörder als Vater haben soll.«

»Ich mochte dich ja auch, aber du warst mein Freier. Dachtest du wirklich, dass …« Tanja brach ab.

»Herr Kommissar, die Idee, meine Tante zu ermorden, stammte von ihr.« Damit zeigte Hermann Weber auf Marietta Faraone.

»Verdammte, ich habe nixe damit zu tun!«, schnaubte die alte Frau.

»Sie waren vielleicht nicht bei dem Basset-Mord dabei«, sagte Schlaicher, »aber dass Ihr Sohn versucht hat zu fliehen, zeigt neben der Aussage von Herrn Weber deutlich, dass er an der Sache maßgeblich beteiligt war. Er hat den Hund abgeschlachtet! Und damit Hanni Weber getötet!« Der vor sich hin stöhnende Mann, der versuchte, eine Stellung einzunehmen, die für seine Schulter weniger schmerzhaft war, gab vor, nicht auf Schlaicher geachtet zu haben.

Es war Hermann Weber, der antwortete: »Mir war die ganze Zeit klar, dass ich auf einem Fass Dynamit sitze. Meine ...«, er zögerte, bevor er weitersprach, »meine Frau hatte mich schon einmal mit Dr. Frank betrogen, und ich hatte die Vermutung, dass die Sache immer noch nicht ganz vorbei war. Es hätte mich alles gekostet, wenn sie sich von mir getrennt hätte und zu ihm gegangen wäre.«

»Jetzt kostet es Sie noch viel mehr«, bemerkte Schlageter und sagte dann zu dem großen Polizisten: »Festnehmen.«

»Einen Moment bitte«, sagte Schlaicher schnell. »Laura, Sie haben Ihrer Tante die Medikamente gegeben und waren auch deshalb auf der Liste der Verdächtigen. Ich habe lange Zeit nicht glauben wollen, dass sie von der Verwechslung der Medikamente gewusst haben. Dass sie beteiligt waren am Mord an Ihrer Tante. Vielleicht habe ich es erst wirklich geglaubt, als ich Sie Samstagnacht noch einmal besuchen wollte und dann Dr. Frank das Haus verließ. Herr Dr. Frank, was war das für ein Gefühl, als Hanni Weber plötzlich tot war, obwohl Sie sie noch gar nicht umgebracht hatten?«

»Der Mörder hat gestanden«, sagte Dr. Frank nur, »also lassen Sie es dabei bewenden. Das ist ein schwarzer Tag für uns und vor allem für Laura, auch ohne Ihre haltlosen Beschuldigungen.«

Schlaicher ging zu Lauras Tisch, stützte sich vor ihr auf und sagte leise: »Laura, willst du wirklich leugnen, dass du deiner Tante ein falsches Mittel gegeben hast in der Hoffnung, dass sie bald stirbt?«

»Sag nichts«, fiel Dr. Frank ein, bevor Laura zu einer Antwort ansetzen konnte.

»War es denn nicht tatsächlich der Plan, die Herzkrankheit von Hanni Weber falsch zu behandeln, damit sich ihr Ableben nicht weiter verzögert?«

»Du brauchst gar nichts zu sagen«, sagte Dr. Frank wieder.

»Und dann wolltest du zu deinem Liebhaber und dich scheiden lassen und Hermann aus der Firma drängen, weil ihr nach der Umwandlung in eine Aktiengesellschaft die Mehrheit gehabt hättet.«

»Sag nichts ohne unseren Anwalt«, spuckte Dr. Frank, und Schlaicher schlug mit der Faust auf den Tisch, genau zwischen Laura und ihren Liebhaber, sodass der Tisch wackelte und ein stechender Schmerz in Schlaichers Hand zeigte, dass er es übertrieben hatte.

Laura zuckte zurück, Tränen in den Augen. Aber sie sagte nichts. Und Schlaicher wusste, dass er jetzt nicht zurückstecken durfte, dass er jetzt scharf schießen musste.

»Wussten Sie, Herr Dr. Frank, dass sowohl ich als auch Herr Weber letzten Samstag mit Laura Sex hatten? Sie waren nur ihr Dritter!«

Schlaicher hatte einen Aufschrei erwartet, aber es war bis auf das Stöhnen von Franco Faraone und das Glucksen von Elli still. Laura Weber war wie eingefroren.

»Du hast mich also nur benutzt?«, fragte Dr. Frank.

»Und du mich etwa nicht?«

»Sie beide haben versucht«, flüsterte Schlaicher, um die spannungsgeladene Stille nicht vorzeitig zur Entladung zu bringen, »Hanni Weber umzubringen. Es muss so etwas wie ein Schock gewesen sein, als Sie feststellten, dass Ihnen jemand zuvorgekommen ist, oder?«

Dr. Frank nickte. »Sie wollte es so. Sie hat Frau Weber falsche Medikamente gegeben. Ich habe noch versucht, Sie davon abzuhalten.«

Helbach drückte ein paar Tasten auf seinem Handy, dann hörte Schlaicher ihn sagen: »Wir brauchen Verstärkung. Insgesamt sind sechs Personen festzunehmen. Schnell.«

SECHZEHN

Schlaicher beobachtete, wie ein Polizist die letzten Weber-Jacken aus seiner Maulburger Garage in einen Polizeiwagen brachte. Martina wollte es sich nicht nehmen lassen, beim Einpacken zu helfen. Helbach nickte zufrieden.

»Wie geht es jetzt weiter?«

»Jetzt wird alles seinen Gang gehen«, antwortete Schlageter. »Die drei Basler übergeben wir morgen den Schweizer Kollegen, Hermann Weber, seine Frau und Dr. Frank werden noch einmal verhört. Der Rest liegt dann bei der Staatsanwaltschaft. Sie haben nichts zu befürchten, Schlaicher.«

»Ich befürchte auch gar nichts«, antwortete der empört. »Immerhin habe ich nichts mit dem Mord zu tun.«

Schlageter zögerte kurz. »Stimmt, ja. Aber halten Sie sich in Zukunft zurück. Ich möchte nicht, dass Sie mir noch einmal in die Quere kommen.«

»In die Quere?« Schlaicher schüttelte ungläubig den Kopf.

»In die Quere«, insistierte Schlageter und faltete beide Hände über seinem Bauch zusammen, sodass er aussah wie ein Buddha. Dann grinste er und sagte: »War nur ein Spaß, Schlaicher. Sie haben uns tatsächlich geholfen. Hätte ich nicht gedacht.«

Schlaicher grinste halbherzig.

»Und machen Sie sich wegen Ihrer Belohnung mal keine Sorgen. Die bringen die sicherlich noch auf. Bis auf den Geschäftsführer und den Vertriebsleiter steht Weber Textilien ja auf soliden Füßen. Wir werden es schon schaffen. Sonst wären wir keine Wiesentäler.«

Martina kam dazu und winkte dem Polizisten nach, der mit den Jacken abfuhr.

»So, jetzt ist es auch für uns an der Zeit«, sagte Schlageter. Helbach nickte erneut und zückte den Wagenschlüssel. Sie gingen nach vorne zur Straße, wo ihr Auto geparkt war. Erwin Trefzer kam von der anderen Straßenseite herüber und sagte zu Schlageter: »Luege Si, dä han i no«, und reichte ihm den amerikanischen Polizisten. Er

221

drückte auf den Knopf am Rücken, und der sagte: »I am the pride of the United States.«

»Das passt zue'nem«, sagte Trefzer noch, nachdem er dem belustigten Kommissar zehn Euro abgeluchst hatte.

Schlageter schaute noch einmal über den Wagen, bevor er sich neben Helbach auf den Beifahrersitz setzte, und sagte: »Der Köter ist gefährlich. Halten Sie den am besten immer an der Leine.« Dann setzte er sich, und die Kriminalpolizisten fuhren los.

»Wieso passt dieser Polizist denn so zu Schlageter?«, fragte Martina.

»Na der sagt doch: ›Ich bin so breit wie die vereinigten Staaten.‹ Passt doch zu dem Dicken.«

»Es ist endlich vorbei«, stöhnte Schlaicher, als er mit Martina bei sich im Wohnzimmer saß.

»Ja, es ist vorbei«, bestätigte Martina. Eine tiefe Konzentrationsfalte hatte sich zwischen ihren Augen gebildet.

»Ist was?«, fragte Schlaicher

»Alles in Ordnung«, antwortete Martina. Dann lächelte sie wieder und fügte hinzu: »Ich habe was für dich!« Sie ließ Schlaicher allein auf der Couch sitzen, verließ die Wohnung und kam kurze Zeit später wieder zurück.

»Wir haben uns beim Stehlen der Jacken wohl verzählt«, sagte sie, »wir haben einundzwanzig Jacken mitgenommen. Die hier ist über.«

»Hast du denn der Polizei nicht alle Jacken mitgegeben?«

»Die Polizei weiß nur von zwanzig Jacken. Die eine extra habe ich dem Polizisten unter seinen Augen wieder aus dem Wagen geholt. Hier. Für dich. Du bekommst ja wahrscheinlich bei Weber Textilien doch keinen Ersatz mehr für deine kaputte.«

»Wahrscheinlich nicht«, bestätigte Schlaicher lachend.

»Und wenn Schlageter plötzlich einundzwanzig Jacken zählt, dann steigert der sich nachher doch wieder rein, dass du der Basset-Mörder bist.«

Martina lachte auch und setzte sich neben Schlaicher. Sie lehnte sich in die Polster zurück, legte ihren Kopf in den Nacken und sagte voller Zufriedenheit: »Ich mag dich, Rainer.«

»Ich dich auch, Martina. Schön, dass du jetzt für mich arbeitest. Ich hatte echt Angst, du würdest nur Mist bauen.«

Versteh einer die Frauen, dachte Schlaicher, als Martina die Tür mit einem lauten Knall zuwarf und Schlaicher allein zurückließ. Versteh einer die Frauen.

Danksagung

Am Entstehen eines Buches sind viele Menschen beteiligt.
Besonders danken möchte ich:
Meiner Frau Daniela Bianca für die Motivation, den Zuspruch und
die klare Kritik. Ohne sie wäre dieses Buch nicht entstanden.
Thimo, der die Musik leiser gestellt hat, wenn ich arbeitete.
Willi Gierok, Krimispezialist und erster Testleser.
Dem echten Dr. Watson, der beim Schreiben neben mir lag.

Des Weiteren gilt mein Dank:
Evelyne Kunz und Edgar Muriset für ihr großes Engagement und
ihren Glauben an das Buch.
Martin Rindlisbacher und seiner Frau für die Fotos und Settings.
Bernd Fischer fürs Testlesen und die »Übersetzungen« ins Aleman-
nische.
Wally Kramer, die bei den Übersetzungen mitgeholfen hat.
Bernhard Vallentin, der den alemannischen Passagen den letzten
Schliff gegeben hat.
Karlheinz Greiner für die Bohrmaschine.
Und Stefanie Rahnfeld für das vorzügliche Lektorat.